《农业软科学研究丛书（2004—2009）》之一

农业综合生产能力与农业社会化服务

农业部软科学委员会办公室

中国财政经济出版社

图书在版编目（CIP）数据

农业综合生产能力与农业社会化服务/农业部软科学委员会办公室.
—北京：中国财政经济出版社，2010.8
（农业软科学研究丛书. 2004～2009；1）
ISBN 978－7－5095－2400－8

Ⅰ. ①农…　Ⅱ. ①农…　Ⅲ. ①农业综合发展－研究－中国②农业社会化－服务业－研究－中国　Ⅳ. ①F323

中国版本图书馆 CIP 数据核字（2010）第 148904 号

责任编辑：林治滨　　　　版式设计：董生萍
封面设计：郁　佳

中国财政经济出版社出版
URL：http：//www.cfeph.cn
E－mail：cfeph@cfeph.cn

社址：北京市海淀区阜成路甲 28 号　邮政编码：100142
发行处电话：88190406　财经书店电话：64033436
北京富生印刷厂印刷　各地新华书店经销
787×960 毫米　16 开　18.75 印张　243 000 字
2010 年 9 月第 1 版　2010 年 9 月北京第 1 次印刷
定价：38.00 元
ISBN 978－7－5095－2400－8/F·1928
（图书出现印装问题，本社负责调换）
本社质量投诉电话：010－88190744

《农业软科学研究丛书（2004—2009）》

编辑委员会

编 者 说 明

呈现在读者面前的这套丛书，是农业部软科学研究2004—2009年成果汇编。

农业部软科学委员会曾编纂《农业软科学研究丛书》和《农业软科学研究新丛》，收录1994—2000年、2001—2003年间的软科学研究成果。丛书出版后，受到了社会各界的广泛好评。2004—2009年，农业部软科学委员会组织专家对农业和农村改革发展的重大问题、热点难点问题开展深入研究，形成了一大批高质量的研究成果。许多研究成果既注重前瞻性，又注重战略性；既注重理论性，又注重操作性，为领导决策发挥了重要的咨询服务作用，为推动农业农村经济持续健康发展提供了重要的理论支撑。为进一步强化农业软科学成果的转化利用，扩大农业软科学研究成果的社会影响，现将这六年的研究成果汇编成《农业软科学研究丛书（2004—2009）》继续公开出版，供读者研究"三农"问题时参考。

在丛书编辑过程中，农业部软科学委员会办公室组织有关专家在全面整理农业软科学2004—2009年研究成果的基础上，筛选出仍具有理论和实践参考价值的研究成果，按主题和内容分类，编纂形成6册专集（著作）出版，分别是：《农业综合生产能力与农业社会化服务》，《现代农业与新农村建设》，《农业产业政策与农业宏观调控》，《农村劳动力转移与农民收入》，《农村基本经营制度与农业法制建设》，《农村改革与统筹城乡发展》。

各专集编纂人员对各项研究成果进行了认真的遴选，按一定的逻辑关系进行了整理和编排，并尽量保持原貌，以反映出认识与实践演进的时代脉络。同时，为方便读者阅读和参考，对入选研究成果作了内容综述。此外，为了保证这套丛书的质量，编审人员作了认真细致的审校工作。限于编者水平，书中不妥之处在所难免，敬请读者批评指正。

农业部软科学委员会办公室

2010 年 7 月

目录

综　述

保障粮食等主要农产品有效供给，是关系经济发展、社会稳定和国家自立的头等大事。在工业化城镇化快速推进的过程中，城乡居民收入稳步提高，农产品需求持续扩张。1998 年到 2008 年，我国城镇人口增加了近 2 亿，城乡居民收入购买食品的支出增长了近 1 倍。与此同时，大量农民进城务工经商，大量优质耕地被占用，大量资金流出农村，农产品供应面临的资源环境约束趋紧。粮食等农产品属于必需品，一旦供不足需，工业化城镇化进程就有可能因此而中断。为避免掉入“李嘉图陷阱”，就必须保证农产品的稳定供应。为此，党中央国务院 2005 年发布的中央 1 号文件，专门选择“提高农业综合生产能力”作为主题，对相关工作进行了全面系统的部署。

农业综合生产能力，是指一个国家或地区在一定时期内，在农业资源要素水平及其配置条件下，形成的比较稳定的农业产出水平。一般而言，农业综合生产能力受到以下几个方面的影响：一是资源要素，包括气候、光照、农业用地和水资源的数量和质量等，其中的农业用地又包含耕地、养殖用地及水面、草原、林地等；二是投入要素，包括种子、肥料、农兽药、农机、农膜和农业设施等农业物质投入；三是科技要素，包括农业基础科研能力、推广能力、应用水平等；四是制度要素，包括农业基本生产制度、市场化程度、农民组织化程度、国家对农业的扶持等；五是劳动力要素，包括劳动力的数量、科技素质、教育程度、年龄结构等；六是防灾能力要素，包括防治旱、涝、病、虫等自然灾害的能力。这些因素的分析构成了本书的主要内容。

农业服务主要是围绕发展农业产业提高的服务，包括良种服务、植保统防统治服务、机械化服务、农业信息化服务、农村金融服务、物流配送服务等内容。现代农业服务业在提高农业综合生产能力中的地位和作用日益突出，它是各要素的“黏合剂”，能够把各种要素有机的组合在一起，形成特定的生产能力。作为“软性”生产资料，现代农业服务业不仅是农业综合生产能力建设的重要内容，而且也是它的一个重要切入点，故而，也是本书论及的一个重要内容。

一、提高粮食综合生产能力

在各类农产品中，粮食最为特殊、最为重要。粮食问题始终是关系到我国经济社会发展全局的重大问题。我国必须立足国内生产，确保国家粮食安全。经过多年的努力，我国畜禽产品、水产品和园艺产品等都已经基本实现了供求平衡，只是产品质量和供给的稳定水平还需要进一步提高。受多方面因素的制约，多年来我国粮食供求一直处于紧平衡状态，扩大粮食供给将是工业化城镇化进程中必须长期面对的课题。因此，在农业综合生产能力建设中，粮食综合生产能力建设必须摆上突出位置、并具有重要意义。

《粮食发展战略研究》较好地分析了提高粮食综合生产能

力的背景。报告认为，工业化和城镇化加速推进，不仅导致粮食播种面积缩减、种粮农民人数减少，粮食生产的资源型约束趋于强化，而且导致城乡居民粮食消费总量、结构和层次发生深刻变化，间接粮食消费在居民粮食消费中的比重不断提高。此外，市场化改革逐渐深入，导致粮食供求配置方式发生重大改变，粮食生产商品化率不断提高，农村围绕粮食产业发展的市场体系不断完善。综合以上所有情况可以看出，我国粮食领域正面临前所未有的经济社会变化格局，影响粮食生产、流通和消费的因素越来越复杂；提高粮食综合生产能力，必须综合考虑工业化、城镇化和市场化等诸多因素的影响。该研究报告建立了相应的数学模型，预计我国 2010 年粮食供应缺口为 3388 万吨，2015 年为 3038 万吨，2020 年为 1088 万吨，2025 年为 1339 万吨。可见，未来较长一段时间内我国粮食供给始终是偏紧的，是有缺口的。提高粮食综合生产能力迫在眉睫、势在必行。

《我国粮食综合生产能力研究报告》对提高粮食综合生产能力的重要意义、影响因素、工作手段等进行了较为全面系统地研究分析。该研究报告先后采取耕地增减法、产量波动模拟法、生产潜力增减法等三种方法进行测算，估计我国 2006 年粮食综合生产能力大体在 9300 亿—9500 亿斤。该研究报告认为，影响我国粮食综合生产能力的主要因素包括：资源日益紧缺，约束越来越大；基础设施薄弱，装备水平偏低；科技贡献率偏低，创新能力不强；抗灾能力弱，市场风险大；政策扶持力度不够，支持手段有待完善。针对这些制约因素，该研究报告提出：今后一个时期，应把粮食综合生产能力建设作为经济社会发展的重大战略任务，采取更有力、更直接、更有效的政策措施。这些政策措施主要包括：建立耕地严格保护和合理利用的有效机制、加强以节水改造为中心的农田水利建设、大力推进优势粮食产业带建设、依靠科技进步努力提高粮食单产、建立健全粮食生产扶持制度、妥善协调好产销区的利益平衡关系、大力推进粮食过腹转化和加工转化、充分发挥农垦企业的粮食生产优势、建立粮食生产风险预警机制、创造有利于粮食生产的市场环境。

粮食综合生产能力提高到一定的水平后，必须采取相应的措施予以保护。保护措施主要是稳定和增加耕地面积、改善耕地质量、加快科技进步、提高粮食单产水平，目的是提升粮食稳定产出水平。《建立粮食生产能力保护机制问题研究》报告，对近年来我国保护粮食综合生产能力的政策措施进行了客观的回顾和评价，梳理了我国在保护耕地、加强农田基本建设、提高科技进步水平、实行种粮农民补贴等方面出台的政策，对这些政策取得的效果和存在的问题进行了较为深入的分析。在此基础上，该研究报告进一步阐述了建立我国粮食综合生产能力保护机制的基本思路和主要办法，即实行世界上最严格的耕地保护制度，加强农业基础设施建设，大力采用先进科学技术，健全农业技术推广体系，完善粮食直接补贴制度，提高农民种粮积极性，进一步加强商品粮基地建设，完善农业保险制度，完善粮食宏观调控体系、切实提高对粮食市场的调控能力。

提高粮食综合生产能力，不仅要保护好用于粮食生产的耕地、淡水、劳动力等要素资源，还必须在粮食主产区与主销区之间建立起利益协调机制，采取多种措施保证种粮农民和粮食主产区获得合理的利益回报，以调动地方政府重农抓粮和农民务农种粮的积极性，实现对各项要素资源的合理配置运用，提高粮食产出水平。《建立我国粮食产销区利益协调机制研究》根据利益协调机理的不同，把粮食产销区利益协调机制划分为政府协调机制、市场协调机制和农民合作组织协调机制等，分门别类地研究了这三个机制建设目前所取得的进展和存在的问题，并进一步提出了完善这三个机制的具体办法。报告认为，在完善政府协调机制方面，主要是增强中央政府责任、建立纵向平衡机制，增强主销区政府责任、建立横向平衡机制，健全粮食市场价格支持制度、完善对农民的直接补贴制度；在完善市场协调机制方面，主要是健全粮食产销区合作机制、粮食价格形成机制和粮食进出口调控机制；在完善农民合作组织协调机制方面，主要是支持粮食主产区大力发展各类农民专业合作社。

二、扎实推进农田水利建设

水利是农业的命脉。多年来，农田水利建设在我国农业生产中一直占有举足轻重的地位。我国农业水资源有限，大体上每年保持在4000亿立方米左右。从长期看，水资源紧缺将是提高农业综合生产能力的最大障碍。我国农田水利设施还很薄弱，骨干工程大多建于20世纪60年代前后，当时建设标准低、配套差，加之后续投入不足、管理维护不利，工程老化失修严重，已成为当前提高农业综合生产能力的瓶颈制约。在农业综合生产能力建设中，必须把农田水利建设摆在突出的位置，下决心大幅度增加投入，加快建设步伐。

日本政府把农业、农村基础设施作为公共品或准公共品看待，以土地改良为重点，较早大规模开展农田水利基础设施建设，兴建农业用水排水设施、农用道路以及其他有利于耕地保护和利用的设施。《农业基础设施建设的国际经验：以日本为例》较为系统地介绍了日本开展农田水利基础设施建设的情况，重点介绍了日本土地改良事业的制度建设，详细阐述了日本《土地改良法》的成立背景和变迁、法律的基本框架和主要内容。日本的做法清楚地显示，土地改良资金主要依靠政府补贴，农业预算必须向土地改良事业倾斜；土地改良能显著提高农业抗灾能力、改善农田生产条件、提高土地利用率，达到提高农业综合生产能力的目的。该研究报告还提出，要借鉴日本经验，改革完善我国农业管理体制，推进我国土地改良事业上的法制化和标准化，制定鼓励农户与地方政府参与农田水利建设的办法等。

产权的设置方式决定着投资体制和收益分配，从这个意义上说，产权设置方式是与投资体制紧密联系在一起的。水利设施的产权设置与投资体制只是给出了水利基础设施运作的基本机制，要将其付诸实施，必须要有合适的组织载体——农田灌溉组织。因而，产权设置方式、投资体制以及灌溉组织可以认为是农田水利基础设施相关制度安排的三大支柱。《新形势下农村农田基础设施建设投工投劳与产权制度改革问题研究》，主要是从这三个方面对农田水利基础设施中的贮水设施、水运输系统投工投劳建设和产权制度改革问题进行调查调研。调查发现，由于各种原因，我国多数地方还没有进行农田水利设施产权改革，农田水利建设投入来源仍然是政府和集体，农民投工投劳、“一事一议”很难运行，产权改革没有达到预期的效果，农田水利设施建设和管护普遍存在劳动闲置、资金短缺与组织缺失的问题。为了缓解农业用水紧张的矛盾，一些地方进行了积极探索，尝试搞活水利工程经营管理权，放开水利建设权，在自然村（组）范围内实行“有劳出劳、有钱出钱、以资代劳”的投资模式，并组建了一批用水专业合作组织，各地的改革取得了一定的成效。总结山东和湖北等地的做法，该研究报告得出几条重要的结论，即农田水利基础设施建设投工投劳和产权改革本质可归结为效益问题和组织问题，能够带来一定的净收益是改革的前提，农村专业合作组织是改革的重要参与者，产权明晰是改革的基础，政府适当投资是启动改革的杠杆，加强基层组织执政能力建设是改革成功的关键，必须因地制宜、充分尊重农民的意愿、加大政府对农田水利基础设施建设的投资力度。

三、加强耕地等农业资源保护

农业是国民经济的基础，农业自然资源则是农业生产乃至人类社会得以生存和发展的物质基础和根本保证。我国是一个农业资源稀缺程度较高的国家，人均相对占有量少，特别是耕地紧张、水资源不足，已成为农业综合生产能力建设的重要限制性因素。我国人均耕地面积只有世界人均的1/ 4，美国的1/7，印度的1/ 2 ；人均草地 4. 5 亩，不到世界的 1/2；人均林地 1. 5 亩，为世界的 1/8 ；我国是世界 13 个贫水国之一，水资源总量居世界第 6 位，但人均水资源只有世界人均的1/4，水资源分布不均，不少地区严重缺水。加强耕地等农业资源保护，是提高农业综合生产能力的基础。

在所有农业资源中，耕地具有特殊重要的意义。除了要保证耕地数量外，还必须保证耕地的质量。《提高我国耕地质量的途径与方式的研究》认为，我国耕地质量建设投入不足、家底不清、法律法规和标准体系尚不完备、长效动态管理和监测机制缺乏，导致耕地质量面临一系列突出问题：基础设施差、抗灾能力弱、土壤养分严重失衡、农田污染日趋严重、部分地区土壤退化趋势加剧。该研究报告提出了提高耕地质量的三条途径，即全面推进耕地地力调查、摸清耕地质量状况，建立健全耕地质量动态监测与预警系统、建立健全耕地与肥料法律法规与标准体系。报告提出提高耕地质量的思路是：紧紧围绕建立耕地质量建设与管理长效机制、提高耕地综合生产能力的战略目标，遵循耕地质量演变的科学规律，通过科学评价耕地质量现状，加强动态监控，完善建设标准，为分区指导耕地质量建设提供科学依据和体系保障；通过依法管理耕地质量，健全资金投入机制，着力提升耕地土壤的基础地力，改善耕地田间基础设施和外部环境，增强农田抗御自然灾害的能力，保障农业可持续发展对耕地质量的需求，促进优质、高产、高效、生态、安全农业的全面发展。在此基础上，该研究报告还提出了切实加强耕地质量建设的具体政策建议：增加耕地保护建设投入，发展适合我国农民需求的耕地土壤质量分区管理技术，启动国家级与各省专业科研院所的协作网，搭建农田土壤质量管理技术信息共享与成果转化技术平台，加强对耕地土壤质量精准监测与评价高新技术研究，围绕我国耕地质量管理存在的核心问题开展基础研究，重点探索利用现代生物技术、信息技术手段，开创传统土壤科学的研究方法，尽快设立重大专项，进行技术储备，探索农村地区广泛推广土壤质量管理技术更有效的形式和运行机制。

要解决目前我国存在的农业资源加速消耗、生态环境趋于恶化、资源收入不断流失的困境，一个迫切的问题就是要确立资源价值地位，建立起资源价值补偿机制。《农业资源保护补偿制度研究》以农业资源价值体系的构建与完善为切入点，以公共经济学与自然资源经济学理论为指导，以国内外相关研究为铺垫，初步构建起农业资源保护补偿的分析框架。该研究报告较为系统地总结了国内外现行农业资源保护补偿的政策实践和补偿模式，针对农业资源保护补偿立法体系、组织体系、管理体制不完善等问题，提出要进一步建立健全农业资源补偿的财政转移支付制度、农业资源补偿的组织管理制度、农业资源保护费（税）的补偿征收制度、农业资源补偿的法律法规制度等，形成一套完整的农业资源保护补偿制度体系。此外，该报告认为，还需要进一步完善自然资源资产化管理，改革税制、扩大资源税的征收范围，完善“项目支持”形式、提高补偿资金利用效率，加快自然资源法制建设、建立健全有利于农业资源保护的财政转移支付制度，遵循分类补偿原则、逐步完善农业资源补偿措施。

四、加快农业机械化步伐

农业机械是现代先进农业技术和生物技术实施的有效载体。农业机械化可以显著提高农业生产技术水平，改善农业生产经营条件，进而提高土地产出率和劳动生产率、提高农业综合生产能力。当前，大量农村劳动力进城务工经商，我国正处于农业机械化加快发展的历史阶段。必须抓住这一历史契机，在坚持农机购置补贴等已有办法的基础上，继续出台相关政策措施，想方设法加快农业机械化步伐。

农机服务产业化是一种按市场机制运作的组织形式和服务方式，它能较好地解决小生产与大市场的对接问题。目前我国农业机械化水平较低，农机服务产业组织化程度不高是重要原因之一。因此，推进农业机械化的一个重要方面，就是要加强农机服务组织建设，培育和创新农机服务模式和运行机制。《农机服务产业组织结构与机制创新研究》对农机服务产业化问题进行了专门的探讨，该报告提出农机服务组织体系的基本框架是：以各种类型（包括农业产前、产中、产后机械化服务）的农机专业户、农民专业合作社（或股份合作经济组织）、联合体以及集体、个体农机服务企业为基础，以公益性和非公益性农机经营者服务组织为支撑，以专业合作协会的组织制度为纽带，以市场利益机制为驱动，以政府服务为保障，形成分工明确合理、功能全面强大、运行协调高效的农机服务组织体系。为加快构筑起这一组织体系，报告认为，必须强化市场引导与规范，重点培育市场主体和形成市场体系；大力培育农机服务产业化主体，鼓励和扶持发展多种形式的农业机械服务组织；建立健全利益联结机制，不断创新农机服务产业化的组织形式和服务模式；建立健全农业机械化行业管理的政策法规体系，进一步加大对农业机械化的支持保护力度；加大对农民和农业生产经营组织购买先进适用农业机械的补贴力度，对农业机械的农业生产作业用燃油安排财政补贴，继续执行农机作业免税政策，降低农机产品增值税和农机企业所得税，安排专项资金扶持支持农机服务组织发展。

南方丘陵山区是我国重要的粮食、油料、麻类作物、糖料、烟叶、蔬菜瓜果、青饲料生产基地，在我国农业生产中有着重要的地位。随着我国工业化和城市化进程的加速，南方丘陵山区大量农村劳动力转移，农业劳动力开始短缺，土地抛荒现象大量发生，亟待发展农业机械化。但是，南方丘陵山区农业机械化步伐却远慢于平原地区，其优势粮食、经济作物机械化水平低下，多种优势作物生产机械化处于空白。《加快推进南方丘陵山区农业机械化对策研究》从宏观环境、农机化发展现状和微观影响因素等三方面，深入分析了南方丘陵山区农业机械化发展现状、宏观与微观影响因素，得出的结论是：南方丘陵山区发展农业机械化面临地形条件复杂、经济条件差、土地经营规模较小、技术供给不足等客观制约，当地发展农业机械的重点作物应是水稻、蔬菜瓜果、玉米、油菜、小麦、马铃薯及其他薯类、甘蔗。该报告提出了加快南方丘陵山区农业机械化的政策建议：一是对土地进行标准化、规格化，并配套道路、水利等基础设施建设，在条件适合的地区进行农地重划和土地平整，以适合中型农机进入作业；二是多途径促进南方丘陵山区发展土地适度规模经营，为农业机械化创造条件；三是加大科研投入，研发制造出更多适合南方丘陵山区使用的中小型粮食作物和经济作物生产作业机械；四是加大政策扶持力度，对南方丘陵地区农户购买农机提高补贴比例并制定优惠贷款政策；五是加大宣传力度，加强对农机户的技术培训；六是强化农机技术服务，健全农机维修市场；七是加大农用柴油补贴力度，加快研发以可再生能源为动力的农机。

五、加强农业技术创新和推广

我国推进农业发展的实践证明，在购成农业综合生产能力的主要要素中，科技发挥着基础性和关键性作用。在淡水、耕地等农业资源的刚性约束下，提高农业综合生产能力的出路在于科技创新。在农业科技转化生产力的链条中，农业技术推广是其中关键的一环。当前，我国农业已经跨入由传统农业向现代农业加速转变的新阶段，有效解决资源短缺、维护生态环境安全、提高农业综合生产能力，越来越依靠强化农业科技创新与应用，构建新型农业科技创新体系，促使农业科学技术更快更顺利地转化为现实生产力。

农业科技创新是推广的前提和基础。我国农业科技创新体制正在调整转型之中，农业科技创新总体情况并不理想。在下一步改革中，必须全面审视目前的发展状况。《农业科技创新与应用战略研究》较为全面地分析了我国农业科技创新面临的新机遇和新挑战，挑战集中表现为：农业科技布局不合理、尚未建成科研推广协调管理机制和稳定的投入机制，科技自主创新能力依然较弱，科技推广应用设施条件落后、人员素质差，农业科研单位改革定位不准、创新和应用能力不强，小规模经营占主导地位、农民素质不高；机遇集中表现为：国家经济实力和综合国力显著增强、为农业科技奠定了坚实的物质基础，农业科技发展的政策保障力愈益强劲，世界科技发展趋势为我国农业科技发展提供了良好契机，农业发展的科技需求拉动力日益强劲。

农技推广是农业科技转化为生产力必经的中间环节。近年来，我国农技推广体制改革正在探索和推进之中。《农业技术推广新机制、新办法研究》认为，我国农业技术推广体系改革思路和方案应该是：适应市场经济要求，对现有农业技术推广体系进行重新定位和分类，确定省市、县各级农技推广任务的重点与分工，明确政府项目推广与市场推广的关系，创新基层农业技术推广运行方式，建立一个多元化、多层次、分工明确、竞争有序的农业技术推广体系。为此，必须以新的理念指导农业技术推广，实现从农业技术推广向农业推广转变、从政府主导的公益型向公益型和市场型相结合转变、从产中技术向产前、产中、产后全过程服务转变；修订《农业技术推广法》，适应市场经济要求，完善多层次、多元化的农业技术推广体系；对农业技术推广进行准确定位和分类，界定公益型农业技术推广职能；大幅度增加农业技术推广经费，缩减地市级以上农技推广人员，从市县级以下农业技术推广机构中分离出公益性推广职能部门，完善县乡级农业技术推广机构建设，实行农技推广人员资格准入制度，加快农业技术推广人员配置和用人机制改革。

《基层农技推广体系改革与建设问题研究》结合湖南省的

实际情况，介绍了基层农技推广体系改革与建设的三种主要模式：农技推广机构主导型模式、政府科技项目带动型模式、市场引导型模式，第一种模式又包括跨乡镇设置区域站、按乡设立专业站和设置综合站三种子模式。报告在剖析问题的基础上，提出了基层农技推广体系改革与建设的对策建议：加快推进农技推广机构主导型模式的组织制度改革与创新，建立以政府财政投入为主体、其他各种形式投入为重要组成的多元化农业科技投入体系，创新基层农技推广体系的运行机制，进行推广技术和方式的创新，完善培训体制、提升农业技术人员的能力，突破单一政府主导型农技推广模式、建立分工明确的多元化农业技术推广体系，支持农资企业建立农资超市和提供测土配方施肥等服务。

六、加快发展农业服务业

现代农业服务业是指围绕现代农业建设所发展起来的服务产业，它涵盖了农业生产性服务、消费性服务和农村公共服务等方面。现代农业服务业的发展，不仅是农村分工分业不断深化的必然结果，而且是推动农业产业持续发展的必然要求。尤其是其中的农业生产性服务业，是现代农业产业体系的重要组成部分，它能有效促进农业生产、加工、销售一体化，推动农业与其他产业的融合，对提高农业综合生产能力具有重要的推动作用。

建立健全农产品市场体系是发展农业服务业的重要内容。《我国农业发展支撑体系的目标模式研究》把农业发展支撑体系划分为农业社会化服务体系、农产品市场体系、农业支持保护体系三大组成部分，并分门别类对三者进行了专门地研究。该研究报告认为，我国农产品市场体系建设面临的主要问题是：投入严重不足、基础设施薄弱、农民进入市场的组织化程度低，农产品市场层次结构不合理、缺乏统一布局规划，市场管理服务水平不高、规则不健全、功能不完善，地区发展不平衡、产地市场建设明显滞后。为解决这些问题，必须抓紧制定全国农产品市场体系布局规划，加快中央级批发市场升级改造，扶持发展农产品新型流通业态，培育农产品营销流通主体，搞好公共信息和营销促销服务，完善农产品市场宏观调控机制，完善农产品市场政策法规，加大对农产品市场建设的扶持力度。

建立健全农业社会化服务对促进农业生产的专业化和现代化、提高农业综合生产能力具有重要意义。《我国农业发展支撑体系的目标模式研究》首先介绍了我国农业社会化服务体系发展的现状和问题，进而界定了体系建设的原则。在此基础上，提出了农业社会化服务体系建设的三个目标模式：以国家经济技术部门等为主体的农业公共服务模式、以涉农企业为主体的农业市场化服务模式、以专业合作经济组织为主体的自助服务模式，三种目标模式相互交叉、相互依托、相互包容，构成一个完整的有机体系。报告认为，当前和今后一个时期，要着力在以下几个方面加大政策实施力度：增强农村社区性集体经济组织服务功能、健全基层农业技术推广体系、发展各类农民专业合作组织、促进农业产业化经营、加大国家对公益性技术推广的支持力度、健全农村金融体系。

（执笔人：曹利群）

第一章

提高粮食综合生产能力

在各类农产品中，粮食最为特殊、最为重要。粮食问题始终是关系到我国经济社会发展全局的重大问题。我国必须立足国内生产，确保国家粮食安全。经过多年的努力，我国畜禽产品、水产品和园艺产品等都已经基本实现了供求平衡，只是产品质量和供给的稳定水平还需要进一步提高。受多方面因素的制约，多年来我国粮食供求一直处于紧平衡状态，扩大粮食供给将是工业化城镇化进程中必须长期面对的课题。因此，在农业综合生产能力建设中，粮食综合生产能力建设必须摆上突出位置、并具有重要意义。

第一节 粮食综合生产能力建设的背景分析①

一、工业化和城市化趋势与粮食生产

改革开放以来，我国经济体制转型和结构转化的速度不断加快，工业化和城市化的水平显著提高。1978—2006 年，我国工业化率从 72.7% 增至 88.3%，城市化率从 17.9% 增至 43.9%，工业化和城市化加速推进有力地推动了我国经济社会的持续较快的发展。但从粮食安全的角度看，工业化和城市化加速推动必然会导致粮食生产的资源约束强度更高。

图 1－1 描述了 1983—2006 年我国粮食播种面积的变化情况。总体上看，粮食播种面积有多次缩减—增加—缩减—增加的变动趋势，这种变动与粮食供求格局的周期性变动有关。2000 年之后，粮食播种面积的缩减趋势非常显著，特别是 2003 年，粮食播种面积缩减为历史的最低值 99410 千公顷，2006 年之后该数值回升至 105489 千公顷，但仍低于 2000 年的 108463 千公顷。从粮食播种面积占农作物播种面积的比重来看，在工业化和城市化加速推进的背景下，粮食和其他农作物的比价关系出现了不利于粮食生产的变动，其结果必然导致粮食播种面积的相对缩减，这正是 1983 年以来粮食播种面积相对份额变动的基本趋势。1983—2006 年，粮食播种面积占农作物播种面积的比重已经从 79.20% 降至 67.18%，非粮农

① 本节内容选自农业部软科学课题《粮食发展战略研究》（课题编号：200803），课题主持人：高帆。

作物对粮食生产产生了较为显著的“替代”或“挤出”效应。

从分省区的角度看，图 1－2 给出了 1996 年和 2006 年我国各省区粮食播种面积占农作物播种面积的比重情况。1996—2006 年，除 5 个省区粮食播种面积占比有所增加之外，辽宁从 90.4% 增至 91.0%，黑龙江从 91.4% 增至 94.9%，安徽从 78.8% 增至 84.6%，江西从 67.1% 增至 69.4%，宁夏从 84.1% 增至 86.0%，其余 26 个省区占比均出现了下降趋势，这种趋势在工业化和城市化快速推进的省区表现得尤为突出，例如，天津从 84.2% 降至 77.5%，上海从 68.1% 降至 56.9%，浙江从 76.2% 降至 66.0%，山东从 84.4% 降至 74.3%，广东从 75.0% 降至 64.2%。在此背景下，全国粮食播种面积占农作物播种面积的比重也从 81.1% 降至 75.9%。

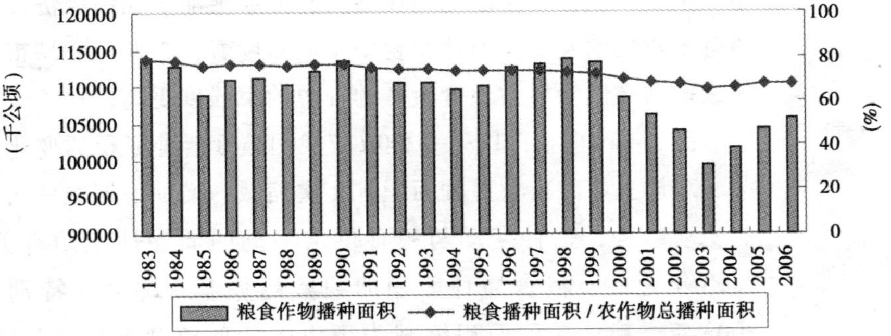

图 1－1　1983—2006 年中国粮食播种面积及其占农作物播种面积的比重

资料来源：《中国统计年鉴 2007》。

粮食生产不仅需要土地投入，还需要劳动投入，工业化和城市化加速推进除影响耕地之外，还可以通过劳动力重新配置而影响粮食生产。图 1－3 给出了 1990—2006 年我国第一产业从业人数及其占总从业人数的比重，第一产业从业人数存在波动，但 2000 年之后第一产业从业人数有不断下降的趋势，2000—2006 年，其规模从 36043 万人降至 32561 万人。与此相对，第一产业就业人数占总人数的比重却表现出持续的下降趋势，1978—2006 年，这个比重从 70.5% 降至 42.6%，我国就

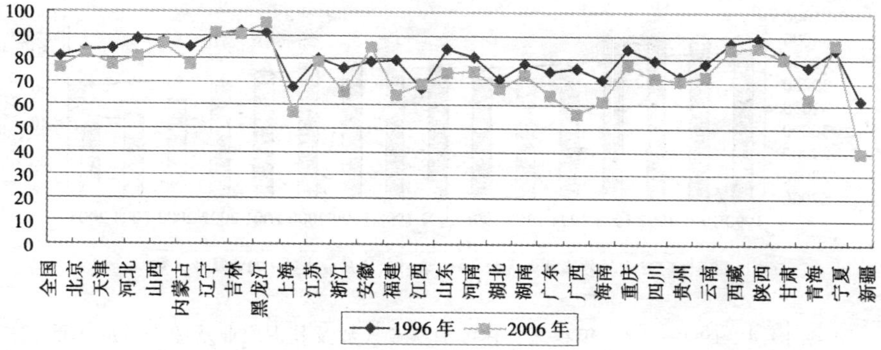

图 1－2　1996 年和 2006 年各省区粮食占农作物播种面积的比重情况（%）

资料来源：《中国第二次全国农业普查资料综合提要》。

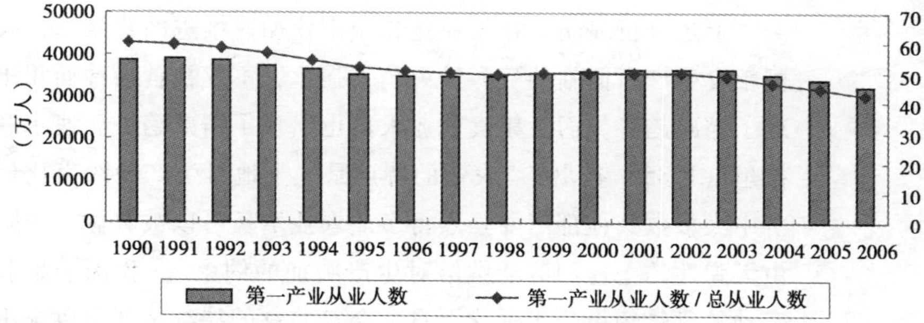

图 1－3　1990—2006 年我国第一产业从业人数及其占总从业人数的比重

资料来源：《中国统计年鉴 2007》，中国统计出版社 2007 年版。

业结构已经出现了显著的非农化流转趋势。

在农业生产中，农民就业也可以在粮食种植和其他活动之间做出选择。考虑到数据的可得性，此处用农林牧渔从业人数和粮食种植就业人数。图 1－4 给出了 1990—2005 年我国农林牧渔从业人数及其占农业从业人员的比重。农林牧渔从业人数总体出现了不断下降的趋势，2000 年之后下降趋势更为明显，2000—2005 年，此数据从 32798 万人下降至 29976 万人。从相对数来看，农林牧渔从业人员占农业人员的比重呈现出直线下降趋势，1990—2005 年这个比重从 79.35% 降至 59.49%，这

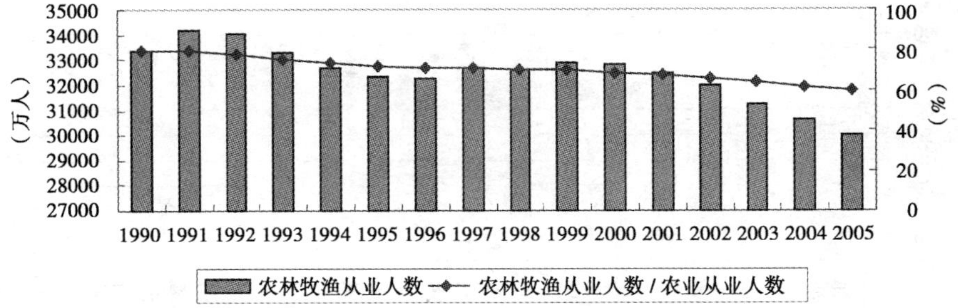

图 1－4　1990—2005 年我国农林牧渔从业人数及其占农业从业人员的比重

资料来源：《中国统计年鉴 2007》，中国统计出版社 2007 年版。

说明在农业从业人员中，以粮食种植为主的农林牧渔从业人员占比在不断缩减。

上述分析表明，在工业化和城市化加速推进的背景下，我国粮食生产所面临的资源约束趋于强化，不仅粮食播种面积出现了缩减趋势，而且粮食就业人员也出现了缩减趋势。速水和拉坦（1985）指出："农业的特点是，土地对生产的约束比经济中大多数其他部门要强烈得多。农业增长可以被看做是消除由无弹性的土地和劳动供给对生产施加的约束"。我国土地和劳动的供给约束趋于强化，自然会对粮食的持续增产和供求平衡产生重要影响，在实施粮食发展战略必须考虑对资源约束的有效舒缓和突破。

二、市场化改革深化对粮食供求状况的影响

从 1978 年开始，我国实施了以市场化改革为基本取向的经济体制变迁，特别是 1992 年，党的十四大报告明确经济体制改革的目标是建立社会主义市场经济体制，当前我国正处在从传统计划经济向现代市场经济的体制转轨时期。市场化改革的关键是要在健全市场体系和培育市场主体的基础上，促使市场机制和价格机制在配置资源中发挥基础性作用。改革开放以来，我国的市场化程度、尤其是商品市场的市场化程度不断提

高，价格机制在引导资源和商品配置中的作用不断凸现。在此背景下，粮食供给和需求必然会逐步摆脱计划经济的制约，而更多受到市场供求和价格信号的调节。

表1－1给出了1996年和2006年两次全国农业普查所统计出的农村市场情况。2006年与1996年相比，除了个别省区，有综合市场的乡镇比例和有专业市场的乡镇比例均在提升，就全国而言，前者从60.3%增至68.4%，后者从15.8%增至28.2%。综合市场和专业市场是粮食生产资料和粮食商品交易的载体，这两类市场的发育暗示着粮食供求的市场化程度在提升。具体到粮食专业市场的比重，可以看出，大多数省区有粮油专业市场的比重在提高，就全国而言，从1996年的4.4%增至2006年的6.1%，这更是直接表明粮食市场化程度在不断提高。

表1－1　1996年和2006年各地区有综合市场和专业市场乡镇的比重

	有综合市场的乡镇		有专业市场的乡镇		有粮油专业市场的乡镇	
年份	1996	2006	1996	2006	1996	2006
全国	60.3	68.4	15.8	28.2	4.4	6.1
北京	52.5	63.4	8.2	17.6	1.9	2.3
天津	59.5	78.3	13.5	16.7	1.9	0.7
河北	76.3	74.7	18.2	32.0	3.4	4.0
山西	26.3	58.8	6.3	36.8	2.2	18.6
内蒙古	36.3	51.1	5.1	24.4	1.4	6.2
辽宁	79.4	74.8	12.4	24.4	1.2	2.9
吉林	64.5	74.8	14.5	33.1	1.0	7.8
黑龙江	61.2	60.0	12.0	17.7	1.2	3.3
上海	89.0	92.6	31.1	50.0	4.8	1.9
江苏	76.3	89.6	51.0	54.1	10.6	14.6
浙江	49.5	62.4	34.1	37.6	6.8	3.0
安徽	65.7	73.1	27.1	41.2	11.1	10.2
福建	73.5	79.8	11.3	18.8	1.7	1.3

续表

	有综合市场的乡镇		有专业市场的乡镇		有粮油专业市场的乡镇	
年份	1996	2006	1996	2006	1996	2006
江西	66.2	71.6	11.7	27.9	2.0	4.9
山东	15.5	78.6	10.5	46.4	1.0	4.8
河南	76.7	86.6	27.7	60.4	10.0	19.2
湖北	62.8	70.5	36.5	48.2	15.0	11.7
湖南	69.8	73.7	12.7	20.9	3.4	4.1
广东	84.9	90.9	20.1	28.8	3.0	2.8
广西	92.5	92.2	11.2	17.8	3.6	1.7
海南	77.2	86.7	14.1	24.6	2.8	0.0
重庆	64.1	73.4	9.0	20.9	3.1	3.9
四川	58.1	60.0	15.1	18.9	7.0	5.3
贵州	83.6	61.7	4.2	14.8	0.7	2.4
云南	86.1	76.3	3.6	17.4	0.8	3.4
西藏	2.6	5.0	0.5	3.7	0.0	1.9
陕西	50.0	48.3	7.1	18.7	2.8	4.9
甘肃	52.4	56.9	5.1	23.1	2.2	5.8
青海	16.4	29.7	5.3	7.4	1.9	2.7
宁夏	49.8	66.8	6.6	28.3	0.7	3.7
新疆	50.3	46.2	7.7	20.5	2.0	4.2

资料来源：《中国第二次全国农业普查资料综合提要》。

从粮农的行为方式也可以看出市场化程度的提升。图1－5给出了1990—2006年我国农村居民家庭人均粮食出售量和粮食商品化率的情况，其中粮食商品化率是出售量和生产量的比重。我国农村居民人均粮食出售量在不断提高，1990—2006年，从180.24千克增至394.14千克。与此同时，粮食商品化率也在直线上升，从1990年的40.75%增至2006年的65.72%，我国农民的粮食生产已不是传统的“自给自足”类型，而在很大程度上转变为向市场提供粮食的市场经济类型。

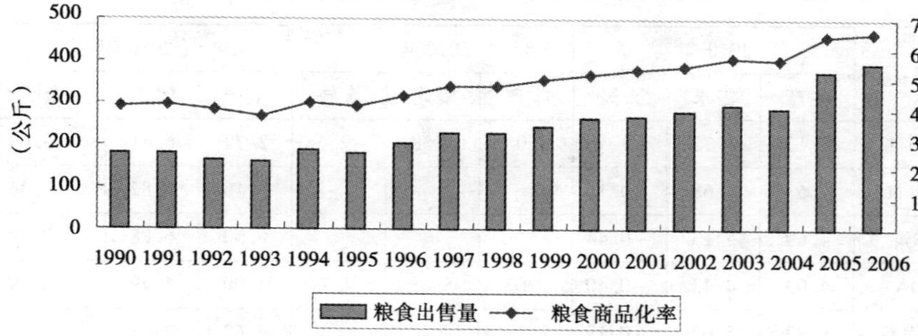

图 1-5　1990—2006 年我国农村居民家庭人均粮食出售量和粮食商品化率情况

资料来源：《中国农村统计年鉴 2007》，中国统计出版社 2007 年版。

总之，工业化、城市化和市场化等因素已经显著影响到我国的粮食发展状况。工业化和城市化加速推进不仅导致粮食耕地面积缩减、农业就业人数流转，从而导致粮食生产的资源型约束趋于强化，而且导致城乡居民的粮食消费总量、结构和层次发生转变，间接粮食消费在居民粮食消费中的作用不断凸现。除此而外，市场化改革也导致粮食供求的配置方式发生变化，粮食生产的商品化率在不断提高，农村围绕粮食发展的市场体系在不断完善。这些表明，从国内的角度看，我国粮食领域正面临前所未有的经济社会变化格局，影响粮食生产、流通和消费的因素有复杂化的倾向，实施粮食发展战略必须综合考虑工业化、城市化和市场化等诸多因素的影响。

三、未来我国粮食的供求关系预测

关于中国未来粮食供求的研究较多，表 1-2 汇集了一些结论。这些结论分歧较大，例如，对 2020 年的粮食供求缺口，最低估计是 IMPACT 的 0.41 亿吨，最高估计是 Brown. L 的 2.58 亿吨。分歧的成因既有对粮食生产量的不同估计，也有对需求量的不同计算。现有研究在生产方面，往往忽视了潜在制约因素的影响，而在消费方面则通常忽视了直接粮食消费和间接粮食消费之间的替代关系。

表 1－2　　中外专家及机构对中国粮食状况的预测

预测者	2010 年			2020 年			2030 年		
	生产	需求	余缺	生产	需求	余缺	生产	需求	余缺
Brown. L	3. 17	4. 72	－1. 55	3. 00	5. 58	－2. 58	2. 72	6. 41	－3. 69
R，M. M.	4. 53	4. 68	－0. 15				6. 46	6. 82	－0. 36
黄季焜	4. 69	5. 13	－0. 44				6. 50	6. 88	－0. 38
USDA	4. 03	4. 43	－0. 40	5. 03	5. 63	－0. 60	5. 00	5. 79	－0. 79
世界银行	4. 83	5. 02	－0. 19				6. 67	7. 17	－0. 50
OECF	3. 89	4. 92	－1. 03				4. 18	8. 06	－3. 88
IMPACT	4. 17	4. 50	－0. 33	4. 49	4. 90	－0. 41			
Nyberg				6. 61	7. 27	－0. 66			
陈永福	4. 19	4. 67	－0. 48	4. 40	5. 05	－0. 65			
梅方权	5. 60	5. 80	－0. 20				7. 20	7. 20	0
丁声俊							6. 0	6. 4	－0. 40
朱希刚	4. 86	5. 13	－0. 27				5. 94	5. 70	－0. 25
康晓光	4. 52	5. 36	－0. 84	4. 73	5. 64	－0. 91	6. 14	5. 86	0. 28
邓亦武	5. 78	5. 96	－0. 18				6. 77	7. 04	－0. 27

注：R，M. M. 指 Rosegrant，M. M.；USDA 指美国农业部；OECF 指日本海外经济合作基金会。表中梅方权、丁声俊等预测粮食的定义以中国国家统计局粮食概念为准；陈永福的粮食定义包括稻谷、小麦、玉米和大豆四种作物。其他专家及政府组织的粮食概念包括小麦、大米、玉米、高粱、燕麦、大麦和黑麦等。

资料来源：朱杰、聂振邦、马晓河（1999）；陈永福（2004）；康晓光（1998）。

为了估算中国未来的粮食供求状况，首先需要确定粮食生产的基本规律。从播种面积的角度看，1978—2006 年中 12 个年份的粮食播种面积在增加，1 个年份没有变化，16 个年份在下降。增长率最大的是 2005 年（2. 60%），最小是 2003 年（－4. 3%）。1978—2006 年的年均增长率为－0. 76%。中国正处于工业化和城市化的加速期，耕地和粮食播种面积的下降趋势仍将继续。我们认为，1978—2003 年年均下降 0. 76% 的情况仍会延续下去，表 1－3 给出了学者测算的中国耕地损失规模。鉴于政府对粮食播种面积减少的趋势已采取了应对措施，2008 年 8 月，国务院审议并原则通过了《全国土地使用规划纲要（2006—2020 年）》，因此，将这个下降比率适当下调至 0.5%。

表 1－3　　我国 2001—2030 年耕地损失总量预测表（万亩）

项目	2001—2010 年	2011—2030 年	2001—2030 年
各项建设占用耕地	1850	3600	5450
生态建设退耕	5760	6000	11700
农业结构调整损失耕地	300	500	800
自然灾害损毁耕地	900	1500	2400
耕地损失总量	8810	11600	20410

资料来源：邓亦武（2004）。

从粮食单产的角度看，1979—2006 年，有 18 个年份的单产增长率大于零，11 个年份小于零，增长最快是 1982 年（10.51%），下降最大的是 2000 年（－5.15%），年均增长率为 2.29%。只要以相应的组织创新以及围绕此点的制度变迁和技术进步作支撑，则单产增长是有保证的。考虑到单产增长是递减的，且中国粮食单产增长率较高的年度主要是 1978－1984 年，以后低于 2.27% 并逐渐下降。因此，我们将 2006－2010 年间的单产增长率下调为 2.00%，将 2010－2020 年间确定为 1.50%，将 2020－2030 年间确定为 1.00%。

按照上述理解，以 2006 年的播种面积和单产为基准，有如下关系式：

$$Q = 4715.9\ (1+2\%)^t \times 10548.9\ (1-0.5\%)^t \quad (t=1\cdots\cdots5)$$

这可以算出 2006—2010 年的粮食产量。同样的，在 2011—2020年将单产增长率换为 1.5%，在 2021—2030 年将单产增长率换为 1.0%。预测结果见表 1－4。

为了对中国未来粮食消费量进行预测，本报告首先给出一个测算粮食需求的框架图 1－6。粮食需求分成两部分：食用消费量；损耗量、种子用粮和工业用粮等非食用消费量，食用量又可分解成城镇居民消费量和农村居民消费量。显然，只要计算出城乡人均粮食消费量、城乡人口数和其他粮食消费量，就能得到粮食需求量。城乡人均粮食消费量受经济发展、收入水平、市场化等因素的影响，城乡人口之和反映了人口增长趋势，城乡人口之比反映了城市化水平。所以，这个框架和体制转轨、结构转化等背景相吻合，而导致粮食需求变化的是人口、城市化和人均需求量变化等的综合效应。

表 1-4　　2010—2030 年中国粮食生产量的预测结果

年份	粮食单产预测（公斤/公顷）	播种面积预测（万公顷）	粮食产量预测（万吨）
2010	4976.9	9598	47768
2015	5361.6	9360	50185
2020	5776.0	9128	52723
2025	6070.6	8902	54040
2030	6380.2	8681	55387

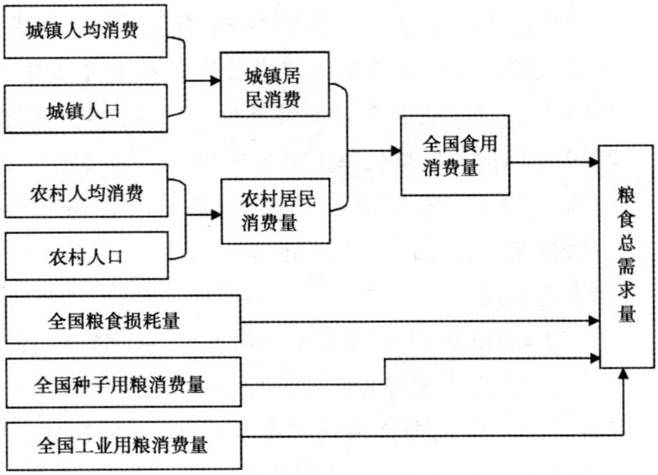

图 1-6　中国粮食需求测算的基本结构图式

从资料的可获性出发，作如下假定：

第一，非食用粮食消费量和食用粮食消费量之间有一定比例关系。按照黄季焜（2004），食用粮食消费量占消费量的比重为86%—88%，考虑到工业化对非食用粮食消费的增加，我们将此比重在2006—2010年确定84%，在2011—2020年确定为82%，在2021—2030年确定为80%。

第二，城乡居民人均粮食消费沿着已有的轨迹移动，粮食消费中既有直接粮食消费，也有间接粮食消费。假定间接粮食消费包括猪牛羊肉、禽类、禽蛋和水产品，它们和粮食之间的转化率为3、1.8、2和0.8。

第三，间接粮食消费中可能会“漏掉”一些以粮食为原料的食品，例如，近年来增长迅速的奶产品，因此对实际的人均粮食消费量适当调高，其中农村调高15%，城市调高35%。

从这些假定出发，首先确定人均粮食消费量，按照对1978—2006年城乡居民的粮食消费状况的分析，直接粮食消费在下降，间接粮食消费在上升，人均粮食消费量相对稳定，这种“结构边际调整、总量相对平稳”的状态将会继续下去。可以计算出1978—2006年，农村人均粮食消费量的均值为298.4千克/人，城镇人均粮食消费量的平均水平为206.5千克/人，加上各自的调高比率15%和35%，城乡居民的人均粮食消费量分别为343.16千克/人、278.78千克/人。

对人口的增长趋势，表1－5列出了几种预测结果。联合国的预测A相对于国家人口与计划生育委员会的预测B、中国人口信息研究中心的预测C而言，是一种保守的预测，且能反映城乡人口的变动，本报告采取这个数据。

表 1－5　　中国人口变动与估计结果比较（亿人，%）

年份	A				B	C
	总人口	增长率	城市人口	城市化	总人口	总人口
2010	13.65	0.63	6.17	45.19	13.70	13.77
2015	14.02	0.54	6.94	49.50	14.19	14.30
2020	14.29	0.38	7.63	53.38	14.54	14.72
2025	14.45	0.22	8.20	56.72	14.73	15.04
2030	14.51	0.08	8.63	59.50	14.83	15.25

资料来源：A 指联合国对中国人口状况的预测，数据来自于世界人口展望：2002 年修正版数据库，其中增长率是指前 5 年平均的年均总人口增长率，城市化是指城市人口在总人口中的比重。B 指中国国家人口与计划生育委员会的 2003 年的预测结果，中国人口信息网 。C 指中国人口信息研究中心的预测结果，中国人口信息网。

按照上述思路和数据，可得对中国未来粮食需求量的预测，结果如表 1－6 所示：

表 1－6　　2010—2030 年中国粮食需求量的预测结果（万吨）

年份	城镇居民粮食总消费量预测	农村居民粮食总消费量预测	食用粮食消费量预测	非食用粮食消费量预测	粮食总需求量预测
2010	17200	25771	42971	8185	51156
2015	19347	24296	43643	9580	53223
2020	21271	22854	44125	9686	53811
2025	22860	21448	44303	11076	55379
2030	24059	20178	44237	11059	55296

将粮食供求的预测结果结合起来，可以判断中国未来的粮食供求状况，如表 1－7 所示：

表 1－7　2005—2030 年中国粮食供求状况的预测（万吨）

年份	生产量	需求量	余缺量
2010	47768	51156	－3388
2015	50185	53223	－3038
2020	52723	53811	－1088
2025	54040	55379	－1339
2030	55387	55296	0

根据预测，中国 2010 年的粮食缺口为 3388 万吨，2015 年为 3038 万吨，2020 年为 1088 万吨，2025 年为 1339 万吨，在 2030 年生产量和需求量大致持平。可见，未来的粮食供给仍是偏紧的，是有缺口的，但缺口将逐渐缩小。当然，这种缩减趋势是建立在一系列的假定之上，如果这些假定是合适的，那么在总量意义上，中国不存在有些学者担心的“谁来养活中国人”的问题。

概括起来，改革开放以来，我国粮食生产的基本特征是：总量增长但增长不稳定，产品集中但变化有差异，地区集聚但生产不平衡。当前影响粮食增产的因素从重要性来看依次是：农业劳动力、耕地面积、农资投入，必须在培育新型农民的基础上提升粮食生产的人力资本含量，必须从节约集约土地使用的角度确保耕地面积，必须从农业生产资料市场结构完善的角度降低农资使用成本。与此同时，粮食生产在空间意义上出现了从“中心”地区向“边缘”地区转移的倾向，粮食主产区越来越依赖中部和东北地区，而东部沿海地区则逐渐转变为粮食主销区，必须在市场化背景下重构区域粮食流转的基本架构，实现粮食主产区和主销区贸易和利益平衡的有效机制，并通过粮食生产组织方式创新来实现粮食增产和农民增收的均衡。概言之，中国粮食持续增产面临着较多的资源型和制度性因素的制约，必须通过系统化的体制完善和政策改进，形成粮农内生化的持续投资和经营方式，才能突破这些制约并有效确保粮食安全目标的实现。

第二节

加强粮食综合生产能力建设①

一、目前我国粮食综合生产能力的基本状况

目前，我国粮食综合生产能力的状况不容乐观，与20世纪90年代中后期10000亿斤水平相比有所下降，产出能力大体在9300亿—9500亿斤之间，处在当年产不足需的水平。

综合运用耕地资源增减、产量波动模拟和生产潜力增减三种测算方法分析，目前我国粮食综合生产能力的情况是：

1. 以耕地增减法测算，目前我国粮食综合生产能力为9474亿斤

耕地增减法，主要是考虑耕地的增减对粮食产出能力的影响。这种方法以1996—1999年粮食实际产出的平均水平（10097亿斤）为粮食综合生产能力的基期，假设近年来生态退耕和建设用地不再恢复为粮食用地，农业结构调整减少的耕地90%不能恢复为粮食生产，复垦、占补、开发等新增耕地50%可用来生产粮食，并假设科技、投入、基础设施等条件不变。以此测算出因耕地减少造成的粮食产出能力损失为652亿斤。其中，生态退耕9200万亩，减少粮食生产能力368亿斤；农业结构调整减少耕地2520万亩，减少粮食生产能力136亿

① 本节内容选自农业部软科学课题《我国粮食综合生产能力研究报告》（课题编号：200502），课题主持人：杜青林、尹成杰、范小建。

斤；建设用地占用耕地1880万亩，灾毁耕地595万亩，减少粮食生产能力148亿斤；新增耕地3640万亩，按单产减半折算，增加粮食生产能力29亿斤。目前的粮食综合生产能力为：10097亿斤－652亿斤＋29亿斤＝9474亿斤。

2. 以产量波动模拟法测算，目前我国粮食综合生产能力为9313亿斤

产量波动模拟法，主要是以一个时期粮食产量的波动变化趋势来预测产出能力的方法。按这种方法，对1978年以来粮食产量进行5年移动平均处理，扣除当期粮食实际产量的超常波动，并假定粮食产量的增长趋势与粮食生产能力的变化一致，一个波动周期内粮食综合生产能力相对稳定，以此测算出目前我国粮食生产能力从1998年的9977亿斤下降至2004年9313亿斤。

3. 以生产潜力增减法测算，目前我国粮食综合生产能力为9347亿斤

生产潜力增减法，是假定自然灾害和播种面积是影响粮食综合生产能力的主要因素。根据自然灾害发生率调整的粮食产量（2004年成灾面积2.4亿亩，以1996—2003年因自然灾害造成的每亩粮食损失平均206斤推算，2004年因灾害损失少而增加的粮食产量为343亿斤，应当予以扣除）；根据播种面积变化推算粮食生产潜力（2000—2004年，粮食播种面积净减少1亿亩，其中50%可因粮食种植比较效益回升而恢复粮食生产，即5143万亩可能恢复粮食生产，以1996年以来平均亩产586斤计算，可能增加粮食301亿斤）。用这一方法测算的结果是，目前我国粮食综合生产能力为：9389亿斤－343亿斤＋301亿斤＝9347亿斤。

粮食综合生产能力既反映为一个时期的生产水平，又表现为一定幅度的产量区间。综合以上三种分析结果，目前我国粮食综合生产能力大体在9300亿—9500亿斤之间。

在近年粮食综合生产能力有所下降的同时，生产的不稳定性进一步增强，年度间产量波动加大，自然灾害的损失加重，

甚至有的年份出现了几百亿斤的增减。近十年，我国粮食产量年度间波动超过 300 亿斤的就有 6 年，其中波动超过 700 亿斤的有 3 年，2000 年比上年减产达 924 亿斤，而 2004 年比上年又增产达 775 亿斤。

特别值得注意是，粮食主产区的范围逐步缩小，粮食主销区的范围进一步扩大。目前，能够调出商品粮的省份和能够大幅度增产粮食的省份越来越少。2004 年与 1998 年相比，粮食产量出现下滑的省份达 23 个，其中有 8 个省的减产幅度超过 20%，山东、浙江、江苏和广东的减产量都在 100 亿斤以上。粮食综合生产能力的下降已不是个别的现象，而是整体的问题。

二、影响粮食综合生产能力的因素分析

（一）资源日益紧缺，约束越来越大

耕地与水是粮食生产的物质基础，是影响粮食综合生产能力最基本的要素。目前，耕地数量减少、质量下降，水资源总量不足、分布不均、浪费严重。从耕地资源看，1998—2004 年的 6 年间，我国净减少耕地 1.08 亿亩。现有耕地仅 18.37 亿亩，人均只有 1.41 亩，目前全国已有 666 个县（区）人均耕地低于联合国粮农组织确定的 0.8 亩的警戒线；耕地质量总体偏低，高产田占耕地总量的 28%，中产田占 40%，低产田占 32%，有 62% 耕地受不同程度的干旱、陡坡、瘠薄、洪涝、盐碱等各种限制因素的制约。从水资源看，每年农业生产缺水约 300 亿立方米，不仅存在严重的季节性和区域性缺水问题，而且农业用水的利用效率普遍偏低，不同程度地存在浪费现象，水资源平均利用率只有 40%—45%。

今后若干年，随着我国工业化、城镇化进程加快，人口增长，耕地减少和水资源紧缺的趋势不可逆转，城市与农村争地、工业与农业争水的矛盾更加突出。发展粮食生产所需的资源总量难以增加，提高粮食综合生产能力只能在有效保护资源

的基础上，更加注重提高资源的利用效率，通过加强耕地质量建设，弥补耕地数量的不足；通过发展节水农业，缓解农业用水紧缺的矛盾。

（二）基础设施薄弱，装备水平偏低

农田基础设施和物质装备水平是提高粮食综合生产能力的保障条件。目前农田基础设施薄弱，农业投入品利用效率不高，农业机械化水平较低的问题突出。

从农田基础设施看，由于近中期投入不足，现有的农田水利工程大多老化失修，设施不配套，难以发挥应有的作用。到2003年年底，全国有效灌溉面积仅为8.1亿亩，旱涝保收面积5.92亿亩，机电排灌面积5.42亿亩，近年来不仅数量增加不多，而且设施完好率低，主灌区骨干建筑物的完好率不足40%，配套率不足70%，水资源平均利用率只有40%—45%。

从化肥、农药等投入品看，我国已成为世界上最大的化肥生产国、进口国和使用国，2003年，全国化肥施用总量达到4411.8万吨（折纯，下同），约占世界总量的30%，据测算，用于粮食作物的约为2470万吨，亩用量已超过世界平均水平。由于施用环节上普遍存在着用量盲目、施用技术和手段落后等问题，氮肥当季利用率仅30%左右，比发达国家约低20个百分点。用量在增加，效率在下降，据调查，20世纪50年代我国每斤化肥可生产粮食15斤，70年代为9斤，而到90年代仅为7斤左右。我国也是农药生产和使用大国，年生产原药45万—48万吨，年均用量25万吨，居世界第二位，但有效利用率不足40%，每年约有60万吨的农药制剂进入生态环境，农作物药害面积300万亩。

从农机装备来看，到2003年，全国农业机械总动力达到了6亿千瓦，耕种收综合机械化水平为32.4%。目前，在四大粮食作物中，除小麦生产基本实现机械化外，水稻机械栽植和机收水平分别为6%和23.4%，玉米机播和机收水平分别为

46.9%和1.9%，大豆机播、机收水平分别只有50%和23.6%，总体上仅相当于法国20世纪50年代、韩国20世纪70年代末的水平。

加强农田基础设施建设，提高农业投入品使用效率，加快农业机械化发展，是今后一个时期增强粮食综合生产能力的潜力所在。有关专家分析，通过完善农田基础设施，使现有6亿亩中低产田得到改造，每亩提高一个等级可增产200斤；通过科学使用化肥，把化肥利用率提高10个百分点，使化肥的增产能力恢复到20世纪70年代水平，可提高粮食产量60亿斤以上；通过提高农机装备水平，充分发挥农业机械化在提高粮食生产效率、争抢农时、提高复种指数、抗旱排涝乃至节本增产等方面的重要作用，可使农机装备对粮食单产增产贡献率在现有基础上进一步提高。

（三）科技贡献率偏低，创新能力不强

据测算，目前科技进步对粮食单产的贡献率为48%，低于世界发达国家70%的水平，科技支撑的作用还不够充分。农业科研与推广脱节，全国共有1170个农业科研机构和45所高等农业院校，科技人员达10万人，基层农技推广服务机构15.1万个和100多万农技推广人员，机构条块分割，力量分散，难以形成合力。成果转化速度慢，全国平均每年审定的品种在100个以上，但有突破性的主导品种不多，其中90%的品种推广面积不足100万亩。研发和创新能力较弱，在新品种选育方面，像杂交水稻这样的突破性品种少，栽培技术研究集成不够，近年来很少出现象抛秧、旱育稀植、地膜覆盖等重大增产技术。农民科技文化素质相对较低，平均受教育年限只有7.3年，受过专业技能培训的仅占9.1%，接受过农业职业教育的不足5%。

粮食增产的潜力主要在单产，提高单产的途径主要靠科技。我国粮食单产总体上还有较大的提高潜力。从科技储备的

情况看，进一步提高粮食单产已有一定基础。近年来，我国成功选育了20多个超级杂交稻新品种新组合，基本实现百亩示范片平均亩产1600斤的目标，而目前稻谷的平均单产是830斤/亩；已经育成的超级小麦品种亩产达到1200斤，而目前小麦的平均单产是508斤/亩。对这些已经实现科研目标的高产品种，如果加快试验示范和推广的力度，对粮食增产的作用将十分明显。

（四）抗灾能力弱，市场风险大

从自然风险看，我国属自然灾害频发的国家，各种自然灾害呈进一步加重趋势。在20世纪50—60年代，平均每年全国农作物受灾面积3.9亿亩，其中成灾面积1.8亿亩；20世纪70—80年代，平均每年全国农作物受灾面积5.9亿亩，其中成灾面积2.4亿亩，绝收面积3000万亩；20世纪90年代以来，平均每年全国农作物受灾面积7.68亿亩，其中成灾面积4.15亿亩，绝收面积1亿多亩，分别比20世纪70—80年代增加1.78亿亩、1.75亿亩和7000多万亩。尤其是近5年（1999—2003年），平均粮食作物自然灾害受灾面积6.2亿多亩，其中成灾3.7亿亩，绝收9600万亩，分别占粮食播种面积的39%、23%和6%，年均造成粮食损失1000亿斤左右。同时，农业重大病虫害重发频率也显著上升，国外危险有害生物传入机率不断增大。

从市场风险看，我国粮食生产深受市场变化的影响，粮食供求和市场粮价的小幅波动往往导致生产大起大落。自1997年以来，受粮食市场供求关系变化的影响，粮食价格一路下跌，由于市场体系不完善，农民组织化程度比较低，国家支持保护水平不够高，粮食生产的市场风险规避机制没有建立起来，使农民承担了风险，减少了收益，影响了积极性，最终造成粮食生产的下滑。据国家发改委的农户调查资料，1995年到2002年，每百斤稻谷价格由82.1元降为51.4元，每百斤小麦价格由75.4元降为51.25元，每百斤玉米价格由67.0元跌至45.6元。2002年农户每亩出售稻谷、小麦和玉米的收入分别比1995年减少了112.9元、76.3元、101.7元，其中，因为价格下跌每亩减少的收入分别为116.7元、61.6元、87.2元。同时，国际市场的风险也在逐步加大，近年来进口的大豆和出口的玉米都深受国际市场供求和价格的影响。特别是在我国，粮食的需求弹性小，供需和价格信号极易放大，往往小的变化会引起大的波动。

提高抗御自然灾害的能力大有文章可做。据测算，有效利用现有的技术措施和工程措施可使自然灾害粮食损失再减少20%左右，每年可挽回粮食200亿斤左右。若农业生物灾害的防灾减灾措施有力，造成的粮食损失可进一步降到粮食年总产量的2%—3%。加强自然风险控制，有可能每年挽回粮食损失300亿斤以上。同时，提高规避市场风险能力也大有文章可做。只要建立完善的市场经济体系，增强国家宏观调控能力，健全分散和规避风险机制，搞好国内市场与国际市场衔接，就会降低农民面临的市场风险，更好的保护和调动农民种粮的积极性。

（五）政策扶持力度不够，支持手段有待完善

政策是影响粮食综合生产力的重要因素。改革开放20多年来，农村实行家庭承包经营为基础、统分结合的双层经营体制，奠定了粮食生产不断增长的制度基础；不断改革粮食购销体制，坚持市场化取向，逐步放开了粮食市场和价格，先后制定保护价和最低收购价政策，搞好宏观调控，充分发挥市场机制配置粮食资源的基础性作用；减轻种粮农民的税费负担，逐步减免农业税税率，取消除烟叶外的农业特产税，三年内取消农业税，农民上交皇粮国税的历史即将结束；实行种粮农民的直接补贴、良种补贴和农机补贴政策，增加种粮农民的收益；加强粮食主产区建设，实施优质粮食产业工程和沃土工程，农

业投资、国有土地出让金和新增农业综合开发资金向主产区倾斜，对产粮大县给予奖励和补助。这些对提高粮食综合生产能力起到了关键作用。但是，目前对粮食生产的扶持政策力度还不够，支持手段还有待进一步完善。粮食生产的补贴制度还没有建立起来，补贴的渠道还不多，补贴的水平还比较低，补贴的范围还比较窄；粮食生产的投入机制还没有建立起来，国家对粮食生产基础设施建设投资的投入比重低、增幅小，粮食生产缺乏相应的信贷支持，大量的工商资本和社会资本尚未进入粮食生产领域；粮食产销区的利益平衡机制还没有建立起来，粮食主产区财政困难，包袱很重，缺乏重农抓粮的动力。

我国已进入统筹城乡发展的新阶段，初步具备了工业反哺农业、城市支持农村的物质条件。随着我国经济发展水平的提高和财力的增强，运用政策手段支持和保护粮食生产的力度将不断加大。特别是目前按照 WTO 的有关规则和我国的承诺，“黄箱”政策的运用还有较大空间，“蓝箱”政策的运用还很不充分，“绿箱”政策的运用还未有效启动，依靠政策提高粮食综合生产能力不仅是必要的，也是可行的。

三、提高粮食综合生产能力的对策措施

基本立足国内生产，保持粮食供需总体平衡，满足人民生活不断增长的需求，是我国粮食生产发展必须长期坚持的目标。要实现这一目标，必须大力提高粮食综合生产能力，始终坚持以科学发展观为指导，认真贯彻统筹城乡发展的基本方略，在加强现有能力保护的同时加大新增能力建设的力度，不断创新市场经济条件下提高粮食综合生产能力的新思路。

（一）坚持市场调节与政府调控相结合的指导方式

充分发挥市场机制对粮食生产的调节作用，引导生产要素向粮食生产领域流动。切实把粮食作为国民经济的战略产业，加强和改善宏观调控，加大政府对粮食生产的支持保护力度，

始终处理好粮食增产与农民增收的相互关系，处理好粮食与经济作物的比例关系和其他食物品种的替代关系，维护种粮农民的经济利益，多用经济杠杆调控粮食生产与流通，保证粮食供给，稳定粮食价格，努力实现粮食稳定增产和农民持续增收。

（二）坚持向主产区倾斜的战略选择

根据区域特点和比较优势，调整和优化粮食生产区域布局和品种结构，提高粮食生产的集中度，培育有竞争力的粮食产业带。实施差别政策，加大对粮食主产区的投入，保护和调动主产区政府和农民重农抓粮的积极性，稳定全国粮食生产大局。

（三）坚持科技兴粮的主攻方向

大力推进农业科技进步，增强科技创新和储备能力，围绕提高单产，加快品种改良，推广实用技术，提高劳动者素质，不断提升粮食生产的科技含量，使粮食生产切实转变到依靠科技进步和提高农民素质的轨道上来。

（四）坚持走粮食产业化经营的发展道路

用工业化的理念改造传统的粮食产业，大力培育新型的粮食生产经营主体，以粮食加工企业为龙头，积极拓展“订单”生产，推进粮食加工转化。以农垦企业和种粮大户为重点，积极推进粮食生产的专业化、机械化和标准化，提高粮食商品率。按照一体化的思路，构建新型的粮食生产、加工、销售经营体系，不断提高粮食产业的整体效益。

（五）坚持节约和保护资源的可持续发展战略

转变粮食生产增长方式，强化耕地、水资源和生态环境保护，综合运用多种手段提高资源利用率，从“藏粮于库”转向“藏粮于地”，走一条资源节约型、环境友好型的粮食发展新路子。

今后一个时期，应把提高粮食综合生产能力建设作为经济社会发展的重大战略任务，采取更有力、更直接、更有效的政策措施，全面提高我国的粮食综合生产能力。

1. 建立耕地严格保护和合理利用的有效机制

综合运用经济的、法律的和技术的手段，落实土地承包经营制度、严格基本农田保护制度、改革农村土地征用制度，确保耕地数量，提高耕地质量。要建立占地受约束的机制。明确土地产权关系，探索土地承包经营权“物权化”的有效形式，扩大农民承包经营权权能，增强农民对耕地的利益关切和保护能力，依靠农民保护好耕地；提高征占用农村土地的“门槛”，提高耕地占用税税率，增加对农民的补偿，加大征占土地的成本，用经济的办法遏制多征多占土地多收益的利益驱动。

要形成违法受惩处的氛围。严格耕地占补平衡制度，明确补充耕地的质量要求，对达不到标准的要给予惩处；坚决执行《中华人民共和国刑法》第342条“违反土地管理法规，非法占用耕地、林地等农用地，改变被占用土地用途，数量较大，造成耕地、林地等农用地大量毁坏的，处五年以下有期徒刑或者拘役，并处或者单处罚金”的规定，用法律遏制违法乱占耕地的势头；对违法乱批耕地逾越“红线”的责任人一律就地免职，追究行政责任。

要制定养地受奖励的办法。大力推动耕地质量建设，在增加“沃土工程”的实施规模和范围、加快中低产田改造的基础上，建立耕地质量建设补偿制度。对农民种植绿肥、增施有机肥、秸秆还田、科学施用化肥及进行农田整理等保护和培肥地力行为给予奖励扶持，引导农民运用综合农艺、生物和工程措施提高耕地质量。

2. 加强节水改造为中心的农田水利建设

立足水资源的有效保护和高效利用，切实缓解不断加大的水资源压力。建设一批农田水利工程项目，增加各级政府的农田水利设施建设投入，加快大型灌区续建配套步伐，完善灌排体系；开展田间排灌、小型灌区和非灌区抗旱水源、丘陵山区和其他干旱缺水地区雨水集蓄利用等田间水利工程项目建设。对农民投工投劳兴修农田水利和购买田间节水设备给予奖励补贴，引导产业化经营的龙头企业等社会力量参与农田水利建设。

以贯彻《中国节水技术大纲》为重点，推广旱作节水技术。针对各地水资源状况，优化农业用水配置，调整粮食等农作物的布局和品种结构，减少高耗水作物，增加少耗水的耐旱作物，控制农作物的水资源利用总量。推广保护性耕作等田间节水技术，促进有限水资源的节约和高效利用。

以改革用水制度为契机，形成节约用水的机制。在一定水资源流域范围内，对水资源利用实行总量控制，定期核定用水指标和考核用水量，用经济手段等办法奖励少用水和节约用水，处罚浪费用水行为，促进用水权转让市场的形成。合理确定农业用水的价格，本着既有利于促进节约用水又不增加农民生产成本的原则，完善农业用水的价格形成机制，继续对农业用水实行优惠政策。

3. 大力推进优势粮食产业带建设

进一步优化粮食生产布局，引导粮食生产向主产区集中。加强东北地区、长江流域的一季稻区及长江流域双季稻区 3 个优质水稻产业带，黄淮海平原、长江下游平原和大兴安岭沿麓的 3 个优质专用小麦产业带，东北和黄淮海平原的 2 个专用玉米产业带，以及东北的高油大豆优势产业带等 9 个优势产业带建设，逐步形成布局合理，特点鲜明的粮食品种优势产业带。

有计划地安排一批带有全局性、战略性的重大工程项目，大力推进国家优质粮食产业工程，从生产条件、技术手段等各方面全面提升我国粮食产出能力。扩大工程实施范围。在现有 484 个县（场）基础上，根据粮食产业优势区域布局规划，从主产区的产粮大县拓展到产销平衡区和销区的重点产粮县。鼓励省级特别是销区省级政府从当地实际出发，选择一些有粮食增产潜力的农业大县组织实施区域性的优质粮食产业工程。充实工程建设内容。以优质专用良种育繁、病虫害防控、高标准基本农田建设、现代农机装备推进、促进粮食加工转化等项目为重点，完善配套工程项目建设。确保到 2007 年年末建设 5000 万亩标准粮田，新增粮食综合生产能力 120 亿千克；2008—2010 年，再新建标准粮田 1 亿亩，粮食综合生产能力再增加 100 亿千克左右。

增加政府对优势粮食产业带建设的投资规模。在整合现有资金项目的基础上，设立粮食产业带建设专项资金，根据建设规划的要求，逐步增加投资强度。广开建设资金来源，设立项目建设中长期贷款，积极引入金融资本、工商资本和社会资本。除中央安排投资外，地方也要增加粮食生产能力建设的配套投资。

4. 依靠科技进步努力提高粮食单产

以品种改良和繁育为核心，增强粮食生产科技创新和科技储备能力。加强农作物改良中心和重点实验室的建设，强化政府对农业科技投入的主体地位，建立以政府为主导、社会力量广泛参与的多元投入保障机制，改善实验条件，提高实验水平；组织开展生物技术、信息技术、遗传工程等基础性研究和重大科研项目攻关，建立适应市场经济要求的技术与成果评价与分配激励机制，加快粮食作物品种改良步伐；加强品质资源的保护和开发利用，建设一批高水平的种质资源库，强化知识产权保护，增强自主创新能力；制定研究开发规划，有计划有步骤地不断推出一批像超级稻那样的高产优质粮食新品种。

以主推技术和主体培训为重点，形成新型粮食生产技术推广机制。围绕粮食生产目标，因地制宜地确定主推技术，不断提高实用技术的普及率。要引入市场机制加快新品种和新技术等科技成果的集成、转化和提高，用项目带动的办法引导资金、人才向重点区域、重点作物和重点技术倾斜，鼓励农业推广机构、科研单位、大专院校等投身农业生产主战场，推进粮食生产科技成果产业化。按照公益性职能和经营性业务分开的原则，合理设置国家基层农技推广机构，明确公益性推广机构的职责，国家财力支撑其正常运转；经营性推广机构走向市场，政府给予一定的政策扶持。支持农民专业合作组织和产业化经营的龙头企业开展多种形式的农技推广服务。组织实施农业科技入户工程，大力推广测土配方施肥等重大技术，加强农民粮食生产主体培训。设立粮食生产重大技术推广专项补贴，运用政策奖励的办法，引导和鼓励农民采用新品种和新技术。

5. 建立健全粮食生产扶持制度

在稳定强化“两减免、三补贴”政策的基础上，不断拓展补贴功能，既要发挥补贴对农民种粮的激励作用，又要发挥补贴对粮食产业发展的引导和调节作用。完善粮食生产扶持补贴制度。逐步增加对种粮农民直接补贴的规模，扩大补贴范围，提高补贴标准，引导农民多种粮种好粮。完善粮食生产投入品补贴制度。增加良种补贴和农机具购置补贴资金，扩大补贴范围，按照政府引导、市场运作、农民选择的思路完善补贴方式。针对农资价格波动对种粮农民收入影响大且调控困难的情况，探索粮食生产投入品补贴的有效方式，对化肥、农用柴油等对生产成本影响大的投入品发放直接补贴，控制种粮成本上升，引导农民提高农资利用效率，稳定农民种粮收益。抓紧研究出台《农业补贴条例》等法律法规，奠定种粮农民直接补贴的制度化和法律化基础。

在总结现行最低收购价政策经验的基础上，健全主要粮食品种的最低收购价制度。逐步扩大实行最低收购价的粮食品种和区域范围，从现有的稻谷、小麦扩展到包括玉米、大豆等主要粮食品种，执行范围从部分地区扩展到整个主产区。合理确定最低收购价标准，要以弥补生产成本并有适当收益为原则，兼顾市场粮价和粮经作物比较效益，制定有利于调动农民积极性的价格标准。最低收购价要在播种前向农民公布，发挥其引导生产、稳定农民种粮收入预期和影响市场粮价走势的功能。制定切实可行的收购预案，健全完善以中央和地方储备粮企业为主体的最低收购价操作体系，确保收购行为发生时能起到托市和稳定市场粮价的作用。

积极探索和建立粮食作物政策性保险的新路子。选择有条件的地方启动小麦、水稻、玉米等主要粮食作物品种政策性保险试点，先从国有农场、粮食生产基地和制种基地做起，摸索经验逐步推开。设立财政粮食保险补贴专项，逐步建立政府扶持、市场化运作、农民自愿投保、企业积极参与的粮食生产保险制度，减少自然灾害对粮食生产的影响，促进粮食生产稳定持续发展。

6. 妥善协调好产销区的利益平衡关系

千方百计扶持主产区发展粮食生产，保护和调动主产区重农抓粮的积极性。调整粮食风险基金中央与地方的配比，主产区的粮食风险基金全部由中央政府承担，地方政府不再承担配备比例。帮助主产区解决粮食历史挂账，在分清责任的基础上，按照历史挂账主要由中央财政承担的原则，合理制定中央与地方的分摊比例。增加主产区在中央一般性财政转移支付中的系数，进一步增加对产粮大县的财政转移支付，逐步减轻产粮大县的财政压力，鼓励产粮大县发挥粮食生产优势，加快发展畜牧业和粮食加工业，促进粮食转化增值，增强县域经济发展活力。

明确主销区更多的粮食安全责任。对非主产区特别是主销区的粮食生产能力建设提出明确要求，使其确保一定的播种面积和产量，控制粮食面积和产量的过度调减。核定主销区的粮食库存，建立有效的监督检查机制，把销区库存作为硬指标来落实，不再让产区来背销区的储存费用，对没有达到库存标准的销区，要拿出相应的储存费用，支付给主产区。在销区15%土地出让金中提取5个百分点，集中到中央建立粮食生产发展专项基金，主要用于产区粮食生产基地建设高标准农田。制定税收优惠和金融支持政策，鼓励销区到产区投资建设粮食生产基地、流通储运设施和加工企业。要积极研究用税收等经济杠杆调节粮食消费与粮食生产的利益关系。

7. 大力推进粮食过腹转化和加工转化

充分利用水域、草原、山地等非耕地资源，发展节粮型畜牧水产养殖业，促进饲养方式的转变，提高粮食类饲料的肉蛋奶转化率。有计划地发展饲用粮食作物，稳步推进作物种植由“二元”结构向“三元”结构转变。扶持养殖业比重大的地区发展青储玉米等饲用粮食作物，继续实行退耕还牧还草政策，鼓励发展非粮食饲料作物。以小额贷款、贴息补助、提供保险服务等形式，支持粮食主产区加快发展畜牧业，促进粮食过腹转化增值。

大力发展粮食加工业。在全面取消农业税的基础上实现农村税收制度转型，不再对粮食生产环节征税，并对粮食加工转化给予税收优惠。设立专项贷款和中长期贷款项目，通过财政贴息向种粮大户、农民合作组织和粮食加工企业提供优惠的生产投入、基本建设与流动资金贷款，增强粮食加工转化能力。用循环经济理念提升粮食产业，把粮食秸秆作为重要原料来对待，加强秸秆综合利用技术研究，制定相应的鼓励政策，不断开发粮食秸秆的新用途。

8. 充分发挥农垦企业的粮食生产优势

把农垦企业作为国家战略性商品粮基地来建设，充分发挥农垦企业在粮食产业发展中的安全保证作用、科技示范作用和产业带动作用。增加对农垦农机购置、更新的补贴力度，提高农垦粮食生产的机械化水平。增加农垦科技事业发展的投入，加大对农垦良种繁育、加工、检验等设施建设的支持，提高农垦良种辐射供应能力和种子质量水平。加强农垦水利设施建设，利用农垦丰富的自然资源，建设一批大型灌区、渠道工程和配套渠系，增加灌溉面积，扩大粮食生产能力。加快农垦粮食生产标准化进程，建设一批无公害农产品示范基地，建立质量追溯查询系统，普及质量标准，规范操作规程，实施节本增效措施，提高粮食生产水平。

加快农垦企业改革步伐，按照股份化、集团化、产业化的思路建立现代企业制度。尽快建立土地等资源的有效管理制度，明确国有资本出资人，授予国有资产经营权，确保国有资产保值增值。通过财政转移支付支持农垦税费改革，剥离企业办社会职能，切实减轻农垦企业和种粮职工的负担。

9. 建立粮食生产风险预警机制

建立健全粮食生产预警系统，密切关注粮食生产、消费、价格、库存、进出口等重要指标的变动情况，研究确立与中国国情相适应的预警理论和预警方法，找准影响粮食生产的相关因子，逐步建立高效统一、与国际接轨的监测预警系统。增加对粮食生产预警系统建设的投入，充分利用卫星遥感等先进技术，不断提高预测水平，掌握粮食生产主动权。

建立粮食生产防范重大自然灾害和病虫害的应急反应和处理机制。努力提高对自然灾害和病虫害的监测预报水平，做好防灾的各种物质储备，制定各种灾害的防范和救助预案，确保灾害发生时能够及时反应和有效救灾，把灾害损失降到最低水平。

10. 创造有利于粮食生产的市场环境

充分利用“两种资源”和“两个市场”平衡粮食供求，引导粮食生产。密切跟踪国际粮食市场变化，采取积极有效措施，控制好粮食进出口的数量和节奏，既要有利于国内粮食供求平衡，也要避免逆向调节，冲击国内市场、打压或哄抬粮价，引发粮食生产波动。针对当前不同的粮食品种需求状况，制定扶持政策，鼓励东北玉米出口。进一步加大对大豆生产的支持力度，发展国内大豆生产，逐步缓解大豆进口的压力。积极挖掘杂粮薯类生产潜力，不断增强出口优势。鼓励企业到国外投资建设粮食生产基地，开发利用国外资源，进一步拓展国内粮源。

建立健全粮食市场体系。完善现货市场，发展期货市场。全面放开粮食购销市场，促进购销主体多元化。加强粮食市场监管，促进粮食批发市场建设，努力形成全国统一、开放有序、公平竞争的粮食市场流通格局。逐步增加上市品种，充分利用期货市场积聚信息的优势，发挥期货市场的价格引导和套期保值、规避风险作用。完善粮食储备调节制度。做实中央和省两级储备，健全储备粮的新旧轮换和吞吐调节机制，有效利用储备粮的吞吐调节熨平市场粮价的非正常波动，稳定市场粮价，促进粮食发展。

第三节 加强粮食综合生产能力保护

粮食综合生产能力保护的含义，就是当期或预期需要粮食增产时期的粮食总产能得到预期的提高。不同政策措施通过影响粮食生产的各组成要素而影响粮食生产，其对稳定和提高粮食综合生产能力的贡献亦不同。因此，粮食综合生产能力的保护，主要是围绕耕地面积的稳定和增加，围绕影响粮食单产水平的耕地质量、科技进步以及种粮农民的生产水平而发挥作用。

一、粮食综合生产能力保护的政策措施及评价①

（一）保护耕地的政策措施

从粮食生产能力保护的层面上分析，耕地保护的政策目标

① 本部分内容选自农业部软科学课题《建立粮食生产能力保护机制问题研究》（课题编号：200451－1），课题主持人：陈萌山、梅芳权。

是：保护耕地的面积不减少、质量不下降。那么保护耕地的基本思路是：进一步健全和完善法规制度和体制机制，确保耕地数量稳定，不断提高耕地质量和粮食综合生产能力。从对耕地的数量和质量保护影响较大的政策措施看，主要围绕建设用地征（占）用（耕地减少的主要渠道）、基本农田保护（稳定粮食生产能力的基础）两方面内容。

1. 建设用地征用制度

我国现行的农村土地征用制度产生于20世纪50年代。1953年，国家颁布了《国家建设征用土地办法》，确立了土地征用制度。1982年把征用土地办法修改上升为《国家建设征用土地条例》，1986年进一步上升为《国家土地管理法》，1998年对《土地管理法》进行再次修订，进一步强化了国家征地权，改进了征地补偿安置办法。

存在的主要问题

（1）补偿费过低

1953年制定的《国家建设征用土地办法》规定，被征用的土地的补偿费，“一般以其最近三年至五年产量的总值为标准”。1982年制定《国家建设征用土地条例》，提高了土地补偿费的倍数，增设了安置补助费。1986年制定的《土地管理法》，将上述规定上升为法律。1998年修订的《土地管理法》又提高了土地补偿费、安置补助费的倍数。但以土地产值为基点确定补偿费的办法一直没有变。1998年与1986年相比，土地补偿费由该耕地被征用前三年平均年产值的3—6倍提高到6—10倍，安置补助费由2—3倍提高到4—6倍，同时规定土地补偿费和安置补助费的总和最高不得超过土地被征用前3年平均年产值的30倍。而且，失地农民直接得到的补偿仅是地上附着物补偿（包括青苗补偿）和自谋出路的安置补偿。

（2）片面追求地方经济发展速度带来的用地冲动，加快了耕地占用速度

我国已建立起一套较为完整的耕地保护政策和制度，包括

了耕地总量动态平衡、土地用途管制、农地征用管制等等。但由于政策和制度设计本身的漏洞和局限性，部分地方政府采取调整土地整体利用规划、分拆项目、越权批地等手段，违法违规征、占用耕地，使耕地面积下降幅度较大。特别是地方政府在耕地保护政策目标与地方经济发展目标发生矛盾时，往往是想方设法保证短期地方经济发展目标的实现，而牺牲耕地保护的政策目标。

（3）占补平衡政策下“占优补劣”问题

耕地占补平衡制度，对保护耕地数量起到了一定作用，但新增耕地质量偏低。城镇建设大量占用优质耕地，占优补劣现象极为严重，耕地整体素质下降。最近，农业部对全国 15 个省调查结果显示，大部分新增耕地的质量需要 5—10 年培肥，才能达到占用优质耕地的肥力水平。农业专家研究也表明：每减少 1 公顷耕地所损失的生产能力，相当于新垦 2—6 公顷耕地的生产能力，数量上的减 1 补 1 保障不了耕地生产能力的平衡。如果新增耕地与被占用耕地的粮食单产差异按每亩 200 千克计算，近 10 年间置换的 6000 万亩耕地导致粮食总产减少约 120 亿千克。

规范与发展。从 2002 年起，国土资源部启动了清理整顿土地市场秩序，并于 2003 年 2 月制定了《进一步清理整顿土地市场秩序工作方案》，在全国范围部署土地市场治理整顿工作。2003 年 7 月，按照国务院的统一部署，国家发改委会同国土资源部、商务部、监察部共同开展了进一步治理整顿土地市场秩序工作，重点解决开发区违法违规占地问题。国土资源部还相应制定颁布了清理整顿现有各类开发区的具体标准和政策界限等。

2004 年 2 月，国务院要求完成现有各类开发区清理整顿任务。4 月，国务院办公厅下发了《关于深入开展土地市场治理整顿严格土地管理的紧急通知》，决定在全国范围内继续深入开展土地市场秩序治理整顿，严格建设用地审批。治理整顿期间，全国暂停审批农用地转非农建设用地。12 月，国务院出台了《关于深化改革严格土地管理的决定》，提出了严格执行土地管理法律法规，加强土地利用总体规划、城市总体规划、村庄和城镇规划实施管理，完善征地补偿和安置制度，健全土地节约利用和收益分配机制，建立完善耕地保护土地管理的责任制度等措施。

可以预期，今后国家将继续严格执行土地用途管制制度，加强建设用地审批，从严控制建设用地总规模；全面落实和研究制定产业供地政策和调控措施，严格管理制度，发挥土地的调控作用，及时控制某些行业的低水平重复建设和盲目发展。

2. 基本农田保护

从 1988 年开始，我国开始探索耕地的特殊保护方法和途径，并于次年在全国范围内部署划定基本农田保护区的试点工作。1992 年，国务院批转了原国家土地管理局和农业部联合呈报的《关于在全国开展基本农田保护工作的请示》，基本农田保护工作引起了各级人民政府的高度重视，加快了基本农田保护区划定工作步伐，加速了基本农田保护法制化、规范化建设进程。1994 年国务院颁布实施了《基本农田保护条例》，1999 年 1 月 1 日进行了修订。截至到 2001 年底，全国划定基本农田保护区面积 17.2 亿亩，其中基本农田面积 16.32 亿亩，占全国总耕地面积的 83.6%。在已划定的基本农田保护区内，大多数基本农田做到了保护指标、地块、标志、档案、措施、责任制“六落实”，初步建立了占用基本农田的审批制度、任期目标责任制、监督检查制度、占补平衡制度等。

存在的主要问题：

(1) 违规占用基本农田问题严重

一些地方盲目扩大城镇规模，违规设立开发区，大量占用区位条件好、耕地质量优的基本农田。一些地方在基本农田上植树造林、挖塘养鱼、搞畜禽养殖，严重破坏了基本农田的生产能力。从制度本身的设计而言，也存在基本农田保护区划定范围过宽，已划定基本农田优劣不分，审批权限过于集中等原因。

（2）耕地总体质量偏低，基本农田质量底数不清

根据农业部调查，在我国现有耕地中，有灌溉设施的保收田（包括灌溉水田、水浇地、菜地）面积不足耕地总量的40%，中低产田占耕地面积的2/3。同时，耕地水土流失严重，现有耕地存在养分严重不平衡、耕层和肥力退化严重、重金属污染和酸化等突出问题。但这些状况的判断依据，主要是1979年全国土壤普查结果及2002年以来开展的全国耕地地力调查与质量评价试点成果，但要对基本农田整体质量作进一步准确评价还需进一步调查。

3. 基本农田质量管理与保护措施不到位

《中华人民共和国农业法》、《中华人民共和国土地管理法》和《基本农田保护条例》等法律法规只明确农业行政主管部门负责基本农田质量管理的责任和义务，没有赋予相应的保障条件和手段，也没有赋予农业部门对破坏基本农田质量行为的处罚权，这严重制约了基本农田质量建设与保护工作。一方面，基本农田质量建设缺乏统一规划，国家投入的耕地质量管理与建设资金分散，质量保护长效机制不健全，相关技术标准体系不完备；另一方面，各地对农田基础设施建设没有给予足够重视，耕地质量下降，农田环境恶化，严重影响了粮食生产和农业发展。

规范与发展。2003年，国土资源部先后下发了《关于严禁非农建设违法占用基本农田的通知》、《关于进一步采取措施落实严格保护耕地制度的通知》。2004年2月，农业部与国土资源部联合下发了《全国基本农田保护检查工作方案》，在全国范围内开展基本农田保护检查工作，以促进基本农田保护基础性工作的落实，发现和督促地方及时纠正工作中存在的突出问题，消除薄弱环节，依法查处违法占用基本农田行为等。3月，国务院下发了《关于坚决制止占用基本农田进行植树等

行为的紧急通知》，强调要从严控制土地利用总体规划修改和调整，除国务院和省级人民政府确定的重点基础设施外，各地不得擅自调整规划，减少基本农田面积，改变基本农田区位，占用基本农田。严格基本农田保护制度，提出基本农田保护“五不准”要求。农业部、国土资源部等部委按照《基本农田保护条例》规定，部署开展基本农田保护检查，督促各地对已划定的基本农田建档立制以及建立健全基本农田保护监督检查制度等。

（二）加强农田基本建设的政策措施

加强农田基本建设的目标是，提高单位面积农田上粮食产出率。即农田本身的质量以及保证粮食生产潜力能得到有效发挥。围绕这个目标，农田基本建设的内容：一是加强水利设施为重点的农田基础设施建设；二是在耕地地力调查、评价的基础上，加强耕地质量建设，提高耕地的地力水平。保障措施就是通过各种有效资金渠道，加大建设资金的投入。

1. 以水利设施为重点的农田基础设施建设

中华人民共和国建国以来，为支持工业发展，国家通过定价政策、农业税、工农业“剪刀差”、农村储蓄、利息倒挂等措施，将农业利润、资金转为工业的利润和积累。这种政策使投资过度向工业倾斜，农业部门投资不足，农田水利等基础设施配套不完善，影响农业抗灾能力，导致农业基础地位脆弱；农村储蓄资金巨额净流出，工农业产品“剪刀差”以及不合理负担，使农民收入降低，粮食生产投入能力削弱，影响农民生活水平和粮食生产能力的提高。从总量上分析，我国农业基础设施已不能适应新阶段粮食产业发展的需要。

从 1998 年开始，国家通过发行长期国债用于农业基本建设。农业基本建设的总投资，从 1997 年的 160 亿元大幅提高到 1998 年的 461 亿元，增加了 300 亿元。尽管水利建设一直是农业基本建设投资的重中之重，但水利建设投资和建设的重点是长江、黄河、松花江、嫩江等大江大河大湖的防洪工程，以及病险水库的除险加固工程。而真正用于农田小水利基本建设的投资很少。

我国现有的农业水利工程设施大多是20世纪五六十年代修建的，其中大部分已年久失修，功能老化，配套不全，保障功能下降。据调查，全国60%的排灌工程设施需要维修，许多河道淤积，防洪排涝能力减弱。20世纪90年代因水利设施老化，全国农田灌溉面积每年减少33万多公顷。另据对黑龙江省的典型调查，该省灌区田间工程配套率不足70%，完好率不足60%。缺少控制性水源工程、灌区工程不配套和没有防渗措施致使灌溉水跑、冒、漏，灌溉保证程度不高。全省灌溉水利用系数平均在0.5左右，渠首引1立方米水，有一半损失在输水环节上，平均灌溉定额在800立方米/亩，有的县达到1000立方米/亩以上，水量浪费十分严重。因此，当前农田基本建设的重点是农田小型水利等基础设施建设。

2. 耕地地力调查与建设

从2002年开始，中央财政连续三年安排专项经费开展耕地地力调查与质量评价工作。2004年进一步扩大耕地地力调查范围，开展基本农田地力分等定级、土壤肥力和环境动态监测，并继续加强耕地及农用地利用状况调查，及时掌握耕地变化状况。

在耕地质量建设方面，中央财政从2003年起连续两年专项安排保护性耕作补助经费用于加强基本农田质量建设。2004年农业部又启动“优质粮食产业工程”，并将加大“沃土工程”和“旱作节水农业”项目实施力度，重点抓好粮食主产区干、支、斗、毛、沟渠及桥、涵、闸、集雨水窖等小型水利设施建设，加强田间保护性耕作、有机肥料积造、秸秆还田、绿肥种植及商品有机肥料生产设施建设，装备耕翻、深松、秸秆还田小型机械、机具及节水灌溉、灌溉施肥设施，配套以改良中低产田为主的工程、农艺、生物和化学等措施。

3. 确立以国家和地方政府投入为主体的农田基本建设投入机制

加强农田基本建设的关键是建设资金的投入问题。只有拓宽资金渠道，加大资金投入，才能实实在在加强农田基本建设。从耕地的所有权和使用权角度分析，中央和地方政府、涉农企业以及种粮农民都应该加大对农田基本建设的投入，但企业是以盈利为目的，以追求短期利润为目标，愿意增加当期或次年的生产性投入，而对长期获益的农田基本建设的投入是不愿意的；分田到户后的种粮农民，一家一户的生产和经营模式，不易组织成共同的投资群体增强对农田基本建设的投入，而且客观、现实的收入水平也无力承担基本建设投入。因此，必须确立以国家和地方政府为主体的农田基本建设投入，才能真正地加强对农田基本建设。

从财政实力、资金筹措手段与支持内容分析，预计2004年我国国内生产总值达到13万亿元，第二、第三产业占国内生产总值的比重达到85%以上，财政收入达到2.6万亿元，已经初步具备了财政倾斜支持农村、农业和农民的经济实力。在资金筹措手段上，落实财政部、国土资源部联合制定的《用于农业土地开发的土地出让金收入管理办法》就是一个有效措施。该办法要求，从2004年1月1日起，将部分土地出让金用于农业土地开发；土地出让金用于农业土地开发的比例，由各省、自治区、直辖市及计划单列市人民政府根据不同情况，按各市、县不低于土地出让平均纯收益的15%确定。另外，加大对农田基本建设的投入，也符合入世后政府支持农业生产的“绿箱”扶持政策。

（三）提高科技进步水平的政策措施

依靠科技进步来保护和提高粮食综合生产能力，有利于切实转变粮食增长的方式，实现粮食生产的可持续发展。提高科技对粮食生产的贡献率，最终通过科技进步的完整传导链的传播和实践来实现，即作为科技进步源头的技术创新——技术推广体系对技术创新产品的推广运用——粮食生产者运用技术创新的产品和方法开展粮食生产。

根据研究，发达国家的农业增长科技贡献率和农业科技成果转化率高达70%—80%。而我国“九五”期间农业科技对农业发展的贡献率为42%。目前有分析认为在45%左右。但总体上说，现有农业科技成果的转化率不高，与发达国家相比有很大的差距。

第一，长期承担着我国农业技术创新主要任务的农业科研机构，由于农业科研体制不合理等多方面原因，农业科研机构的创新能力同世界发达国家相比还很落后，特别是原始创新能力。从技术创新的不同阶段分析，20世纪90年代以来，我国开始重视粮食作物的基础性和应用性的技术创新，包括粮食基础性科技创新研究、粮食作物种质资源鉴定、重要新基因发掘与有效利用研究，粮食作物高产优质的生理及分子基础研究，利用现代生物技术进行生物设计、提高粮食作物种群内在生产力，培育粮食作物系列高产优质的新品种和种质。基础性、原始性创新对提升我国整体科技实力具有非常重要的意义，近几年在经费投入方面得到了重点加强，但应用技术开发研究并未得到有效重视。如粮食作物超高产栽培技术体系研究，优质化、标准化栽培技术体系研究，新型肥料研制、高效利用及土壤增肥技术，病虫鼠灾害可持续控制技术，新型农业生物制剂研究与开发等。目前生产上大面积推广运用的一些适用技术，基本上仍是10年前研发成功的技术，创新适用技术很少。

第二，20世纪80年代末90年代初以来，随着农技推广投资增速的减缓，农技推广体系受到了各种各样的冲击，许多地方的乡镇农技推广机构已名存实亡，先进适用技术难以进村入户，一些为种粮农民所必需的、受种粮农民所欢迎的公益服务几乎没有展开。因此，改革现行的农技推广体制迫在眉睫。

第三，种粮农民的文化程度普遍低下，平均受教育年限不足7年，农村劳动力中小学文化程度和文盲半文盲的比例高达40%以上。造成一些先进实用技术虽然进村入户了，但很多种粮农民对适用技术的使用不到位，关键要领的掌握也很不到位。

当前，依靠科技进步提高粮食综合生产能力的中短期矛盾，主要是农业科研部门或技术推广部门掌握的大量技术创新成果与种粮农民传统、落后的生产方式和技术的矛盾。解决这个矛盾需要采取的主要措施，应该是加强适用生产技术的研发和推广，将现有基础研究和应用技术研究的成果推广到种粮农户。

为此，从20世纪90年代中后期以来，国家部委、各级政府纷纷加强了作物良种繁育和种子工程建设。如建立了一批国家级的农作物改良中心、分中心和原良种繁育基地等，组织实施了主要粮食作物的大规模主推技术培训、生产示范、科技集市、科技入户等措施，大力提高种粮农民的科技水平。为了提高种粮农民的科技文化素质，从1999年起，农业部、财政部以及团中央等共同组织实施了跨世纪青年农民培训工程，对回乡务农的优秀初、高中生进行种植业、养殖业的实用技术培训，使他们掌握一门或多门农业技术，增强创业技能，成为农业和农村经济发展的主力军。为了提高种粮农民的实际运用水平，农业部决定从2005年开始，在农村选择培育一批科技示范户，进行重点扶持，以示范户带动广大农户，集中力量，通过组织农业科技和推广人员直接进村入户，示范推广优良品种和配套技术，提高农业科技的入户率和到位率，全面推进农业科技入户工作。根据农业部的计划，到2010年力争实现培育科技示范户100万户，辐射带动农户2000万户，发展新型农业技术服务组织1万个。同时，使重点示范区内主要先进实用技术入户率和到位率达到90%以上，农业综合生产成本降低15%以上，科技进步对农业增长的贡献率提高10%以上。

（四）种粮农民补贴的政策措施

对种粮农民补贴可分为直接和间接两种类型。我国早期对种粮农民的补贴基本是间接补贴。其主要方式：一是政府直接或间接投资建立良种场、化肥限价以及农业基本建设投资等，或实施粮食定购任务与化肥、农用柴油和预付定金“三挂钩”政策。如1986—1991年，国家“三挂钩”政策规定，农民每交售50千克贸易粮，奖售平价优质标肥7.5千克，柴油1.5千克，预付定金3.5元（1989年又适当提高）。二是保护价收购政策。20世纪90年代初开始实施以来，保护价政策的具体实施办法也在变化中发展，从限量限品种的保护价收购至98粮改政策出台后的敞开收购，再到2000年早籼稻等部分品种退出保护价收购范围，保护价收购的品种和范围开始不断缩小。

直接补贴真正开始于2004年。2004年，国家出台了对种粮农民的“三补一减”政策（“一减”：即从2004年起，在前几年国家农业税费改革的基础上，逐步降低农业税税率，平均每年降低1个百分点以上，五年内取消农业税。同时在黑龙江和吉林两省开展免征农业税试点，其他11个粮食主产省下降3个百分点。“三补”：一是粮食直补。国家当年对种粮农民的直接补贴资金达到116亿元，据统计，13个粮食主产省（区）通过粮食直补补贴农户13892万户，平均每户增收74元。二是良种推广补贴。水稻等四大粮食作物的良种推广补贴达到28.5亿元。三是农机具购置补贴7000万元），实现了对种粮农民补贴政策的历史性转变。从补贴效率、政策效应以及产生的寻租行为看，直接补贴优于间接补贴，良种补贴优于直接补贴，而且符合世贸组织成员国调整农业国内支持政策的发展趋势。但2004年水稻良种补贴政策客观上存在两方面不足：一是对水稻生产规模化产生了不利影响。不少外出打工农民返乡耕作，要回了原已委托其他农户经营的稻田。二是补贴与水稻种植面积挂钩，导致政策的科技含量偏低。

二、建立我国粮食综合生产能力保护机制①

保护和提高我国粮食综合生产能力的基本思路是：实行世界上最严格的耕地保护制度，加强农业基础设施建设，大力采用先进科学技术，完善农业技术推广体系，完善粮食直接补贴制度，提高农民种粮积极性，进一步加强商品粮基地建设，完善农业保险制度，完善粮食宏观调控体系、切实提高对粮食市场的调控能力。

（一）实行世界上最严格的耕地保护制度

切实保护好耕地和基本农田是保护和提高我国粮食综合生产能力最基本的前提条件。我国已进入工业化和城市化的快速发展时期，在这一时期中，保护耕地面临着巨大的压力。我们一定要把保护耕地和基本农田作为一项基本国策长期坚持下去，实行世界上最严格的耕地保护制度，坚决贯彻《土地管理法》和《基本农田保护条例》，保证基本农田数量不减少、质量不断提高，将粮食播种面积稳定在16.5亿亩以上。具体而言，今后要重点采取以下几个方面的措施：

1. 严格执行耕地占补平衡制度

采取切实有效措施，严格执行耕地的占补平衡制度。首先，建设用地报批时，必须同时报送与补充耕地相关的土地开发整理复垦项目名称等情况。对没有补充耕地方案的项目，不予批准。其次，要将补充耕地方案的实施情况作为建设项目验收的内容之一，只有按照规定实行占一补一后，建设项目才能验收合格。

2. 保证耕地的数量平衡和质量平衡

① 本部分内容选自农业部软科学课题《建立粮食生产能力保护机制问题研究》（课题编号：0451－2），课题主持人：肖海峰、黄守宏。

在保护耕地方面，既要坚持数量上的平衡，也要保证质量上的平衡。这就首先要求各级政府不能只重视耕地的数量保护，而必须对耕地的质量保护也要给予足够重视。其次要建立耕地质量等级评价体系，确定耕地等级的标准，开展耕地质量调查评价活动，掌握全国耕地质量情况，建立耕地质量数据库，为严格实行耕地占补平衡制度提供依据。对于占用的耕地，要严格按照占用耕地的数量和质量等级进行补充。

对于基本农田的保护，首先，在划定基本农田时要对基本农田的质量等级作一规定，只有达到一定质量等级标准的耕地才能被划定为基本农田保护区；其次，对于基本农田的占用也要严格执行补充相同数量和质量耕地的规定。通过这样一些措施，同时保证我国耕地资源的数量平衡与质量平衡。

3. 彻底改革土地征用制度

将公益性占地和经营性占地严格区分，经营性占地要退出政府征地范围，完全按市场化模式运作，其补偿标准由用地单位和农民自行谈判商定。这样既可保证失地农民的利益，同时又会促使用地单位在上项目时择优而为。公益性征地要提高补偿标准，对失地农民一定要给予足够的补偿，使其获得在土地征用过程中的合理利益，同时要切实解决好失地农民的安置问题。政府征用、出让集体土地所获得的收益中，要有一定比例用于新开垦或复垦土地，以改善地力和生产条件。

4. 加大投入，提高耕地质量

在耕地资源总量有限的情况下，提高现有耕地质量和生产能力是一种变相增加耕地的有效方式。以河南省为例，河南省按耕地的生产能力将耕地的等级分为十等，其中一等地的生产能力（13500—15000 千克/公顷）是十等地生产能力（≤1500 千克/公顷）的 10 倍，理论上如果增加了一公顷一等地就相当于在数量上增加了 10 公顷的十等地。

5. 建立严格的耕地保护责任追究制度

对于违反《土地管理法》和《基本农田保护条例》而乱

占耕地的行为，要依法追究相关责任人以及主管领导的法律责任和行政责任，坚决制止在城市化过程中出现的圈地运动以及其他侵占和破坏耕地的行为，尤其是在经济发达地区要严格控制各种开发区和园区的建设。

（二）加强农业基础设施建设

加强农业基础设施建设，是稳定和提高粮食综合生产能力的重要保障。针对当前我国农业基础设施建设方面存在的主要问题，应采取如下对策措施：

1. 加大对农业基础设施建设的投资力度

由于我国农业基础设施建设的主要问题是投资规模远远满足不了农业生产发展的需求，因此，今后要加大对农业基础设施建设投资的力度，以便为农业基础设施建设注入强劲的经济动力，推动我国农业基础设施建设进一步发展。在投资方向上，应当从过去侧重对大江、大河的治理转向更加注重农田基本建设方面，努力提高高标准农田的比例。大力改造中低产田，继续实施沃土工程，努力提高地力；搞好小型水利工程的建设和维护，完善农田排灌系统，增加粮食生产的有效灌溉面积；加强节水设施建设，提高水资源利用效率。

2. 整合国家对农业基础设施建设的投资，变分散投资为集中投资

目前有多个相关政府部门在农业基础建设领域进行投资，为提高投资效益，集中财力办大事，国家应该对农业基础设施建设投资进行整合，变分散投资为集中投资。

3. 理顺管理体制

首先，在产权制度方面要明确农业基础设施产权，以增强所有权主体的意识，集中农业基础设施的管理权，防止农业基础设施资产损失；其次，在投资管理体制方面要建立严格的农业基础设施建设投资项目的管理体系，对农业基础设施投资严格把关，防止盲目上项目，以提高投资资金的利用效率；再

次，在营运管理体制方面要明确管理主体，使得现有农业基础设施的维护、管理有专门单位或个人负责。

（三）大力采用先进科学技术

我国农业发展面临着耕地减少、水资源短缺、环境恶化以及人口增长等诸多的压力和挑战，通过外延型扩大再生产的方式来提高我国粮食综合生产能力的潜力极为有限，未来粮食综合生产能力的提高将主要依靠单产水平的增加。而粮食单产水平的提高，除了增加投入、加强农业基础设施建设以及制定有力的农业政策措施外，大力采用先进、适用的科学技术是一个非常重要的途径。

1. 加强粮食品种、品质的改良工作，推进良种工程

良种工程应包括两个方面的内容，一方面要从核心种质资源库的构建着手，充分发挥我国丰富的遗传育种资源优势，利用生物工程、基因工程等先进技术，加大粮食优良品种的选育力度。新型种质资源培育方面，在满足高产前提下要注重选择优质、特别是抗病虫害与抗逆境相关种质资源的收集。同时，加快实施“种子工程”，力争实现半数商品种子采用包衣处理，提高统一供种率，促进主要粮食品种的更新换代。另一方面，结合目前各地已经开展的“良种补贴”政策，加强已有良种的推广工作，提高良种的普及程度。

2. 发展节水灌溉和旱作农业技术，提高水资源利用率

发展节水灌溉技术和旱作农业技术是解决农业生产中水资源短缺问题的根本出路。加强对节水灌溉技术，尤其是大田环境节水技术的支持。要以大中型灌区改造和节水高效基本农田为重点，加强地面灌溉技术、雨水集流技术的改进。在粮食主产区实行耕作方法、生物节水、水利工程以及管理措施的优化组合，发挥各项节水技术的整体效益。

加强水利建设、改善农田灌溉条件是提高农业用水利用率的主要手段。如果将全国已有灌溉面积的灌溉水利用率提高

10%—20%，每年就可以节约用水400亿—800亿立方米，相当于南水北调工程引水量的3倍（康绍忠，李永杰，1997）。这不仅可以满足未来粮食生产对水资源的需求量，还可向国民经济其他部门转移用水量，对提高我国粮食综合生产能力，保障国家粮食安全，实现农业、农村的持续稳定发展起到重要的支持作用。

3. 建立病虫害预警和扑灭机制

目前我国应当以应急防治技术为主，将粮食主产区病虫害控制在一定水平之下。除推广使用抗病性较强的粮食品种以外，各地农业技术部门还应推广保健栽培措施，通过改进耕作方式，提高作物抵抗能力。从中长期看，则要以实现病虫害的可持续控制为目标，着手建立病虫害的预警和扑灭机制，将病虫害的损失减小到最少。

4. 大力发展精细农业，提高土地对要素的吸收能力

精细农业就是利用现代科学技术手段，在农业生产中进行精耕细作和集约化经营，让土地尽可能多地吸收劳动力、资金、技术等要素，达到优质、高产、高效、无污染的目的。在人均耕地有限条件下，发展精细农业可以减轻环境压力，增加单位面积产量。

精细农业必须考虑当地农业发展水平，在环境因素制约下实现农业最大产出，产生最大的经济效益，这项技术和可持续发展是密切相关的。在我国全面实行这一新技术的路程还很遥远，但我们必须有紧迫感，应加强土壤学、农业工程、电子与信息科技等多学科的联合研究和广泛的国际合作，重视农业信息基础设施建设。通过对精细农业技术体系的研究，从中分解出测土施肥、配方施肥、科学杀虫等一系列的适用新技术，优先在农业高新技术示范区、商品粮基地等地区推广。

各地区可以组织相关部门，利用上次全国土壤普查后编制的“土壤养分丰缺指标研究”成果，制定农田土壤肥力分级标准，组织开展配方施肥技术的推广。针对我国粮食生产中小

规模分散经营、农民平均文化水平低、对新技术吸收能力弱的特征，在技术普及过程中应当力求技物结合。

5. 推广适用新型耕作技术

为提高粮食生产的劳动生产率，要针对不同作物生长特征，以及不同地区资源结构的特点，有重点地引进和推广水稻抛秧、小麦保优与节本标准化生产、大豆窄行密植、玉米双行覆盖栽培等新型适用技术。

不同粮食产区还可以根据国家《发展粮食生产技术推广方案》，结合地区种植习惯，确定不同粮食作物的主推技术，配合农村机械化的发展，形成传统农业与现代农业相结合的技术应用体系。通过各种形式的科技服务、科技培训等活动，引导农民接受、采用新技术替代传统技术，提高农民的科学种田水平。

（四）完善我国农业技术推广体系

科学技术是第一生产力，是提高和保护我国粮食综合生产能力的重要保障，在资源有限的情况下，中国的粮食问题最终要靠农业技术进步来解决。为促进粮食及农业生产、发展农村经济、提高农民素质，我国农技推广体系建设的总体目标应当是以国家农技推广机构为主体，教育科研单位、农民合作组织、涉农企业广泛参与，联系密切、分工明确、功能齐全、结构开放的新型农业技术推广体系，切实为农民提供适用的综合服务。为实现这一目标，今后我国的农业技术推广体系建设的重点是：

1. 建立结构合理、合作竞争的多元化农技推广体系

国际经验表明，在农业技术推广过程中，加强农民的组织化程度，国家农技推广体系与农民组织或农业企业之间既分工又合作，能够扬长避短、互为补充，整合各种资源形成整体，提高资源利用率。

一般而言，宏观科技管理部门主要研究和制定科技发展战

略和技术创新政策，组织实施基础性、综合性的重大科技规划。农业部门则根据农业发展的实际制定农业科技发展规划，国家财政支持的农业技术推广体系主要负责对农业发展起基础作用的公益性职能，如农民技术素质和经营管理能力的培训等。农业资源环境检测、病虫害防治、灾情预报、农产品生产过程中的质量安全检查以及农业基础技术的研究也主要由国家技术体系承担。对国家体系内的技术人员则要继续坚持定岗、定编，保证工资待遇，提高人员的工作积极性。诸如农用物资供应、作物耕种、常规动植物疾病控制、种子繁育等具有良好市场前景，能够在市场中的获取收益的经营性农业技术则要逐步由农民组织、农业企业来完成。国家应当积极引导和推动企业成为农业技术创新的主体，允许从事农业技术开发和推广的非国有企业和组织申请使用国家相关资金。

在改革农技推广体系的同时，还应当注重加强农业科研、教育、推广体系之间的联系，改革过去农业技术的奖评办法。将科研成果与农业生产的效果相联系，减少不适应农业需要的“无效成果”，提高农业成果的转化率。

2. 吸引多渠道资金，增加农业科技投资

传统观点认为，农业需要公共的科技创新机制的重要原因是农民缺乏组织和投资能力。而且，由于农业的生物特性，农业在市场中先天不足，存在产业缺陷，这种缺陷衍生的必然结果是农业家庭经营的常态与农户低收入的常态。农业中的这两种常态以及外部性是造成农业缺乏竞争力、在社会资源分配中处于劣势的主要原因。要增强农业的竞争力、推动农业技术创新离不开国家的支持，在我国目前财政紧张的情况下，积极拓宽农业科技资金来源，吸引其他渠道的资金来弥补财政资金的不足则更具有现实意义。

与传统农业技术单纯依靠农民自身生产中经验的积累、总结不同，现代农业生物技术的出现，以及知识产权保护体系的建立与加强使农业技术研制有望获得较高的收益，能够吸引较多私人资本进入农业技术的研发领域。农业产业化的发展也造就了一批有较强经济实力的农业企业，多元化农业技术投资有了实现的可能。因此，除继续对农民实行无偿或低价服务，注重推广技术的更新和推广人员的培训以外，财政资金应当加强对国家公益性农技推广体系的支持力度，逐步退出经营性技术推广。同时，制定优惠的政策，如提供税收、信贷等方面的支持，引导更多的经济实体进入农业科技研究、推广领域，明确不同推广主体职能，有助于合理利用资源，提高资金的使用效率。

3. 技术选择由产量导向型向效益主导型转变，农业科研向产前和产后阶段延伸

在基本解决了粮食短缺的问题之后，我国现有条块共管，以块为主，按专业行政区划层层设置的农业推广体制产前、产中、产后服务相分离的弊端逐渐显现。为适应新要求、解决新问题，我国的农业技术推广体系应当将现有技术选择从产量导向型向效益导向型转变。农业科研不能仅仅局限在农产品的生产阶段，而应向产前、产后延伸，降低农业的生产成本，提高农业投入品的质量带动农产品质量的提高，依靠发展加工业实现农产品增值。同时，农业技术推广体系还应当改进服务质量，提供能够满足农民要求的低成本、收益快的适用型技术。

在增加适用技术储备方面，除了自主性的技术开发以外，还应当以促进农业结构调整和可持续发展、提高农民收入、提升农产品市场竞争能力为目标，以推动农业技术创新、高新技术产业化为主，加大农业技术的引进、消化和吸收。

4. 提高农民素质、发挥农民组织的中介作用，建设完善的农业技术市场

农技推广体系是联系农民与农技推广服务等农业支撑体系的重要桥梁，在基层农业技术推广体系由于各种原因不能充分发挥自身联系作用的情况下，提高农民自身的组织程度、发挥

农民组织的中介作用有利于加强农民与科研部门的联系。

我国农民比较保守的传统观念、较低的技术素质以及较少的人际往来决定了农户对新技术不论在认知、了解阶段还是在采用阶段，模仿特征十分明显。增强农民的组织程度，可以扩大农民的人际交往范围，增加农业技术的示范效应。而依托农村基础教育体系，积极发展职业教育，加强对农民的素质培养，也有助于提高农民的技术接受能力，扩大农业技术的需求。

多年来我国形成这种依靠组织传播农技推广方式，从技术引进、改良、示范、推广由各级推广部门逐级向下传播，降低了农民接受新技术的难度与风险，适应我国当前农民的整体素质水平，但是也存在忽略农民的需求，包办替代、被动接受的问题。刺激农民对新技术的需求要求在继续发挥过去组织传播优势的同时，必须依靠市场力量实现优胜劣汰，对现有的各种技术服务机构进行整合，提高农民培训的针对性和适用性。

从很大程度上讲，法制化是任何市场体系建设的前提条件，建设健全的农业科技市场首先需要制定相关的法律制度。在国家《专利法》、《农业技术推广法》等现有法律、法规的基础上，尽快出台制定《农业科技市场法》和《农业技术成果转化法》等。规范农业科技市场组织、经营主体以及交易制度，营造适应市场发展的良好外部环境。健全的农业科技市场能够使农业科技企业收回在技术开发中投入的资金并实现技术增值，反馈技术需求信息，使企业能够根据市场信号，了解农民需求，把组织与个体通过市场紧密结合，最大限度地发挥技术传播的潜力。

（五）积极推进并完善粮食直接补贴政策

1. 分地区决策，建立对农民的直接补贴制度

我国地域辽阔，经济发展很不平衡，任何一项政策的制定、实行都必须考虑这一基本国情。我国的直接补贴制度可根

据东、中、西三大地带的不同特征采取不同的补贴方式，确保补贴政策与政府农业发展目标相一致。

东部地区多是经济比较发达粮食销区，地方财政实力较强，出口导向的劳动密集型作物生产在这一地区有明显的优势。对这一地区农民直接补贴应以促进农业种植结构调整为主，不挂钩的直接补贴有助于农民自主选择种植品种。中部地区是我国重要的粮食产区，其粮食生产状况对国家粮食安全具有重要意义，对中部地区的直接补贴应当采取挂钩的补贴方式，以保护和提高农民的种粮积极性。西部地区由于自然环境较差，农业生产一直相对落后，农民收入很低。提高农民收入、促进农业生产条件改善、增强农产品自给能力则成为西部地区农业直接补贴制度的主要目标，因此在西部地区应采用不挂钩的补贴方式。

在补贴强度的确定方面，可根据不同地方的财政能力和农民收入水平制定不同的标准。对于东部经济发达地区，由于地方财力较强，因而应该主要由地方财政负担对农民的直接补贴，补贴标准可以适当高一些。为保护中西部地区农民，一方面，国家可以通过转移支付，增加对粮食主产区和西部落后地区的支持；另一方面，也可以加强产销联系，建立销区对产区的补偿机制，实现东、中、西共同发展。

2. 坚持国有粮食企业的主渠道作用，稳定粮食市场，提高直接补贴的效果

要保证直接补贴能真正起到保护农民种粮积极性、促进粮食生产发展的作用，必须保持粮食市场的稳定。在市场经济条件下，粮食价格的剧烈波动可能将补贴给农民带来的好处消耗殆尽。作为粮食流通的主渠道，国有粮食企业长期以来都是国家粮食政策的执行者，在稳定粮食价格方面发挥着重要的作用。而且，国有粮食企业掌握充足的粮源对于保证国家粮食宏观调控能力、确保粮食安全也至关重要。除积极发展订单收购，拓展粮源，保证国有粮食企业足够的粮食收购量以外，在

主产区实行与商品粮销售挂钩的补贴政策也利于确立国有粮食企业在粮食市场中的主导地位。

除发挥国有粮食企业主渠道作用以外，国家要促进期货市场的发育，充分利用期货市场规避风险、发现价格的作用，稳定粮食市场。通过完善相关法律法规，加强对期货市场的监管，积极拓展期货品种，为建立完善的期货市场创造条件。

3. 简化操作过程，坚持补贴的“特惠”性，提高有限资金的使用效率

实现保护农民种粮积极性，要求必须锁定补贴对象，坚持直接补贴的特惠性。目前我国的财政能力还无法实行像发达国家那样的多目标补贴体系，只能依据当前农业中所要解决问题的重要程度确定补贴的优先序。通过直接补贴影响农民的种植意愿，从而增加粮食生产是这次改革的最重要目标。从保障粮食安全角度出发，在主产区应将补贴与粮食生产挂钩。在实际操作中，考虑到一些地区农业生产间作套种复杂，按种植面积折算工作量大的问题，可以在特定作物种植面积和商品量之间灵活选择更符合地区特点的挂钩标准。

目前，美国、欧盟等世界主要农业国都保持着大量的农业补贴，作为一个负责任的发展中国家，我国应信守入世承诺，但这并不意味着要一步跨越，完全取消与特定农产品挂钩的支持政策。增强现有政策的补贴效果、提高有限资金的使用效率是当前改革所要关注的问题。政府应加强对补贴资金的管理，注重补贴效果的考察评定。通过设立资金运行的专门账户，做到专款专用，防止各级政府挤占挪用所造成的补贴资金流失，确保补贴款的足额到位。

（六）提高农民种粮积极性

农民种粮积极性是影响我国粮食综合生产能力的关键因素之一。由前面分析可知，近年来农民种粮积极性下降，其主要原因是农民种粮收益下降。因此提高种粮收益就成为提高农民

种粮积极性的关键所在。目前已经出台的对农民进行直接补贴政策是提高农民种粮收益、进而提高农民种粮积极性的主要措施之一，但由于我国目前财力所限，直接补贴的强度不会太大，我们对直接补贴政策对提高农民种粮积极性的作用效果不能期望过高。为提高农民种粮收益和农民种粮积极性，必须要采取一系列政策措施，除了直接补贴政策以外，以下几项政策措施也具有重要作用：

1. 完善土地流转机制，实行土地规模经营

我国人多地少的基本国情和农村剩余劳动力转移的困难性使得我国土地规模经营发展缓慢。小规模的家庭经营限制了规模经济的实现，造成粮食生产成本高收益低的格局。土地规模化经营可以更好地发挥土地资源的聚集功能，提高农业劳动生产率和土地生产率，降低生产成本和提高收益。因此完善土地流转机制，实现土地的规模化经营是提高农民种粮收益和种粮积极性的一个非常重要的措施。

当前，可以在部分地区进行试点的基础上，进一步完善土地流转机制，实现土地的规模经营。具体方式可以根据不同地区的具体情况而定，如可实行土地股份制经营，农民以所承包土地入股并就地务工。在粮食主产区，可以尝试耕地向种植大户、农业企业（公司）等经营实体集中和流转，培养符合我国国情的家庭农场主和连接农户的农业企业（公司）等经营实体。土地流转可通过政府建立的土地流转中心或交易中心进行。

2. 实行产业化经营，大力发展粮食加工转化

2004 年中央 1 号文件明确指出，粮食主产区要立足粮食优势，增加农民收入。支持粮食主产区大力发展粮食加工业，加大粮食系列产品的开发力度，发展粮食精深加工，实现粮食的加工增值，同时，支持粮食主产区利用丰富的饲料资源，积极发展畜牧业生产，实现粮食的过腹转化增值。

农业产业化作为一种生产经营方式可以很好地与上述目标

相吻合。实践证明，农业产业化经营是在市场经济条件下，传统农业向现代农业转变过程中，一种更加符合生产力发展要求的新型经营方式，对于增加农民收入和促进农村经济结构战略性调整有着重要作用，特别是在推动农业优势产业带形成、实施农业规模化和标准化生产、提高农产品质量和农业效益、稳定农户销售渠道、减少市场风险等方面都显示出它的巨大优势和独特功能。

通过产业化经营可以延长粮食产业链条，提高粮食附加值，使农民从发展粮食生产、加工和转化中获得更多收益。对以粮食为资源龙头企业的扶持，是实现粮食产业化经营的关键。在粮食主产区，要通过信贷支持，以及各种优惠政策的实施，大力扶持以粮食为原料的龙头企业的发展，推动粮食产业化的快速发展，以提高农民从事粮食生产的收益和积极性。

3. 进一步完善各项农业支持政策措施

为提高农民种粮积极性，除了上述措施以外，还需要进一步完善各项农业支持政策措施，如完善直接补贴政策，加大粮食主产区农业税减免力度，扩大良种补贴的范围和规模，实行大型农机具购买补贴，稳定农业生产资料价格，建立最低收购价格制度等措施，各种措施综合运用，相互配合，形成一个完整的农业支持体系。

（七）进一步加强我国商品粮基地建设

1. 以市场为导向，坚持专业化与优质化共同发展

在我国农业发展进入新阶段后，粮食供给出现结构性过剩，一方面，粮食库存积压，价格下降，粮食增产不增收，农民收入增长缓慢，城乡差距加大；另一方面，高质量的粮食产品仍然供不应求，粮食的品种结构亟待提高。商品粮基地建设要从单纯追求粮食数量增长向改良粮食品种、提高粮食质量方面转变。国家应结合优质粮食产业工程的实行，集中力量建设一批国家级优质专用粮食基地。商品粮基地可以以此为契机，

在继续稳定和提高本地区粮食综合生产能力的同时，根据市场需求调整粮食的品种结构，积极发展优质、专用粮食品种，适应市场需求。

2. 改变投资模式，提高地方政府发展粮食生产积极性

中央政府和地方政府按比例出资进行粮食基地建设的投资方式加重了粮食主产区地方财政的负担，不利于调动地方政府发展粮食生产的积极性。今年，中央已决定确定一定比例的国有土地出让金，用于支持农业土地开发，以及建设高标准基本农田。然而，我国仍然是一个发展中国家，很多方面都有待发展，还不能做到完全依靠中央财政力量进行商品粮基地建设。发展基地的粮食生产、调动地方积极性就要改革出资方式，综合运用财政、金融、税收等政策引导社会资本通过多种渠道向商品粮基地集中。既要在不加重农民负担的前提下落实好地方配套资金，也要实事求是适当增加中央投资的比例。一方面可以对符合建设及发展规划的经营项目提供财政补贴；对粮食生产的基础设施建设提供优惠贷款；对有利于粮食加工转化的行业实行税收优惠等。另一方面，还应当加强建设资金管理，加大审计和审查力度，提高建设资金的使用效率。

3. 制定商品粮基地建设的长期发展战略

商品粮基地有集中发展粮食生产及增加粮食输出等优势，对稳定我国的粮食产销大局具有战略意义。我国商品粮基地建设的长期目标应该是优化农业资源结构和提高农业资源配置效率。对于已有的商品粮基地要注重扶持其他配套的产业，调整基地内部产业结构，加快粮食加工业发展，促进粮食的转化，提高经济效益。通过技改贷款贴息、投资参股、税收优惠等措施，支持粮食基地兴建和改造一批能够促进粮食消化的农业企业。立足发挥粮食优势促进农民增收的原则，积极发展农区畜牧业，通过养殖业发展带动粮食增值和农民增收。

由于耕地等资源的有限性和国家财力不足，总体上我国商品粮基地的发展仍然应当以老基地的完善配套为主，适当安排

新基地为辅。即根据管理水平、增产效益和地方配套资金落实情况等，从中选择一批好的基地进行重点建设。同时，根据比较优势原则，选择部分有地方特色和市场竞争力，国内供求有缺口，还有出口可能的粮食品种作为新基地的项目储备，待条件成熟时安排建设。

（八）完善农业保险制度

农业属于弱势产业，面临自然和市场的双重风险。我国自然灾害发生频繁，1990—2002 年，平均每年受灾面积为 49967.69 千公顷，成灾面积为 26557.46 千公顷，成灾率为 52.86%。农业基础设施建设相对落后，农业科技水平较低，仍未彻底摆脱“靠天吃饭”的局面。在市场经济条件下，尤其是我国加入世贸组织后，农业面临的市场风险也非常大。由于农民收入水平较低，自身抵御风险的能力非常有限。在这种背景下，完善的农业保险制度就成为降低种粮风险、保障粮农利益、保护粮食综合生产能力的有效手段之一。

我国从建国初期就设立了农业保险，经过曲折的发展历程，到目前为止，一个完善高效的农业保险制度仍没有建立起来，存在的最主要的问题有农业保险缺乏法律支持、政府对农业保险支持力度不够以及农民无力投保和商业保险公司发展农业保险积极性不高等。完善我国的农业保险制度应该采取以下措施：

1. 加紧制定出台农业保险法

根据国际经验，制定农业保险法是农业保险制度有效运作的前提和基础。国外农业保险法中对农业保险的经营原则、保险责任、保险费率、赔偿办法以及政府在农业保险中的作用都进行了明确的规定。美国政府早在 1938 年就颁布了《联邦农作物保险法》等专门法律，而我国目前还没有一项关于农业保险的法律，由于农业风险大、赔付率高，所以一般适用于商业保险的《保险法》不适用于农业保险。

无论是从发达国家的先进经验来看，还是从我国农业保险发展的实际需要出发，尽快制定出台农业保险法，改变我国农业保险长期以来无法可依的局面，已经成为迫在眉睫的事情。

2. 加大对农业保险的支持力度

农业保险具有很强的政策性，政府必须对其实行一系列的支持政策，以保证其正常发展。在发达国家，政府从资金、政策等各个方面都给予农业保险很大的支持。据统计美国、加拿大、西班牙、日本、法国等国政府对农民所交保险费的补贴比例都在50%—80%左右，相比之下，我国在对农业保险的政策和资金支持方面力度显得不够，从而限制了我国农业保险制度的发展。

加大对农业保险的支持力度。一方面要加大对农业保险的资金支持，对农民投保提供保费补贴，提高农民参保的积极性；另一方面，要制定实施优惠政策，实行税收优惠，对农业保险公司免征营业税、所得税、印花税和各种社会性福利、建设基金等，增加农业保险公司的资金积累，增强农业保险的偿付能力。此外可以允许农业保险公司用利润建立农业政策性保险赔偿准备金，在无灾之年形成一定规模的赔款准备金，用于大灾之年的巨额赔付，实行“以丰补欠”。另外还可以为农业保险提供优惠信贷支持等。

3. 组建专业的农业政策性保险公司

把农业保险从商业保险中分离出来，成立专门的农业政策性保险公司，负责农业保险业务，这样一方面有利于国家关于农业保险的各项政策更加易于实施，提高政策的实施效率；另一方面，从保险公司本身来说，由于其专业性和政策性，也会大大提高其运营效率。

4. 扩大宣传，提高农民的保险意识

从目前情况来看，我国农民参加保险的积极性不高，这方面原因很多，例如农民收入不高，无力参保，还有农业保险公司提供的保险产品无法满足农民的保险需求等。但是其中一个很重要的原因就是农民投保的意识差，对保险的认识不足，因此，应该加强农业保险的宣传工作，通过各种形式和手段，提高我国农民的保险意识。

（九）完善粮食市场宏观调控体系

从2004年开始，我国全面放开粮食的收购和销售市场，粮食流通体制改革向市场化方向迈出了决定性的一步，粮食市场经济体制已初步建立。在市场经济条件下，建立一个高效灵活的粮食市场宏观调控体系对于稳定粮食市场，保护生产者、消费者和营销者的利益具有重要意义，同时也是保护和提高我国粮食综合生产能力的一项重要措施。

1. 建立粮食最低收购价格制度

粮食最低收购价格制度是政府对粮食市场进行宏观调控的重要政策手段之一，它与粮食风险基金和粮食储备共同组成了粮食市场宏观调控体系。粮食最低收购价格制度对于保证农民种粮收益、稳定粮食市场具有重要作用，尽管这项政策措施属于WTO规定的“黄箱”政策范畴，应当予以削减，但从目前欧盟和美国的情况来看，该项政策措施还没有完全取消，同时根据我国加入WTO的承诺，我国使用“黄箱”政策措施的空间为农业总产值的8.5%，所以我国目前仍可使用该项政策措施。

在建立粮食最低收购价格制度时要注意以下几个问题：

（1）合理确定最低收购价格水平

具体确定最低收购价格时可考虑以下几个因素：一是最低收购价格应能够弥补种粮成本并使农民有适当的利润；二是要考虑消费者的承受能力；三是要考虑国家财政的负担能力；四是不同粮食种类的最低收购价格水平高低要相互适宜，即不同粮食种类按最低收购价格水平计算的利润应相等。

（2）实行粮食最低收购价格政策的范围不能太大

为减轻政府财政负担，可考虑只对在粮食生产中占重要地位，且对生产者和消费者具有重要影响的主要粮食种类，如水稻、小麦和玉米实行最低价格收购制度。最后是粮食最低收购价格政策应由政府按照完善的“委托代理”关系委托仓储设施条件和信誉较好的国有或其他所有制的粮食收储企业来执行。完善的“委托代理”关系是指：按最低收购价格收购上来的粮食属于政府所有，接受委托的粮食收储企业并不拥有该部分粮食的所有权，且必须按政府的指令收购、储藏或销售粮食，期间所发生的一切费用由政府负担。这样可以解决过去国有粮食收储企业在执行粮食保护价格政策中存在的“政企不分”问题，提高政策执行效率。

2. 完善粮食风险基金制度

目前我国粮食风险基金制度存在两个问题：一是风险基金的规模还不能满足需要，风险基金中地方财政配套资金的落实情况差，特别是对农民直接补贴的资金也从风险基金中支付，风险基金的规模直接影响到对农民直接补贴的水平；二是建立了多级风险基金，这样意味着在一个市场上有多个调控主体，从而不利于分清责任，也不利于全国统一粮食市场的形成。完善粮食风险基金制度的主要对策：一是要扩大风险基金的来源，除加强中央和地方财政的支持外，可考虑将在中央储备粮吞吐、进出口等业务中获得的价差收入作为粮食风险基金；二是变多级粮食风险基金为中央一级风险基金，即将各地分散的粮食风险基金集中起来形成中央粮食风险基金，以增强中央调控粮食市场的能力，提高调控效率。

3. 完善粮食储备制度

（1）建立灵活的吞吐机制

政府在每年年初就确定粮食最低收购价格和最高限价水平，一旦市场价格突破这两个界限，政府相关部门就有权做出吞吐决策。

（2）逐步将现行的多级储备变为中央一级储备

从国际经验看，大多数国家，粮食的宏观调控权都是集中于中央政府。将粮食的多级储备转为中央一级储备，有利于明确责任，提高宏观调控效率和保证全国粮食市场的统一性。

4. 建立健全粮食市场监测预警系统

建立健全粮食市场监测预警系统是完善粮食市场宏观调控体系、提高宏观调控效率的一个重要方面，一个高效运作的粮食市场监测预警系统对于政府相关部门适时做出调控决策具有重要意义。以过去各地、各部门分散的监测体系为基础，建立全国统一、高效、权威的粮食市场监测预警系统，对粮食生产、消费、库存、进出口、价格等进行动态监测和分析，并依据科学确定的预警指标和预警值进行预警，这样既可以更好地为政府对粮食市场的宏观调控服务，也可为生产者提供信息服务。

第四节

建立我国粮食产销区利益协调机制[①]

粮食主产区与主销区利益协调机制，是指政府、企业、农民合作组织等不同性质的利益主体，参与粮食主产区与主销区利益关系的调节，形成解决粮食主产区政府抓粮吃亏问题和谷贱伤农问题的制度安排。

一、我国粮食主产区与主销区利益协调机制的现状及问题

（一）粮食主产区与主销区利益协调机制的概念与类型

根据利益协调机理的不同，在理论上可以把粮食产销区利

① 本节内容选自农业部软科学课题《建立我国粮食产销区利益协调机制研究》（课题编号：200509），课题主持人：朱晓峰。

益协调机制划分为政府协调机制、市场协调机制和农民合作组织协调机制。

1. 政府协调机制

政府协调机制，即依靠政府干预来调节粮食主产区与主销区利益关系的制度安排。在化解粮食生产者和消费者之间利益矛盾方面，政府协调的主要手段是补贴、价格和税收政策。在化解粮食主产区与主销区政府之间的利益矛盾方面，政府协调的基本手段是财政转移支付政策。政府协调机制具有直接性、有限性和高成本的特点。所谓直接性，即由政府针对产销区利益矛盾进行直接的利益协调；所谓有限性，即政府化解产销区利益矛盾的能力是有限的，政府协调只能在一定程度上解决主产区抓粮食吃亏问题和谷贱伤农问题；所谓高成本，是指由政府来调节产销区利益关系，不仅需要支付财政成本，还需要支付政治成本①。

2. 市场协调机制

市场协调机制，即依靠市场发展与运行来调节粮食主产区与主销区利益关系的制度安排。市场协调机制具有不确定性、间接性和低成本的特点。所谓不确定性，是指市场变化可能会导致产销区利益矛盾的缓解，也可能加剧产销区的利益矛盾。当粮价上涨时，产销区利益矛盾会因为主产区受益而缓解，当粮价下跌时，产销区利益矛盾会因为主产区利益受损而加剧；所谓间接性，是指市场协调以粮食市场多元主体的形成、粮食市场体系的完善、粮食市场信息的顺畅传递等为前提条件，粮食市场对产销区利益关系的调节依赖粮食市场化水平的提高和粮食市场供求关系的变化，不如对种粮农民的直接补贴、财政转移支付等政府协调手段那样直接；所谓低成本，是指产销区利益关系由市场自动调节，仅需支付市场建设费用以及市场秩

① 这里的“政治成本”是指国家对种粮农民的补贴，需要支付部门协调、政策执行和监督等行政成本；政府间财政关系的调整，需要支付体制改革成本。

序的维护成本。

3. 农民合作组织协调机制

农民合作组织协调机制，即通过发展农民合作组织提高农民的经济和社会地位，形成农民利益的自我保护和增进机制。农民合作组织协调机制具有基础性、依赖性和局限性的特点。所谓基础性，是指农民合作组织成为产销区利益关系的调节主体，是改变粮食生产者与农业产业化龙头企业和国有粮食企业之间不对称地位，保护和增进粮食生产者利益的基础；所谓依赖性，是指农民合作组织的建立和发展，不仅依赖农民合作精神的培养，而且依赖政府对农民合作组织的支持；所谓的局限性，是指农民合作组织对产销区利益关系的调节局限于维护和增进种粮农民的利益，不具备调节产销区政府之间利益关系的功能。

（二）建立粮食主产区与主销区利益协调机制的进展

1. 建立政府协调机制的进展

政府协调机制以增加种粮农民收入和对粮食主产区的投入为重点，在五个方面取得了重要进展。

（1）实行“三补、两减”政策，提高主产区种粮农民的收入

所谓“三补”，即实行对农民种粮的直接补贴、良种补贴和农机补贴。2004 年和 2005 年两年，农民从“三补、两减”政策累计直接获益超过 1000 亿元。2004 年，粮食主产省按国务院的要求，从粮食风险基金中安排 40% 的资金，13 个粮食主产区共安排 103 亿元，用于对种粮农民的直接补贴。此外，中央财政安排良种补贴资金 28.5 亿元，中央和地方财政安排农机具购置补贴 4.8 亿元，粮食主产区大部分农民直接受益。2005 年，国家对种粮农民的直接补贴增加到 135 亿元。所谓“两减”，即减免农业税和农业特产税。据国家税务局预计，2005 年全国农业税收入将由 2004 年的 232 亿元减少到 15 亿元

左右。2005 年 12 月 29 日下午，十届全国人大常委会第十九次会议经表决决定，农业税条例自 2006 年 1 月 1 日起废止。

（2）实行国家粮食最低收购价，由政府承担放开粮食市场后粮价下跌的风险

为了保护主产区种粮农民利益，在全面放开粮食购销后，国家制定了早籼稻、中稻、粳稻和晚籼稻的最低收购价。2005 年早籼稻（三等）最低收购价每 50 千克 70 元，中籼稻（三等）每 50 千克 72 元、粳稻（三等）每 50 千克 75 元。在市场粮价低于国家最低收购价时，由国家指定的中央和地方储备粮企业按最低收购价格入市收购。江西、湖南、湖北、安徽 4 个早籼稻主产区以及湖北省、安徽省、四川等中晚稻主产区分别执行了早籼稻最低收购价收购预案和中晚稻最低收购价收购预案。

（3）实行对粮食主产区专项财政转移支付，解决农业税减免造成的地方财政收入减少问题

中央对中西部 10 个粮食主产省由于取消农业特产税和降低农业税率减少的地方财政收入，给予了全额补助。

（4）实行对产粮大县的奖励，调动产粮大县抓粮积极性

2005 年，中央财政安排 55 亿元用于奖励 800 个产粮大县。

（5）实施国家优质粮产业工程，增加中央和主产区地方政府发展粮食生产的投入

2004 年，国家在 13 个粮食主产区的 484 个县（场）全面启动了优质粮工程。按建设规划，重点实施优质专用良种繁育、病虫害防控、现代农机装备和粮食加工转化和标准粮田建设项目，到 2007 年末建成 5000 万亩标准粮田，到 2010 年再新建 1 亿亩标准粮田。

2. 建立市场协调机制的进展

建立市场协调机制，主要在以下三个方面取得了进展：

（1）粮食市场从局部放开到全面放开

继2001年浙江等8个粮食主销区率先放开粮食市场后，2004年国务院出台了《关于进一步深化粮食流通体制改革的意见》，进一步放开粮食主产区和产销平衡区市场。目前，全国31个省（区、市）已全面放开了粮食市场。

（2）粮食市场体系趋于完善

经过10多年的发展，我国已经形成了以产区粮食批发市场和销区粮食批发市场为主的粮食批发市场体系。近年来，我国粮食期货市场的发展取得了重要突破。2003年，郑州商品交易所推出了小麦期货交易。2004年，大连商品所推出了玉米期货交易。目前，大连商品交易所正在考虑推出大米期货交易。随着大宗粮食期货品种体系逐步形成，我国粮食市场进入了现货交易和期货交易共同发展的新阶段。

（3）粮食市场依法运行水平趋于提高

全面放开粮食市场后，国务院在2004年5月19日发布了《粮食流通管理条例》，明确提出：国家鼓励多种所有制市场主体从事粮食经营活动，促进公平竞争。严禁以非法手段阻碍粮食自由流通。《粮食流通管理条例》同时规定：从事粮食收购，必须具备经营资金筹措能力、拥有或者通过租借具有必要的粮食仓储设施、具备相应的粮食质量检验和保管能力。

3. 建立新型粮食产销合作关系取得的进展：黑龙江省和浙江省发展产销合作的做法

2000年8月，黑龙江省政府和浙江省政府签订了《关于促进两省粮食购销及经营合作的协议》，确定了“政府推动，部门协调，市场机制，企业运作”和“丰歉互相保证，同等条件优先”的合作原则。通过“政府搭台、企业唱戏”，近几年来，黑龙江和浙江省在实现粮食产销区的稳定协作和互惠互利方面进行了一系列富有成效的探索。

（1）举办粮食产销洽谈会，实现产区企业与销区企业直接对话

2000年以来，两省政府有关部门多次组团互访，举办粮

食产销洽谈会，一大批企业因此结成了合作伙伴，互相开展直接购销以及代购、代储、代销业务。

（2）产区粮食企业到销区建市场

2001年6月8日，由黑龙江省30多家粮食经营企业共同进驻的黑龙江粮油商品一条街在杭州市开业。这些企业带去了“亮珠”、“御绿”、“珍宝岛”等多个品牌的优质大米和农副产品，通过中高档精品粮油批发兼零售，进超市、搞连锁，很快占领并拓展了当地部分市场。2003年5月，温州乌苏里江绿色食品中心米厂投产，年生产高档米3.5万吨，通过股份、联营、合作等方式在城市社区建立了终端销售网络。

（3）产区粮食企业到销区搞加工

在黑龙江省政府和浙江省政府的支持下，2003年4月，黑龙江米业股份有限公司在杭州、宁波相继建成年产6万吨大米的两条生产线，每条生产线的月利润都在30万元以上。

（4）销区粮食企业到产区建基地

在黑龙江省给予提供厂房等优惠待遇下，温州虹丰集团在黑龙江省友谊农场建起了5万亩水稻生产基地，在发展异地“粮食订单”方面取得了突破。

（5）销区企业参与产区国有粮食企业改制

黑龙江省支持浙江省的企业采取买断、参股、租赁等多种方式参与黑龙江国有粮食企业改革，销区企业的参与，为黑龙江省国有粮食企业改革的推进带来了新的活力。

（6）产销区就中央和地方的粮食储备粮轮换开展合作

在国家的支持下，由浙江省提供中央和地方储备规模，黑龙江省国有粮食企业提供稻谷轮换粮源。2003年7月以来，黑龙江省的国有粮食企业已先后承担了浙江省的中央储备粮轮换以及杭州、宁波、嘉兴、绍兴等市的地方储备粮轮换。通过几年来的探索，黑龙江与浙江两省的粮食产销合作走出了一条实现两省城乡居民受益、企业发展、政府解忧的新路子。

（三）粮食主产区与主销区利益协调机制存在的问题

1. 政府协调不到位

从解决主产区抓粮吃亏问题来看，政府协调不到位主要表现在两个方面：一是销区政府补贴产区政府的机制至今没有建立起来。近年来，以浙江省和黑龙江省为典型的产销合作，在实现“产区的粮食有稳定的销路、销区的粮食有可靠的来源”方面，取得了显著成效，但是，主产区弱财政补贴主销区强财政的问题并没有因此得以解决；二是中央政府解决主产区抓粮吃亏问题的力度不够。从财政支农制度看，目前财政支农责任主要由主产区地方财政承担；从粮食风险基金制度看，目前主产区地方财政的配套责任偏重；从税收制度看，目前主产区只能获得粮食加工企业增值税的30%、所得税的40%；从公共财政体制来看，近年来，中央加大了对主产区的财政转移支付，但是，以主产区与主销区公共服务能力均等化为目标的公共财政体制还没有建立起来。

从解决谷贱伤农问题来看，政府协调不到位主要表现在：目前的粮食最低价收购政策和对种粮农民的直接补贴政策不足以保护和调动主产区农民种粮积极性。第一，目前国家只制定了稻谷最低收购价，小麦和玉米没有被纳入国家保护性收购范围。第二，农民种粮获得的直接补贴对缩小种粮和种经济作物效益差距的作用十分有限。按13个粮食主产省的粮食播种面积10.6亿亩计算，2004年，农民种粮每亩获得的补贴为10元左右，而全国三种粮食平均与棉花的亩效益差距为26.6元，与花生的亩产效益差距为121.7元，与桑蚕茧的亩效益差距为370.3元，与苹果的效益差距为亩746.2元（见表1-8）。第三，从总规模约300亿元的粮食风险基金中安排对农民的直接补贴资金，影响了粮食市场风险化解能力和直补水平的提高。如果进一步增加粮食风险基金用于直接补贴的规模，势必削弱国家对粮食进行保护性收购的能力。如果扩大粮食最低收购价的范围，势必会增加粮食风险基金用于粮食保护性收购的支出，减少粮食直补资金。

表 1－8　　全国种植业产品成本收益比较（元/亩）

	亩产值			亩总成本			净利润			成本利润率		
年份	2002	2003	2004	2002	2003	2004	2002	2003	2004	2002	2003	2004
三种粮食平均	375.3	411.2	592.0	309.5	377.0	395.5	236.2	34.2	196.5	76.3	9.1	49.7
稻谷	453.4	514.0	739.7	356.9	439.3	454.6	96.6	74.8	285.1	27.1	17.0	62.7
小麦	290.0	309.4	525.5	300.3	345.7	355.9	－10.2	－36.4	169.6	－3.4	－10.5	47.7
玉米	382.4	410.4	510.6	303.7	348.7	375.7	78.7	61.7	134.9	25.9	17.7	35.9
大豆	309.1	366.4	380.1	187.1	248.3	253.1	122.0	118.1	127.1	65.2	47.6	50.2
花生	528.0	561.2	767.0	335.5	403.9	448.8	192.5	157.3	318.2	57.4	38.9	70.9
油菜籽	222.0	288.5	373.2	242.4	286.1	288.5	－20.4	2.4	84.6	－8.4	0.8	29.3
棉花	889.3	1138.7	966.2	601.7	685.3	743.1	287.6	453.4	223.1	47.8	66.2	30.0
烤烟	1053.8	1026.6	1259.4	820.7	869.5	1072.0	256.0	157.0	187.4	31.2	18.1	17.5
桑蚕茧	1268.1	1284.7	1851.8	1155.9	1082.1	1285.0	112.9	202.6	566.8	9.8	18.7	44.1
甘蔗	785.2	763.4	894.1	733.2	781.1	805.4	52.0	－17.7	88.7	7.1	－2.3	11.0
甜菜	532.7	535.1	637.0	425.5	471.7	435.2	107.2	63.3	201.8	25.2	13.4	46.4
苹果	1292.1	1676.6	2283.0	815.6	1047.9	1340.3	476.4	628.7	942.7	58.4	60.0	70.3

数据来源：2004—2005 年中国农村统计年鉴。表中总成本＝物质与服务费用＋人工成本＋土地成本；净利润＝总产值－总成本；成本利润率＝净利润/总成本。

2. 市场协调具有不确定性

市场协调可能会导致粮食主产区与主销区的利益矛盾趋于缓解，也有可能导致粮食主产区与主销区利益矛盾加深。从长远来看，由于国内粮食需求增长的拉动，加上主产区粮食生产成本增加的推动，国内市场粮价将趋于上扬，从而使产销区利益矛盾得以缓解。但是，粮价上扬的长期趋势并不代表我国市场粮价不会出现波动甚至异常下跌。在我国粮食市场扩大开放的背景下，主销区可以从国际市场上进口粮食，使主产区丧失从粮价上升获得的预期利益，如果主销区大量进口对国内粮食市场形成冲击，主产区利益将由于粮价下跌而受损，从而加深产销区利益矛盾。

发展粮食期货市场，是发现粮食价格，回避市场风险的重要途径。目前，我国已经推出了小麦、玉米期货交易，小麦、玉米期货品种的运作日趋成熟，但是，相对于粮食商品量和流通量而言，粮食期货交易规模偏小，粮食期货市场发现价格的功能不显著，对现货市场的引导作用不强。

3. 农民合作组织协调缺位

发挥农民合作组织维护和增进种粮农民利益的基础性作用，是我国农民人数众多和国家财力构成农民直接补贴水平提高的双重约束背景下，增加农民种粮收入的必然选择。然而，发展农民合作组织迄今得不到应有的重视和支持。现阶段，农业产业化经营的组织形式主要是龙头企业而不是农民合作组织。据农业部的统计，到 2004 年，全国农业产业化经营组织已发展到 11.4 万个，带动的农户达到 8454 万户。但通过农民合作组织带动农户的比例远远低于通过农业产业化龙头企业带动农户的比例。近年来发展较快的农民专业合作组织，主要分布在蔬菜、水果、畜牧等产业，粮食生产、流通与加工领域的农民合作组织极为罕见。

二、完善我国粮食主产区与主销区利益协调机制的对策建议

完善我国粮食主产区与主销区利益协调机制，要增强政府协调、完善市场协调、发展农民合作组织协调，通过政府协调机制、市场协调机制、农民合作组织协调机制的并存和互补，形成从根本上解决粮食主产区抓粮吃亏和谷贱伤农问题的制度安排。

（一）增强政府协调机制

增强政府协调机制，就是要增强中央政府和主销区政府的责任，建立解决主产区抓粮吃亏问题和谷贱伤农问题的制度安排。

1. 建立解决主产区抓粮吃亏问题的制度安排

（1）增强中央政府责任，建立纵向平衡机制

保障国家粮食安全，实现粮食主产区与主销区政府公共服务能力均等化，是中央政府应该承担的基本责任。分税制改革以来，中央财政收入及其在国家财政收入中的比例已经有了很大的提高，增强中央政府保障国家粮食安全以及实现地方公共服务能力均等化的责任，条件已经具备。

建议从增加国家优质粮工程投入、对主产区的税收扶持、支持主产区国有粮食企业改革等三个方面入手，增强中央政府支持主产区发展粮食生产、保障国家粮食安全的责任。

第一，增强中央对国家优质粮工程的投入责任。以实施优质粮工程为契机，加大中央对主产区发展粮食生产的投入。在优质粮工程建设项目中央与主产区地方政府财政投资责任的划分上，对财力中等的产粮大省和大县，降低地方配套要求；对财政困难的产粮大省和大县，取消地方配套要求。

第二，增强中央对粮食主产省的税收支持。继续实行农业税改革财政专项转移支付，确保粮食主产省实行农业税改革后的财政收入不减少。调整主产区粮食加工业税收政策，将粮食主产区地方政府分享粮食加工企业增值税和所得税的比例，提高到50%以上。

第三，增强中央支持国有粮食企业改革的责任。由中央设立国有粮食企业改革财政专项，用来支付主产区国有粮食企业的改制成本，以加快主产区国有粮食企业改革，减轻粮食主产区地方政府解决“老人、老粮、老账”问题的负担，尽快彻底解决地方政府背着包袱抓粮食的问题。

建议把加强中央政府对粮食主产区与主销区财力不平衡的宏观调控，作为“十一五”期间深化国家财政体制改革的突破口。借鉴澳大利亚政府间一般性转移支付制度的经验，在对粮食主产省和主销省的公共财政能力进行科学评估的基础上，按照粮食调出大省获得不低于粮食调入大省的公共财政能力的原则，抓紧研究建立中央对粮食主产省规范的一般性转移支付制度。

（2）增强主销区政府责任，建立横向平衡机制

主销区是国家粮食安全的长期受益者，支持主产区提高粮食生产能力，帮助主产区提高公共服务能力，是主销区应承担的责任。目前，我国广东、浙江、北京、上海、天津等粮食主销区已具备了补贴粮食主产省的财政能力。

建立主销区补贴主产区的横向平衡机制，应把建立与粮食挂钩的横向平衡机制作为重点，同时，积极探索与粮食脱钩的横向平衡机制。

建立与粮食挂钩的横向平衡机制，关键是建立与粮食省际流通量挂钩的补贴资金筹集机制和补贴资金分配机制。建议由7个主销省共同设立销区支持产区粮食生产能力建设财政专项资金，“十一五”时期每年从7个主销区筹集100亿元、共500亿元资金，用于支持13个主产省的粮食生产能力建设。7个主销省的出资额与调入粮食的数量挂钩，原则上根据“十五”期间各主销省的粮食调入量占7个主销省粮食调入总量的份额，确定各主销省的出资额（每个主销省的出资额＝“十五”期间该省粮食调入量÷7个主销省粮食调入总量×100亿元），一定五年不变。销区支持产区粮食生产能力建设财政专项资金的分配，与主产省的粮食调出量挂钩，原则上根据“十五”期间各主产省的粮食调出量占13个主产省粮食调出总量的份额，确定各主产省获得的粮食生产能力建设专项资金数量（每个主产省获得的粮食生产能力建设专项资金＝“十五”期间该省粮食调出量÷13个主产省粮食调出总量×100亿元），一定五年不变。

建立与粮食脱钩的横向平衡机制，可以借鉴德国州际横向均等化的经验，通过政策引导，探索由浙江、广东、北京、上海等调入粮食的财政强省（市）帮助黑龙江、吉林、安徽、江西、内蒙等调出粮食的财政弱省提高公共财政能力的具体办法，作为对中央政府纵向平衡的补充。

2. 完善解决谷贱伤农问题的制度安排

（1）完善粮食市场价格支持制度

完善粮食市场价格支持制度，是全面放开粮食市场的条件下，用好“黄箱”政策，保护粮食生产者利益的需要。首先要增加市场价格支持的粮食品种，根据对市场粮价走势的动态监测，适时制定小麦、玉米的国家最低收购价执行预案。其次，要提高财政支持粮食最低价收购的效率。为了减低国家收购的成本，应委托有效率的国有企业来承担政策性收购业务。通过规定承担政策性收购业务的国有粮食企业应具备的条件，把完善粮食市场价格支持制度与推进国有粮食企业改革结合起来。

（2）完善对农民的直接补贴制度

目前，对农民的直接补贴主要有两类，一是不挂钩的直接补贴。安徽全省和吉林、河南、江西、湖南、内蒙古等省（区）的试点市、县，无论农民种粮与否，在取消保护价后，都给补贴。二是挂钩的直接补贴。湖北、新疆2省（区）和内蒙的6个县，以及辽宁、宁夏两个省（区）和河南、河北两省的部分地市仅对售粮农民给予直接补贴，对农民的直接补贴与农民售粮数量挂钩。按照2005年2月财政部、国家发展改革委、农业部、国家粮食局、中国农业发展银行《关于进一步完善对种粮农民直接补贴政策的意见》通知的要求，2005年粮食主产区实行了原则上按种粮农户实际种植面积发放补贴的直补方式。

建议从以下三个方面完善对农民的直接补贴：

第一，增加直接补贴试点。在粮经作物争地问题较为突出的主产区，安排以粮经作物亩效益均等化为目标的直补试点。

第二，增加直接补贴资金的规模。“十一五”时期，国家直接补贴农民的资金规模，每年都要比上年有所增加。

第三，根据粮食供求关系变化选择直补方式。对供不应求的粮食品种，在粮经作物争地问题不突出的地区，实行与农民售粮数量挂钩的补贴。在粮经作物争地问题突出的地区，实行与粮经作物亩效益差距挂钩的补贴，使农民种粮获得与种经济作物均等的收益；对于供过于求的粮食品种，实行与粮食不挂购的直接补贴。

（3）相关的政策调整

目前，对农民进行直接补贴的资金是从粮食风险基金中安排的。由于直接补贴资金占粮食风险基金总规模达40%以上，加上部分粮食风险基金被安排用于国有粮食企业分流职工补助，严重削弱了粮食风险基金用于应对粮食市场风险的能力。完善粮食市场价格支持制度和直接补贴制度，必须对现行的粮食风险基金制度进行调整。

第一，对粮食风险基金的筹集责任进行调整。目前，粮食风险基金主要由中央和主产区负担。鉴于主销区是粮食安全的主要受益者，调整粮食风险基金的筹集责任，应将目前主产区承担的粮食风险基金筹集责任，调整为由主销区承担。可以参照销区支持产区粮食生产能力建设专项资金筹资责任的分担办法，确定7个主销省各自应承担的粮食风险基金责任。

第二，对粮食风险基金的使用方向进行调整。要坚持粮食风险基金用于化解粮食市场风险的原则。在市场粮价下跌时，粮食风险基金用于国家实行保护性收购。在市场粮价上涨时，粮食风险基金用于提高市场风险应对能力建设，即投向产区和销区粮食市场和流通基础设施建设。

为解决粮食风险基金使用方向调整后，对农民直接补贴资金的来源问题，建议由中央财政设立农民收入直接补贴专项资金。

（二）完善市场协调机制

完善市场协调机制，就是要从粮食市场全面放开和扩大开放的新形势出发，完善粮食产销区合作机制、粮价形成机制和粮食进出口调控机制，化解开放条件下粮食市场大起大落的风险，发挥市场机制化解产销区利益矛盾，实现城乡居民受益、企业发展、政府解忧的功能。

1. 完善粮食产销区合作机制

完善产销区合作机制，要借鉴浙江省与黑龙江省发展粮食产销合作的经验，通过“政府搭台、企业唱戏”，解决过去粮食产销衔接中“政府热、企业冷”，产区政府与销区政府间签订的粮食购销协议落实难的问题，使产区的粮食有稳定的销路，销区的粮食有可靠的来源。

完善产销区合作机制，要抓好政府服务和企业运作这两个关键环节。在政府服务上，既要完善传统的服务平台，根据解决粮食区域性积压或短缺问题的需要，由中央有关部门或产销区地方政府出面，牵头组织粮食产销洽谈会，为主产区与主销区的相关企业提供面对面的直接购销服务；也要支持现代化粮食网上交易平台的建设，积极发展粮食流通电子商务，降低交易成本，提高成交效率。在企业运作上，要大力支持粮食主产区和主销区具备条件的各类企业成为粮食产销衔接的主体。通过投资补助、财政贴息、税收优惠，吸引主产区企业到主销区办市场、建仓库、存粮食，支持主销区企业到产区建基地、办加工、收粮食。

2. 完善粮价形成机制

完善粮价形成机制，要统筹粮食批发市场和期货市场的发展，加强区域性粮食批发市场建设，以促进粮食流通，支撑粮食期货市场的发展；积极发展粮食期货市场，以发现粮食价格和规避市场风险，引导现货市场。

加强区域性粮食批发市场建设，要根据全国总体规划，从主产区和主销区现有粮食批发市场中选择一批基础好、发展潜力大的粮食批发市场，给予重点支持，使之发展为现代化的区域性骨干和中心市场。

积极发展粮食期货市场，要进一步增加粮食期货交易品种，完善大宗粮食期货交易体系。在继续发展小麦、玉米期货交易的同时，尽快推出大米期货交易。要积极引导和支持国有粮食企业、中外合资企业、农业产业化龙头企业等多种所有制企业进入粮食期货市场，扩大粮食期货交易规模。

3. 完善粮食进出口调控机制

完善主要粮食品种的进出口监测体系，研究制定粮食进口控制和出口促进的预案。在主销区粮食进口急剧增加时，及时启动粮食进口控制预案；在主产区粮食积压、出口受阻时，及时启动粮食出口促进预案。通过加强对粮食进出口的战略管理，避免开放条件下粮食市场异常波动深化产销区利益矛盾。

（三）发展农民合作组织协调机制

1. 主产区发展农业合作社的实际需求

（1）发展粮食销售合作社的需求

第一，主产区发展粮食销售合作社，是避免粮价异常波动，稳定粮食市场的需要。发展粮食销售合作社是避免粮价异常下跌的需要。在夏粮和秋粮收获季节，由粮食销售合作社有组织地销售粮食，一方面可以消除主产区农民同步“抛售”行为造成粮价下跌；另一方面可以遏制粮食流通企业的“杀跌”行为，从而避免农民同步“抛售”造成粮价下跌——粮食流通企业“杀跌”——粮价进一步下跌，化解主产区利益受损的风险。发展粮食销售合作社是避免粮价异常上涨的需要。在粮食供不应求时，由主产区粮食销售合作社有组织地销售粮食，可以避免主产区农民的“惜售”行为和粮食流通企业的“追涨”行为放大粮食供求缺口，造成粮价异常上涨，从而化解主销区利益受损、粮食安全形势恶化的风险。

粮食销售合作社避免农民“抛售”和“惜售”的机理是：农民把售粮权交给粮食销售合作社，不再直接进入市场，从而避免了农民的同步“抛售”和“惜售”行为。粮食销售合作社遏制粮食流通企业“杀跌”行为的机理是：粮食销售合作社的发展，可以改变势单力薄的粮食生产者面对具有垄断地位的国有粮食企业所产生的不对称的市场权力结构。在主产区粮食流通主体多元化，私营粮商越来越活跃的新形势下，粮食销售合作社代表粮食生产者进行谈判以及采取集体行动的能力，可以对国有和非国有粮食企业的“杀跌”行为形成遏制。

至于粮食销售合作社在粮食紧张时，为了谋求更多利润产生的“追涨”行为，在粮食过剩时为了减少损失产生的“抛售”行为，则可以通过政策诱导和法规调节，进行控制。从改善我国粮食宏观调控来说，调控粮食销售合作社显然比调控千家万户更容易实现国家的粮食宏观调控目标。

第二，主产区发展粮食销售合作社，是减轻国家财政和国有粮食企业负担的需要。国家规定主要粮食品种的最低收购价，在市场粮价低于最低收购价时，由国有粮食企业和国家粮食储备公司按最低收购价收购，是国家保护主产区农民种粮食积极性的重要手段，然而，保护价收购，恰恰是历史上国有粮食企业发生政策性亏损，国家财政背上沉重包袱的重要原因之一。粮食销售合作社通过消除粮食生产者同步抛售行为，参与市场粮价形成，可以降低市场粮价跌到最低收购价以下的风险。对于目前发挥主渠道作用的国有粮食企业而言，与粮食销售合作社交易，可以节省设点收购、上门收购以及委托私营粮商收购的开支。

第三，主产区发展粮食销售合作社，是增加粮食生产者收入的需要。主产区种粮农民增收，既是实现农民增收目标的要求，也是化解粮食产销区利益矛盾的重点。从美国经验看，由于粮食销售合作社在规模经济、市场信息、储存、运输以及销售管理等方面具备单个粮食生产者所不具备的优势，参加粮食销售合作社的农业生产者一般能够获得比不参加粮食销售合作社的农业生产者更高的收入。发展粮食销售合作社，可以促进我国粮食主产区特别是粮食加工转化能力薄弱地区农民增收。

(2) 发展农业生产资料合作社的需求

第一，主产区发展农业生产资料合作社，是遏制农资价格不合理上涨的需要。农资涨价是推动主产区粮食生产成本上升，影响农民增收的主要因素。农资价格持续上涨，既有农资上游产业成本增加的原因，也有农民组织化程度低的原因。目前，农业生产资料已由1998年以前的供销社独家经营演变为供销社、农业“三站”、个体工商户等多种市场主体共同经营。农民购买农资的选择虽然增加了，但缺乏讨价还价能力的交易地位并未改变。供销社的农资公司并非农民利益的代理者，而是和个体工商户一样的利润最大化追求者；农业“三站”虽然有服务农民的专业优势，但有自身的经济利益追求。由于种子、化肥、农药使用的季节性很强、缺乏需求弹性，农民没有讨价还价的能力，意味着农资流通企业可以通过抬高价格获得超额利润。发展农业生产资料合作社，可以提高农民进入农资市场的组织化程度，形成讨价还价的机制，从而遏制农资价格的不合理上涨。

第二，主产区发展农业生产资料合作社，是节省政府农资打假行动成本的需要。农资实行多渠道经营后，“假种子、假化肥、假农药”已经成为损害农民利益的重要问题。当前，解决这一问题主要靠政府的打假行动。通过在全国范围组织开展农资打假专项治理行动，加大各级农业部门对农资市场的日常监管和检查力度，农资打假取得了显著成效，但也消耗了农业部门并不富余的人力、物力和财力。发展农业生产资料合作社，由代表农民利益的合作社委托专业采购人员批量购买农资，可以解决农民与农资生产、经销企业在农资质量方面的信息不对称问题，减少分散的个体工商户坑农的机会，降低不法生产商和经销商坑农的风险，从而节省政府农资打假行动的开支。

第三，主产区发展农业生产资料合作社，是积极应对农资流通对外开放新形势的需要。根据我国加入 WTO 的承诺，到 2005 年 12 月 11 日，将放开农药、农膜的批发、零售和代理业务，到 2006 年 12 月 11 日，全面放开包括化肥在内的农资市场。由于我国农资市场规模巨大，跨国公司势必加快进入我国农资市场。发展农业生产资料合作社，有助于增强主产区农民自我保护的能力，帮助政府应对跨国公司垄断我国农资市场的潜在威胁。

（3）发展粮食加工合作社的需求

第一，粮食加工合作社是优化粮食加工业区域布局，化解产销区利益矛盾的重要组织形式。为了优化粮食加工业布局，农业部继 2002 年制定《全国主要农产品加工业发展规划》，提出粮食加工业布局调整的设想后，2004 年又制定了《农产品加工推进行动方案》，提出通过订单合同、合作制和股份合作制等经营组织形式，发展农业产业化经营，推进以粮食为主要原料的农产品加工业发展。鉴于农业合作社在建立民主制度、促进社会平等、形成合作文化等方面的独特价值，采取合作制或股份合作制的粮食加工合作社，无疑应成为今后一个时期主产区发展粮食加工业优先选择和扶持的组织方式。

第二，发展粮食加工合作社，是粮食产业化经营形成真正的利益共同体，化解粮食生产者与龙头企业利益矛盾的需要。近年来，主产区为了摆脱输出原粮的不利地位，实现粮食加工增值，积极发展粮食产业化经营。在黑龙江、吉林、湖南、湖北、河南、江西等粮食主产区，出现了国有粮食企业＋种粮农户、中外合资企业＋种粮农户、民营企业＋种粮农户以及企业＋合作组织＋种粮农户等粮食产业化经营模式。总的来看，目前主产区粮食产业化经营以合作社作为纽带的很少，较为普遍的组织方式是龙头企业＋种粮农户，粮食产业化经营存在着一体化程度低，龙头企业与粮食生产者联结不紧密的问题，粮食生产者在与龙头企业的关系上处于弱者地位，难以分享粮食加工利润。粮食产业化经营主体并没有真正形成“风险共担、利益共享”的利益共同体。

主产区发展粮食加工合作社，可以从制度上解决目前粮食产业化经营存在的问题。从粮食产业化经营主体看，粮食加工合作社通过粮食生产者投资举办粮食加工企业，使得粮食生产者成为企业的所有者，粮食加工企业与粮食生产者这两个存在利益冲突的主体转变为一个利益共同体。从粮食产业化经营利润分配看，粮食加工合作社把按交易量返还利润和按投资贡献返还利润结合起来，可以解决公司加农户模式下粮食生产者难以分享粮食加工利润的问题。

第三，发展粮食加工合作社，是突破传统农业合作社的局限，拓宽我国农业合作社发展空间的需要。对于已具备发展粮食深加工条件的主产区，借鉴美国经验发展粮食加工合作社，有利于突破传统农业合作社成员投资积极性不高以及排斥外来资本的局限，弥补传统农业合作社在加工增值方面的不足，拓宽农业合作社的发展空间，创新农业合作社的治理机制。对于那些粮食加工转化能力短期难以提高的主产区，借鉴美国特定食品消费市场开拓型合作社的做法，发展针对销区高收入消费群体的初加工和半加工食品，可以在粮食加工能力约束条件下实现粮食增值，同时减少粮食流通环节，实现产销直接对接。

2. 支持主产区发展农业合作社的政策建议

（1）加强对粮食主产区发展农业合作社的领导

建议在农业部设立负责农业合作社发展与管理的行政机构，研究制定“十一五”时期支持粮食主产区发展粮食销售合作社、农业生产资料合作社和粮食加工合作社的专项计划。近期选择若干粮食主产省，在县、乡和村三个层次上，开展建立粮食销售合作社、农业生产资料合作社和粮食加工合作社的试验示范。

（2）尽早明确农业合作社的法人地位

农民建立粮食销售合作社、农业生产资料合作社和粮食加工合作社，究竟是按企业法人、社团法人，还是按合作社法人登记，国家缺少明确的法律规定。为此，要通过“农民合作经济组织法”，解决粮食销售合作社、农业生产资料合作社以及粮食加工合作社法人地位的问题，保护农业合作社的合法权益。鉴于粮食销售合作社、农业生产资料合作社以及粮食加工合作社从事的是具有独特政治、社会和文化价值的经营活动，因此，不宜界定为企业法人，也不宜界定为公益性的社团法人，而应界定为合作社法人。

（3）切实支持粮食主产区发展粮食销售合作社

第一，要支持粮食销售合作社获得经营资格。国务院2004年5月公布的《粮食流通管理条例》规定，参与粮食经营必须具备经营资金、仓储设施、粮食质量检验和保管等方面的条件。为了解决粮食销售合作社参与粮食流通的资格问题，农业发展银行要把粮食销售合作社纳入信贷政策的支持范围，安排经营资金；中央财政要安排专项资金，支持粮食销售合作社储藏设施建设和质量检验能力建设。

第二，从税收政策上支持粮食销售合作社发展。对合作社销售社员生产的粮食，视同农户自产自销；对合作社销售非社员生产的粮食不超过合作社社员自产总额部分，视同农户自产自销。

（4）切实支持粮食主产区发展农业生产资料合作社

支持粮食主产区发展农业生产资料合作社，既要积极探索供销社官办改为民办的途径，又要鼓励粮食主产区农民自主建立农业生产资料合作社。建议把农业生产资料合作社纳入农民专业合作组织示范点建设和“万村千乡”试点工程，安排财政专项资金，支持农业生产资料合作社发展仓储和连锁配送设施，建设服务网点。相关金融机构要把农业生产资料合作社纳入信贷政策的支持范围，安排经营资金。粮食主产区要发挥农业部门的技术优势，支持农业生产资料合作社开展农资购买服务。对农业生产资料合作社从事良种、化肥、农药、农膜、饲料、农机等农资经营，实行免征增值税的政策。

（5）切实支持粮食主产区发展粮食加工合作社

把推进粮食主产区粮食加工业发展、实行粮食产业化经营和发展农业合作社有机结合起来，从以下四个方面切实支持主产区发展粮食加工合作社：

第一，把发展粮食加工合作社纳入农民专业合作组织示范点建设，结合实施《农产品加工推进行动方案》，安排专项财政资金，对粮食加工合作社购置粮食加工设备给予财政补贴。

第二，切实改善粮食主产区的投资环境，吸引主销区相关企业投资入股主产区粮食加工合作社。

第三，为粮食加工合作社提供信贷资金，支持粮食加工合作社引进采用先进技术，提高粮食加工水平。

第四，实行税收优惠政策，对粮食加工合作社进口国内不能生产的粮食深加工设备，免征进口关税；对中央财政从粮食加工合作社获得的增值税收入，实行退税政策；对粮食加工合作社从事粮食加工所得，免征企业所得税。

第二章

扎实推进农田水利建设

水利是农业的命脉，农田水利建设在我国农业生产中占有举足轻重的地位。我国农业水资源有限，大体保持在每年4000亿立方米左右。我国农田水利设施还很薄弱，骨干工程大多建于20世纪60年代前后，当时建设标准低、配套差，加之后续投入不足、管理维护不利，工程老化失修严重，已成为提高农业综合生产能力的瓶颈制约。从长期看，水资源紧缺将是提高农业综合生产能力的最大障碍。在农业综合生产能力建设中，必须把农田水利建设摆在突出的问题，下决心大幅度增加投入，加快建设步伐。

第一节

日本农田水利建设的经验[①]

一、日本的土地改良事业

土地改良事业是日本农民在政府的支援下，为改善左右农村繁荣和发展的土地和水利条件，长期、有组织地开展的治水、整地工程。经过100多年的努力，日本的土地改良事业为促进农业生产力水平的提高做出了重要贡献，项目目标也从初期的单纯追求增加粮食产量，逐步扩展到促进农业结构调整、改善农村生活条件、保护国土资源和环境等综合目标的追求上。

（一）农业预算逐渐向土地改良事业倾斜，土地改良资金主要来自政府补贴

从表2－1可以看出，从1960—1999年，在日本的农业预算中，价格支持的费用和农业、农村基础设施建设费用的合计占50%以上（其他部分主要是人员经费和国家粮食储备和管理等的费用）。在1980年之前，农业预算是向农产品价格支持，主要是对稻米的价格支持方面倾斜的，大部分年份价格支持的费用占农业预算总额的比重均大大高于农业和农村基础设施建设费用的比重。然而，到了20世纪70年代，由于价格支持导致了稻米生产过剩，从1980年开始，农业预算投资的重

① 本节内容选自农业部软科学课题《农业基础设施建设的国际经验：以日本为例》（课题编号：Z200614），课题主持人：马永良。

点开始转向农业和农村基础设施建设上来，到1999年，农业和农村基础设施建设费用的比重已经达到46.9%，即有将近一半的农业预算被用于农业和农村基础设施建设。在农业农村基础设施建设费用中，土地改良事业的相关费用占大部分，而且随时间的推移而增加。从1960—1998年，土地改良相关费用占农业基础设施建设费用的比重由56.5%上升到87.9%。也就是说，从1960年以来，在农业预算中，土地改良事业处于越来越重要的地位。

表2-1　　农业、农村基础设施建设投资以及农产品价格支持费用占农业预算总额的比重（%）

年份	农业预算总额（百亿日元）	农业预算占一般预算的比重	农产品价格支持费用占农业预算的比重	农业农村基础设施建设费用占农业预算的比重	土地改良相关费用占农业农村基础设施建设费用的比重
1960	14	7.9	22.5	28	56.5
1965		9.2	37.1	26.1	65.4
1970	88	10.8	44.4	20.5	74.4
1975		9.6	42.9	19.7	79.3
1980	309	7.1	24.9	27.7	79.1
1985		5.1	21.4	31	79.9
1990	224	3.6	12.4	39.4	76.1
1995	342	4.4	8.3	50.2	85.4
1998		3.7	11.1	49.6	87.9
1999	287	3.3	12.5	46.9	

说明：日本农业的定义是指种植业和畜牧业，农业预算总额不包括林业和水产。

资料来源：引自速水佑次郎著，沈金虎等译：《农业经济论》，中国农业出版社2003年版，第230页。

日本土地改良事业的资金来源有三个，包括政府补贴、制度金融和农户，其中政府补贴是最重要的资金来源，而且比重越来越大。从表 2－2 可以看出，从 1960—1998 年，日本土地改良的投资由 1000 亿日元，增加到 29920 亿日元，年均增长 9.36%。1960 年，在土地改良投资总额中，来自政府补贴占 66%，来自制度金融占 27%，来自农户及其他的占 7%，到 1998 年，来自政府补贴占 86%，来自制度金融占 14%，来自农户及其他的比重已经接近于 0%。可见，日本的土地改良事业主要靠政府财政补贴来支撑，这与中国的情况有很大不同。由于大量的政府资金投入，日本的土地改良事业取得了快速的进展，从 1975—2000 年，日本旱田的整备率（进行了土地平整改良并建有农道的旱地面积占旱地总面积的比重）由 14.5%，增加到 72.5%，水田的整备率（地块面积在 300 平方米以上的水田进行了平整改良的面积占水田总面积的比重）由 19.4%，上升到 59.2%。

表 2－2　　　　土地改良投资的资金来源

年　份			1960	1970	1980	1990	1998
土地改良投资	总额（亿日元）		1000	4070	17660	20610	29920
	构成比（%）	政府补贴	66	71	80	81	86
		制度金融	27	20	18	18	14
		农户及其他	7	9	1	1	0

资料来源：引自速水佑次郎著，沈金虎等译：《农业经济论》，中国农业出版社 2003 年版，第 173 页。

（二）土地改良事业有力地促进了农业生产的发展

土地改良事业最主要的贡献之一是促进了农业生产的发展。土地改良事业的实施提高了农业产出水平，一方面通过提高农业的抗灾能力、减少自然灾害对生产的影响以及改善农田生产条件等达到提高单产的目的；另一方面通过提高土地利用率和开垦也增加了农业的产出。同时，土地改良事业还有利于农产品质量的稳定和提高（见图 2－1）。

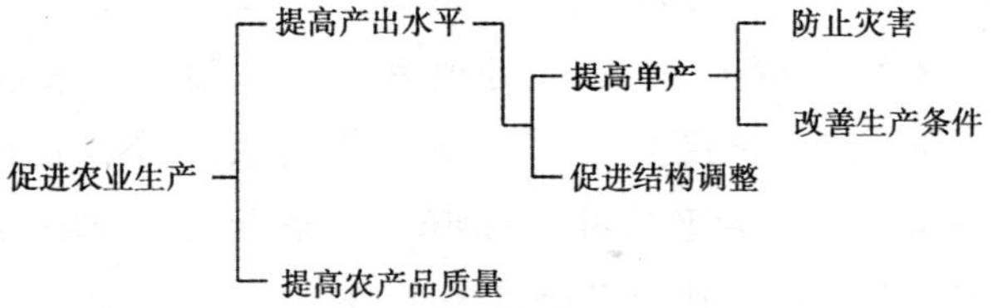

图 2－1　土地改良事业效果示意图

如表 2－3 所示，土地改良事业中灌溉和排水设施建设项目提高了农业防止旱涝灾害的能力、起到了防止水污染和低温灾害发生的效果；旱地灌溉设施项目提高了旱地防止霜、冻灾害的能力，减少了旱地盐碱化的发生，这些都对降低自然灾害对农业生产的影响起到了重要的作用。同时，土地改良事业通过有效地改善排、灌效率、改良土壤、促进耕作模式转换、防止连作障碍等，可以极大的改善农田的生产条件。农田改良事业防止自然灾害和改善农田生产条件方面的作用，对农业单产水平的提高做出了重要贡献。

土地改良事业还可以直接带来产出的增加。一方面土地改良事业中的改善排水项目通过改善排水条件使得水田可以当作旱田使用，便于水稻和其他农作物（特别是旱作作物）的转换，有利于农业结构的调整，这对以水田为主且大米过剩的日本非常重要；另一方面土地改良项目可以提高农田的使用效率使得复种指数上升，从而可以有效地增减每个农作物的产量，有利于农产品结构调整。同时，土地改良事业中的开垦项目可以增加耕地面积，扩大农产品产量。

表 2－3　　土地改良事业具体项目的增产效果

			灌溉	改善排水	旱地灌溉	区划整理	暗渠排水	客土	农田保全	农用道路建设	开垦
提高单产	防灾作用	防旱	○								
		防涝		○					○		
		防止水质污染	○								
		防止低温灾害	○					○			
		防止冻霜灾害			○						
		防止盐碱化			○						
		防止风蚀			○						
	改善农田生产条件	提高排灌效率	○	○		○					
		水田旱田化		○		○					
		改良土壤				○		○			
		水旱轮作	○	○		○		○			
		改变种植模式	○		○						
		湿润灌溉			○						
		除尘			○						
		防止连作障碍			○						
		水土保持							○		
		防尘								○	
增加产出			○	○	○	○	○	○			○

说明：○表示某个土地改良项目在某方面有效果。

表 2－4　　土地改良事业具体项目的品质改善效果

		灌溉	改善排水	旱地灌溉	区划整理	暗渠排水	客土	农田保全	农用道路建设	开垦
提高农产品品质	防止水质污染	○								
	湿润灌溉			○						
	改变种植模式			○						
	防止农产品损伤								○	
	除尘								○	

说明：○表示某个土地改良项目在某方面有效果。

土地改良对农田生产条件的改善，对于提高农产品品质也有明显的作用。一方面水利条件的改善有利于防止水质污染，避免农产品因污染而导致品质的下降；另一方面旱地灌溉以及种植模式的改变可以提高农产品品质；同时高等级农用道路可以避免因颠簸造成的农产品损伤和灰尘对农产品品质的影响（见表 2－4）。

图 2－2 显示了自 1897 年以来的日本水稻平均单产的变化情况。从图 2－2 中可以看出，100 多年来，日本水稻单产保持了较快的上升趋势。特别是在土地改良事业大面积实施的 20 世纪 60 年代和 70 年代，不仅单产增加的速度较快，而且年度间单产波动幅度较小，单产比上年下降的情况不多。虽然品种改良、技术进步以及机械化、化肥和农药的使用都是单产的增加和稳定的重要因素，但是土地改良事业对水稻单产的增加和稳定的贡献也是巨大的，而且土地改良事业也为技术进步和改善生产手段提供了重要的基础条件。

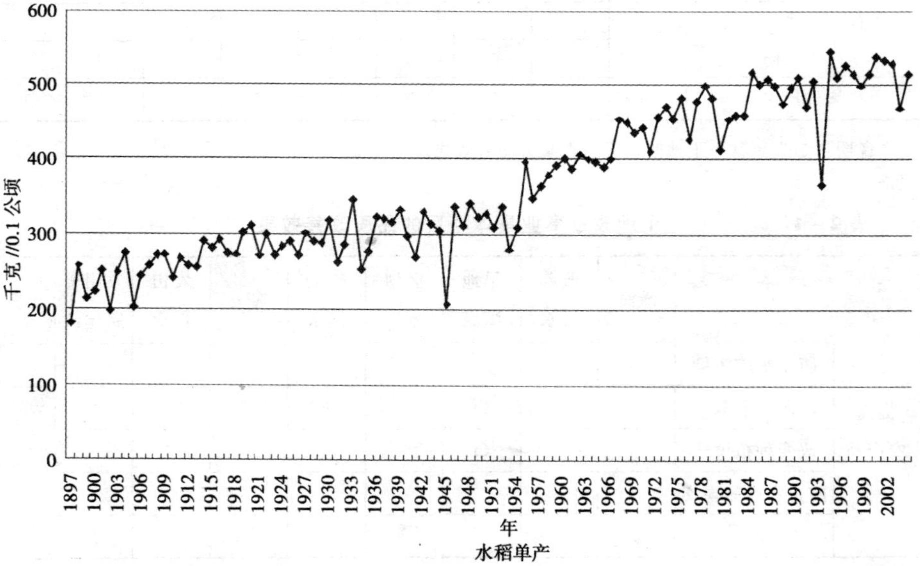

图 2－2　日本水稻单产的变化

（三）土地改良事业改善了农业经营效率

土地改良事业降低了农业的生产管理成本。通过长年的土地改良事业，日本的农田基本形成了集中连片、整齐划一的格局，并建成了较为完善的排灌体系。1965年，日本所有水田中单块面积在0.3公顷以上的地块只占水田总面积的3.2%，地块非常零碎。到了2000年，单块面积在0.3公顷以上的地块占水田总面积的比例已经达到58%，超过了半数，其中单块面积在1公顷以上的水田已占5%。这在国土面积80%左右为山区和半山区的日本是很难得的成绩。同时，所有水田中，灌渠和排水渠分离或有暗渠排水的通用水田占45%，这样的水田可以轻松实现水稻和旱作作物的转换，解决了水田难以调整作物结构的问题。而旱地中，修通农用道路的占70%，具备灌溉设施的占19%，极大地改善了旱地的生产条件。

农业生产条件的改善，使得农民可以在更大的范围选择种植模式，有利于增加产出、降低成本。同时，良好的农业生产条件，可以更好地发挥农业机械的作用，提高农业机械的使用效率。而完善的排灌体系可以优化农业用水管理，提高农业用水效率，降低农业用水的成本。此外，农业用水水质的改善可以降低水质管理成本，改善农业经营效率。

1. 土地改良事业有效地降低了生产活动中的移动成本和农产品的运输成本

日本农业是高度机械化的农业，日本市场对农产品包括外观在内的品质要求也是很高的。土地改良事业修建的高规格农用道路一方面确保了农用机械移动的便利性，同时也方便了农产品的运输，降低了易损农产品的运输损耗。

2. 土地改良有效地促进了种植业经营规模的扩大

日本是一个人多地少的国家，种植业经营规模小、地块分散是制约日本农业扩大经营规模、提高农业生产率的主要障碍。土地改良事业对农业经营效率的改善，提高了大规模经营农业的竞争力水平，促进了土地向专业农户的集中，推动了种植业经营规模的扩大。根据对1998—2000年期间完成的98项土地整理项目的统计，项目区内专业农户的经营规模由项目实施前的平均2.9公顷扩大到了7.2公顷，水稻生产劳动投入由项目实施前的平均0.1公顷56小时减少到了1/3左右的20小时。

反映农业经营效率改善的直接指标是单位面积劳动投入的下降。1965年，日本0.1公顷水稻的劳动投入平均为141小时，2003年减少到不足32小时，在将近40年的时间里减少了109小时，2003年的劳动投入只相当于1965年的22%。

（四）土地改良事业改善了农村的生活条件和资源状况

土地改良事业对改善农村的生活条件也起到了积极的作用。农用道路的建设改善了农村的交通条件，为农村社区的出行提供了便利；水渠由明渠改暗渠以及增设人行道、为农用道路增设护栏等工程减少了交通等安全隐患，保障了农村山区的交通安全；征用土地整理项目富余出的土地建设农村公共设施减少了征地成本、缩短了征地时间，促进了农村公共设施建设的发展。

土地改良事业通过修建水库调节江河流量以及修建排水渠、排水机站加大区域内排水能力，起到了防止和减轻洪水对农村社区的危害的作用；在地下水使用过度的地区，土地改良事业修建的水利设施增加了当地水源，减少了对地下水的依赖，起到了防止地表下沉的作用；土地改良事业实施中对农村桥梁、水库等公共设施的修缮起到了公共设施的增值保值的作用，确保了这些设施更好地发挥作用。

此外，土地改良事业通过对海洋和湖泊的围垦，增加了国土面积，发现了一些新的历史古迹，为农村增加了人文资源。

日本农林水产省对农业用排水设施和耕地改良（耕地平整和土质改良等）所产生的上述各方面的社会经济效果作了

定量测算。结果表明，其每年产生社会经济效果总额要大大高于土地改良事业的总投资。从表 2－5 可以看出，以水田的生产效果为例，2005 年的农业用排水设施和耕地改良的存量，所产生的生产效果每年达到 13192 亿日元，也就是说，如果水田维持在改良前的状态，其收入要比改良后减少 13192 亿日元。此外，农业用排水设施和耕地改良的效果更多地表现在公益效果上。

表 2－5　农业用排水设施和耕地改良所产生的社会经济效果

效果类别	具体效果名称		效果额（亿日元/年）
水田维持	水稻生产效果		13192
水田的公益效果		防止土壤流失	1352
		防洪	14772
		涵养地下水，稳定河水流量	11543
小计			27667
旱田灌溉	旱田灌溉的生产效果		698
设施	设施带来的公益效果	生活用水效果	12
		防火用水效果	4077
		防雪灾效果	90
		亲水效果	1495
		排水稀释效果	465
		防水效果	1912
小计			8051
总合计			49608

说明：根据 2005 年的数据计算。

资料来源：根据日本农林水产省网站相关资料整理。

（五）土地改良事业面临的问题

如前所述，经过 100 多年的土地改良事业的实施，日本一半以上的水田已经建成了单块面积在 0.3 公顷以上的高标准农田，适宜项目实施的区域越来越少。如何维护和管理好已经实施的项目并进一步实施土地改良事业是日本土地改良事业面临的主要问题。而这一问题的核心是费用分摊问题。费用不仅包括项目实施费用，也包括已实施项目的维护和管理费用。

日本政府为继续推动土地改良事业的实施，根据农业多功能性的定位扩大了土地改良事业效果的评价范围，为政府支持土地改良事业找到了新的依据。

根据日本《土地改良法实施条例》（1949）要求，土地改良事业的总效益必须能够弥补项目总费用并且农民负担不能超过其负担能力。因此，日本政府对每一项土地改良项目都要进行经济效果评价和农民负担能力评价。为评价土地改良事业的经济效果，日本政府将土地改良的作用总结为三个方面：一是实现高效率的农业生产；二是提高农村地区的活力；三是稳定食物供给，保护国土和环境。因此，日本在评价土地改良的经济效果时，不仅使用产量、土地生产率、劳动生产率和减灾等指标，也使用水质净化、提升文化资源等指标。但是，这并没有从根本上解决政府和农民之间的费用分摊问题。

同时经过第二次世界大战以后 50 多年的发展，日本农村和农业结构已经发生了巨大的变化。一方面城市的扩张、交通条件的改善、城市地价的高涨以及农村社区中企业的增加，导致了农村社区农户和非农户混居现象越来越严重；另一方面土地流转打破了农地改革形成的自耕农体系，土地所有和经营的脱离现象也越来越严重。这一农村和农业结构的变化，给土地改良事业的费用分摊带来了很大的难度。非农户对土地改良事业以及农业设施的维护和管理缺乏兴趣，由于政府对地租水平限制较严，地主对土地改良事业也积极性不大。农民负担部分的分摊越来越困难。

前面已经提到，日本土地改良事业的资金主要来自政府补贴和制度金融，农民负担比重越来越小。尽管这主要归因于由于日本经济发达，政府财力雄厚，但从农户那里筹措资金的难度越来越大也是重要的原因。政府财政资金的投入量和比重的增加和农户资金投入份额的减少所带来的资金浪费问题，也受到了一些学者的批评（速水，2003）。

二、日本土地改良事业对我国的借鉴

（一）农业行政管理体制上的借鉴

日本的农业行政管理体制与中国有很大的不同。在中央政府一级涉及农业管理职能的部门只有农林水产省。该省行政管理的职能涵盖了农业产前、产中和产后的所有环节。业务上与农林水产省关系比较密切的省包括财务省、国土交通省和厚生省。其中财务省只起到财政拨款的职能。国土交通省的一个与农业关系较大的职能是负责较大河川的整治，而与农业关系密切的事业（如农业用排水体系的建设等）则由农林水产省负责，两个部门在河川的整治上有明确的职能划分，尽管二者在水利建设事业上有时也有冲突，但由于建立了完备的协商机制，业务上的冲突往往能够得到较好的解决。与厚生省关系密切的职能领域是食品质量安全，农林水产省主要负责生产和进出口方面的质量安全，二者的职能存在一定的交叉。总之，尽管在少数领域农林水产省与部分省也存在职能上的交叉，但日本基本上将农业的行政职能集中于农林水产省一身，农业基础设施的建设就更是这样。这样的行政管理体制在农业基础设施的建设上的好处是：首先，由于管理集中，可以节约不必要的协调成本，可以避免在多部门管理情况下的遇利争夺，遇事推诿的情况发生；其次，农业基础设施的建设，包括前面所讲的农业用排水设施、农用道路、土地的整理区划等的建设需要综合考虑多方面的因素，既要考虑与水利方面的因素，也要考虑农业生产的特点，农业科技进步等，农业行政职能集农业部门一身有利于在农业基础设施的建设上做出整体的、一体化的考虑和安排。

比较而言，我国涉及农业管理职能的部门较多。在中央政府一级主要有农业部、水利部、国家林业局、国家发展与改革委员会、财政部、国土资源部等等。其中农业部是主管农业和农村工作的部门，主要负责农业生产；水利部管理水资源，组织协调农田水利基本建设，国家林业局负责森林资源管理和森林生态环境建设，国家发展与改革委员会负责提出农村经济发展战略，衔接平衡农业、林业、水利、气象、水产、畜牧等发展规划，安排农业基础设施重大项目；财政部负责财政支农政策，包括农业基础设施建设（如土地改良等）在内的农业综合开发等；国土资源部负责耕地的保护和开发。可以看出，前面所讲的与土地改良事业相关的基础设施的建设并不是主要由“主管农业和农村工作的部门”的农业部负责，而主要是水利部、财政部、国家发展和改革委员会和国土资源部。总之，我国目前的农业行政管理体制基本上沿袭了计划经济体制时期按行业设置机构和划分职能的做法，将涉农职能分散到多个部门（张红宇，2003）。结果造成了管理分散，协调成本高昂，机构职能重复交叉，农业资源和政府支农资金利用效率低下等一系列问题。借鉴发达国家的经验，按市场经济和农业生产特点的要求，深化我国的农业行政体制改革是一个非常紧迫的任务。目前，我们认为最应该做的是扩大农业部在土地改良事业上的职能。

（二）土地改良事业法制化、标准化方面的借鉴

日本对土地改良事业实行法制化的管理已经有100多年的历史。第二次世界大战之后，日本根据《农业基本法》及其修订后的《食品·农业·农村基本法》等法律的要求，对《土地改良法》作了多次修订，土地改良法的内容逐渐增加和完善。依据基本法，农林水产省要编制《食品·农业·农村基本计划》，该计划为10年计划，期间，根据情况的变化，政策实施的效果评价等，可进行大概每5年一次的调整。农林水产省再根据这个基本计划和《土地改良法》的要求，编制较为详细的《土地改良长期计划》，该计划为5年计划。上述这些计划都要经过内阁审议通过，方可实施。

此外，对于具体的项目建设内容农林水产省均组织相关部门和专家制定了较严格的“基准”，也就是制定了项目计划和具体项目建设内容的基本要求。这些“基准”均被编印成手册类的工具书，发放给土地改良事业的相关人员，以便随时查阅。

相比较而言，我国在土地改良事业上的法制和标准化方面的制度建设还很滞后，应该在农业基础设施建设的实践中逐渐总结经验，并借鉴其他国家的经验，使我国的土地改良事业逐步走向规范化和法制化的轨道。

（三）农户与地方政府参与方式方面的借鉴

各种利益主体的广泛参与是日本土地改良事业的重要特征。一般来讲，无论是哪个主体实施的土地改良项目，最初都是由农户来提出，并要获得项目建设区域内的一定比例农户的同意，方有可能获得批准。项目的立项充分考虑了当地的自然和社会经济条件，项目实施后对各种利益主体可能产生的影响，以及可能遇到的问题和解决的方法。由于在项目的立项阶段程序较多，花费的时间也较长，但好处是项目一经确立，具体的实施就变得非常顺利，能够严格保证项目按计划书的要求来实施，实现项目建设的目标。

相比较而言，我国有些农业基础设施建设项目的前期立项阶段的所花费的时间相对不足，准备往往不够充分，缺乏各种利益群体的广泛参与，影响了项目建设的效果。根据笔者参加的一个对我国草原改良项目评估的研究，有的草原围栏建设项目，由于没有考虑牲畜要在公共水源饮水的现实，围栏之后导致一部分牧户的牲畜难以到公共水源饮水。如果在项目立项时能够充分征求牧户的意见，就会避免此类问题发生。

与日本相比，我国农民的文化水平较低，从事农业生产的精英人物相对缺乏，在农业基础设施的建设上还难以编制出符合规范的项目申请书，使项目的建设科学规范。由政府出面来主导农业基础设施建设可能还要维持很长时间。但目前在农业基础设施的建设上，我国完全可以大范围推广参与式的方法。

（四）土地改良事业经济效果评价方面的借鉴

前面已经提到，对于土地改良项目的经济效果要做出事前的评价，此外，还要做事后评价。日本农林水产省组织相关的科研机构整理和开发了一整套土地改良经济效果的评价方法，并根据这些方法的要求设置统计调查指标做定期调查，结合农林水产省的一些常规调查数据，对土地改良事业的社会经济效果做出评估，为以后的土地改良事业的完善提供依据。对经济效果的评价主要包括：投资效率和投资回收期；农业生产上的效果；改善农业经营上的效果；防止灾害上的效果；生活环境整治上的效果；资产保全和提高上的效果；景观保全效果；保健修养功能提高的效果。

比较而言，我国对农业基础设施的评价体系很不完善，既缺乏一套科学的评价方法，也缺乏完整的监测评估指标体系。目前，由于我国已经开始进入大规模农业基础设施建设的阶段，加强基础设施经济效果评价体系的建设，对于改善投资效果非常必要。

（五）换地处理方面的借鉴

我国在进行农业基础设施，如灌排水设施和平整耕地等建设时，也会遇到换地处理方面的问题，而且在某些人多地少的地区这个问题可能更为突出。借鉴日本的经验，总结出一套符合中国国情的换地处理方法可能是迫切需要的。

第二节

改革农田水利基础设施建设投工投劳与产权制度①

农田基础设施主要包括水源系统（即贮水设施，包括水库、机井、池塘等）、水运输系统（包括排灌站、水渠）等农田水利基础设施。一般说来，农用水要经过贮水设施、排灌站、干渠、支渠、斗渠、毛渠到田地里，即贮水设施→排灌站→干渠→支渠→斗渠→毛渠→田地。灌溉条件好的地方，可能没有中间一个或几个环节，甚至直接简化为贮水设施到田地。经济中的一项基本原则是“谁所有、谁决策、谁投资、谁收益”，换言之，产权的设置方式决定投资体制和收益分配。从这个意义上说，产权设置方式是与投资体制紧密联系在一起的。此外，水利设施的产权设置与投资体制只是给出了水利基础设施运作的基本机制，要将其付诸实施，必须要有组织载体——农田灌溉组织。因而，产权设置方式、投资体制以及灌溉组织构成农田水利基础设施制度安排的三大支柱。本课题主要是从这三个方面对农田水利基础设施的贮水设施、水运输系统投工投劳建设和产权制度改革进行调查调研。

一、农田水利基础设施建设投工投劳和产权制度改革的历史沿革

建国以来，农田水利基础设施投资体制、产权安排和管理组织等制度安排大致可划分为如下三个阶段：

---

① 本节内容选自农业部软科学课题《新形势下农村农田基础设施建设投工投劳与产权制度改革问题研究》（课题编号：200512），课题主持人：宋洪远。

（一）计划经济时期

从产权安排看，农村农田水利基础设施实行集体与政府所有；从投资体制看，实行集体与政府投资投劳；从管理看，实行集体组织统一管理。这种投资体制、产权安排和管理方式相辅相成，实际运行效果也比较好。其存在的基础有三：一是经济的集体所有和国家所有；二是高度的政治热情；三是政府的强制性制度安排。

（二）改革开放以来至农村税费改革时期

尽管计划经济时期上述农田水利基础设施运行效果良好，但是，计划经济运行的局部有效率并不能弥补经济整体的低效率，特别是农村经济的困境，迫使计划经济在农村率先被突破，“统分结合”的双层经营体制取代“政社合一”的经营体制。简单地说，“统分结合”根据“宜统则统、宜分则分”的原则，对土地等实行承包分散经营，对农田水利基础设施等实行统一经营，这种制度安排体现了市场经济“私人品由私人提供、公共品由政府提供”的逻辑。这个时期的农田水利基础设施名义上仍由集体与政府统一负责组织实施，但就投资而言，来源渠道有三：一是政府财政资金；二是集体自有资金；三是农民筹资筹劳。

但是，实际的情况是，随着时间的推移和经济形势的不断变化，许多地区特别是相对落后的贫困地区，政府资金基本没有，集体经济日渐衰弱，承包经营使农民对共同受益的农田基础设施漠不关心，农民筹资筹劳难度很大。其结果是，组织管理主体缺位，新增投资投劳建设缺乏，原有农田水利基础设施过度使用与维护不足，直接危及农业综合生产能力。

针对这种情况，这期间一些地方进行了农田基础设施产权改革探索，试图解决农田水利基础设施建设投资投劳不足和组织管理主体缺位问题，取得了一些积极的成效。

（三）农村税费改革以来的新时期

与农村税费改革前相比，农田水利基础设施投资体制、产权安排和管理组织的变化主要体现在：不得对农民强制性集资或征收水费；取消两工，代之以对村级公共事务实行“一事一议”。但“一事一议”运行效果不太理想，使得投资投劳不足和组织管理主体缺位问题更严重。

二、改革以来农田水利基础设施建设面临的普遍性问题

产权改革试图解决农田水利基础设施建设投入不足和管理主体缺位问题。“一事一议”作为一种新的筹资筹劳和管理方式，试图替代“两工”模式。但是，调查发现，由于各种原因，多数地方并没有进行产权改革，建设投入来源仍然是政府和集体以及农民的投工投劳，“一事一议”很难运行，产权改革和投工投劳并没有达到预期的效果，很多地方农田水利基础设施“有人使用、无人投入”问题更加突出，运行更加困难。

（一）劳动闲置、资金短缺与组织缺失

1. 劳动闲置

（1）计划经济时期，土地所有权和经营权集体所有，生产资料公有，劳动力的劳动公有

实行统一生产，统一经营。生产队、生产大队、人民公社可以统一调动劳动力，从事农村农田基础设施建设。一般不会出现一方面农村农田基础设施建设与管护无人负责，另一方面农村劳动力大量闲置。

（2）实行家庭承包经营以后，土地所有权集体所有，土地经营权私人所有，生产资料私人所有，劳动者的劳动私人所有，农村农田水利基础设施集体共有

实现统分结合的生产经营体制，具体表现为生产经营决策由农户自己决定，农田水利等共同生产设施实行集体经营，由

集体统一组织劳动和筹集资金进行建设和管护。但同时引发的问题是，农田基础设施的受益是共同的，具有典型的公共产品特性和外部性，就投资建设决策而言，难以实现“谁投资、谁决策、谁受益”，导致投入不足；一旦完成建设，又会出现“公共地悲剧”，有人使用却没有人维护，管理主体缺位。由于成本与收益的不对称性，最终的结果是无人愿意投入劳动和资金，唯恐自己付出成本，而别人收益。而且很多地方逐渐地对“两工”不感兴趣，对“钱”感兴趣，倾向于将“两工”折资，导致劳动力闲置。

（3）与农村税费改革前相比，农村税费改革以后有了一个不容忽视的变化

为了减轻农民负担，取消了“两工”，代之以对村范围内的公共建设实行“一事一议”的筹资筹劳，但是由于筹资筹劳操作上的困难，这种替代方式并没有达到预期的效果，加上“对于规模以上的工程建设与管护必须使用机械，不得实行人海战”的规定，大多数地方的实际情况是没有进行筹资筹劳搞农村农田基础建设建设，劳动力闲置更严重。

2. 资金短缺

（1）计划经济时期

计划经济时期，农村农田基础设施作为一项集体财产，其建设基金来源于集体经济和政府财政资金。实际上，由于整个国家的经济水平不高，农村农田基础设施建设主要表现为劳动投入即“人海战”，其次才表现为资金投入。计划经济时期实际上采用的是“劳动”替代“资金”的战略，尽管资金缺乏，但并没有影响农田基础设施建设高潮。

（2）实行家庭承包责任制以后

实行家庭承包责任制以后，农户经济与集体经济相对分离，农田基础设施建设资金多样化，原则上来源于集体经济，政府拨款以及向农民收取的“共同生产费用”以及“三提五统”的部分资金。但是由于集体经济日渐衰弱，国家财政向

城市倾斜，农田基础设施建设与管护资金实际上更多地来源于“共同生产费用”以及“三提五统”的部分资金。而且，由于上级政府不断地给基层下达各种达标计划，将各种本应由上级政府承担的各种公共产品的成本转嫁给基层，使得有限的“共同生产费用”以及“三提五统”的部分资金也被挪作他用，再加上基层工作人员的腐败，实际上很少有资金用来搞农田基础设施建设。很多地方将“两工”折资后，折资后的资金也被挪作他用。

（3）实行税费改革以来

实行税费改革以来取消了面向农民收取的不合理收费，取消“两工”，对于村集体范围内的建设，实行“一事一议”的民主筹资筹劳制度。理论上，农村农田基础设施建设基金来源于集体经济，政府拨款以及通过“一事一议”筹集的建设资金。但实际情况是资金更加短缺。

3. 组织缺失

（1）计划经济时期

计划经济时期，农田水利基础建设的组织者是生产队、生产大队、人民公社。由于生产资料和劳动的公有性质，加上高度的政治热情，基层干部组织农民从事农田基础设施建设的积极性很高，号召力也很强，农民参与的积极性也很高。组织效率非常高。

（2）实行家庭承包责任制以后

实行家庭承包责任制以后，农田水利基础设施的建设者是村民小组、行政村、乡镇政府。对于村级而言，其制度基础是统分结合的双层生产经营制度。统分结合的双层经营制度的重要特点表现为：一是重要生产资料的经营权发生变化，土地等实行家庭承包经营、农田基础设施等实行集体经营；二是农户的劳动也一分为二，私人劳动——在自家承包地上的劳动；集体劳动——积累工和义务工。理论上，私人劳动是用在农户家庭承包经营土地上的，集体劳动是用在农田基础设施建设等上的，但实际上，农户在自家承包地上辛勤耕种，对农田基础设施建设与管护动力不足，这除了上面提到的农户感到成本收益不匹配外，还有一个极其重要的原因是组织缺乏。乡镇、村、组干部大多数没有组织农民进行农田基础设施建设的动力。原因在于，一是农民思想变得相对涣散，组织难度大大增加，二是上级的考核指标不在农田基础设施建设和农业生产上，而在于税费上交任务、义务教育、计划生育等各种指标的完成情况。

（3）农村税费改革以来

农村税费改革以来，农田水利基础设施的建设者仍然是村民小组、行政村、乡镇政府。“两工”取消，对村内公共事务的处理方式代之以“一事一议”的民主决策方式，似乎农民应该能被充分地调动起来搞农田基础设施建设；对乡村干部而言，其工作任务大大减轻，工作难度大大降低，似乎乡村干部应该转向关心农业和农村经济社会的发展，组织农民搞农田基础设施建设。但调查表明：干部说农民各顾各，难以组织，“一事一议”难以实施；农民说干部私心太重，只顾自己，没有责任心，对农田基础设施建设不感兴趣，没有组织“一事一议”。这表明，缺乏强有力的组织是问题的关键。

上述的历史分析表明，当前农田水利基础设施建设和管护所面临的劳动闲置、资金短缺与组织缺失问题是逐渐形成的，而且在目前变得更为严重。

（二）农村农田基础设施的突出问题

农田水利基础设施建设具体表现为新建、加固、修整、清理水库、塘、坝堰、渠道，购买与更新泵站机电设备等，有些以投资为主，有些以投劳为主。调研发现，由于县、乡、村三级财政财务困难，“一事一议”组织困难和筹资筹劳上限控制，农民集体意识淡漠和干部责任心不强，导致劳动闲置、资金短缺和组织缺乏问题突出，农田基础设施多数处于“农民管不了、集体管不好、国家管不到”的“三不管”境地，特别是农村税费改革以来问题更加突出，另外还有社会治安方面的原因，使得当前水库、塘、坝堰、机电泵站、渠道、楼管和涵闸等的建设、维护和管理方面存在许多问题。

1. 水库和塘堰建设、维护与管理中的问题

一般情况下，塘、坝堰、小（二）型水库[①]由受益村或受益组管理，平时一般无人过问。小（一）型水库[②]由受益乡镇派出的水库管理处管理，大中型水库由市县派出的水库管理处管理，水库管理人员多少不一，大型水库有的多达 20 余人，由于水库管理处人员过多，运行经费不足，每年收取的水费不是用于水库维护，而是主要用于发放工资和其他用途，部分工作人员由于工资太低而离岗外出打工。导致贮水设施长年没有维护，淤塞严重，蓄水量大大下降，病险水库、塘堰增加。

2. 泵站建设、维护与管理中的问题

泵站相关设备有动力机设备、水管、机房、变压器等，变压器一般是在室外露天放置。泵站以中小型泵站为多，多数由村组管理，少数由乡镇和县市管理。对于自然村组的泵站，一般来说比行政村或乡镇管理的泵站管理得好，不用时是为防盗，将动力设备抬回家，用时又抬回原位安置，抽水时请懂技术的农民来负责，按天数支付工资，收取的水费主要是用于支付电费、工资和简单维修。对于行政村管理的泵站，平时请人守护管理，每月付工资，主要是防盗，需要抽水时请懂技术的农民来负责，按天数支付工资，收取的水费也主要是用于支付电费、工资和简单维修。也有的泵站实行委托管理，如麻城市盐河镇白门坂泵站就委托泵站附近的米厂管理，实行自负盈亏。

它们面临的共同问题是，泵站多数建于 20 世纪 60—70 年

---

① 小（二）型水库是指总库容 10 万 –100 万立方米的小型水库。

② 小（一）型水库是指总库容 100 万 –1000 万立方米的小型水库。

代，机械电器设备、泵房等相关设施老化失修严重，带病运行，有效排灌能力大打折扣，多数只有设计能力的40%—60%，亟待更新换代。另外，变压器由于体积大重量大，拆装困难，不用时也放在原处，由于社会治安状况差，调查地方都有发生过泵站的变压器被盗。许多泵站事实上处于瘫痪状态。

3. 渠道建设、维护与管理中的问题

渠道维护与管理可分两个阶段来看：一是税费改革前，主干渠由县市负责，市里再按受益面积分解工作量到相关的受益乡镇；支渠主要由乡镇负责，乡镇再按受益面积分解主干渠和支渠的工作量到相关的受益村组，村组再分解到农户，农户或者自己出资出劳完成自家的任务，或者出资（以资代劳）将自己的任务转给别人。由于组织实施的难度很大，这种组织也不是年年有的，清淤也不彻底，做到能放水就行。二是税费改革后，县乡财政短收部分以上级财政转移支付补充，村级公共事务相关支出代之以“一事一议”的民主机制，并实行筹资筹劳上限控制。但改革的客观结果是县乡两级财政收入减少，资金更加不足，相应的村组收入也减少。“一事一议”组织实施困难，即使组织起来，所能筹集的资金和劳动有限，干不了什么事情。只要渠道还能放水，能凑合着用，村组负责人和乡镇县市有关部门也就“多一事不如少一事”，不去管它。单个农户更没有积极性去管。特别是近三年来，由于降雨量充足，用水矛盾不突出，渠道基本没有清理。

总的来说，改革开放以来多数地方基本没有新的农田基础设施建设，现在主要是啃老本，特别是税费改革以来，疏通清淤工作量非常大，基本没有对渠道清淤，渠道淤塞严重，过流量非常小，对排水和灌水的影响都有很大。此外，由于年久失修，多数楼道，涵闸损耗严重，跑、冒、漏、滴非常严重，既不利于排涝又不利于灌溉。

三、山东、湖北等地农田水利基础设施投工投劳建设和产权改革的主要做法及成效

在农村，一方面农田基础设施有效灌溉能力大大下降；另一方面农业的发展对水的需求大大增加，供给与需求矛盾迫使人们寻找解决问题的办法。总的来看，主要的方法有二：一是通过产权改革，试图解决资金投入不足、劳动投入不足和管理主体缺位问题；二是改革投工投劳方式，试图解决劳动投入不足和规范劳动投入方式。

（一）改革的主要作法

为打破“水”对发展高效农业的制约，1996 年开始山东省费县在全县范围内进行了小农水产权制度改革，指导思想是“明晰所有权、搞活经营权、放开建设权”，走“民建、民有、民营”的路子。近年来，湖北省大力发展“三民水利”，指导思想是“民主谋水利、民营兴水利、民众干水利”，试图调动农民参与农田基础设施建设和管理的积极性，引导社会资金参与农田基础设施建设。具体做法是：

1. 搞活水利工程经营管理权，盘活存量，增加总量

突破传统水利建、管体制的“禁区”，开拓性的引入竞买机制，把小型水利工程公开拍卖到户，实行户管、户营，一般 20 年不变，允许继承、转让，拍卖收回资金用于新建各类小型水利工程，建成后再拍卖，形成了拍卖——建设——再拍卖的良性循环，使集体工程充分发挥效益。

2. 放开水利建设权，走民建、民有、民管、民营的发展之路

在小型水利工程建设中，以农户投入为主体，遵循“谁投资、谁受益，谁所有”的原则，县乡投入“以奖代补”启动资金，给予一定数量的资金或物资无偿扶持鼓励农户、联户和其他经济主体从事农田水利基础设施建设，极大地调动了农

民和社会投资办水利的积极性。

3. 鼓励农户通过联户或合作组织的方式，实行多元化投入办水利

在工程建设中，主体工程、骨干工程、配套工程三管齐下，乡、村、户多方投入，农民将工、料、机械折算成资金入股，变过去“一龙治水”为“多龙治水”，使乡、村、户联合办水利有机结合，逐步形成了“联户建设、联户管理、联户受益”的“三联农水合作社”的农村合作组织建管模式，解决了一家一户干不了的难题。

4. 引导社会资金投入水利建设

对于一些能实行多元化经营，既能通过收取一定的水费取得收益，还能从事其他经营的工程项目，通过引入社会资本，达到既能对农田基础设施进行建设和管护，还能取得一定收益的目的。如湖北省随州市曾都区个体老板胡星，在外经营建筑业和运输业积累一定资本后，回到家乡唐县镇江义村投资 3.6 万元新建堰塘 2 口，扩建堰塘 1 口，承包果园 1.3 公顷，建成了集养殖、种植、垂钓、餐饮、停车、休闲为一体的休闲山庄。工程建成后，既拓宽了自己致富的路子，又改善了 10 公顷多农田灌溉条件。

5. 自然村（组）范围内实行“有劳出劳、有钱出钱、以资代劳”的投资模式

为了解决劳动力外出对农田基础设施建设带来的不利影响，组织未外出劳动者从事农田基础设施建设，并让外出劳动者合理分摊建设和维护成本，一些村组在村组范围内实行“有劳出劳、有钱出钱、以资代劳”。为完成既定工程量，村组召开村民会议，愿意出劳动的出劳动，并确定每个劳动日的价格，不愿意或不能出劳动的出钱。工程完工后，计算出共用去的劳动日，没有出足应出劳动日的农户出钱补足，多出劳动日的农户获取相应的补偿金，用以平衡不同农户。

6. 专业合作组织管水模式

水利设施建成后，如何管好管活至关重要，通过合作社管水，有效地解决了重建轻管，水利设施效益低的问题。费县方城镇农业综合开发节水农业示范项目为了管好用好项目、提高农民组织化程度，积极探讨项目管理运营新机制，建立了“节水农业合作社”。大田庄乡黄土庄“三联农水合作社管理委员会”是合作社的管理机构，具体负责合作社的全面工作。合作社闯出了一条“以社管水”的新路子。

（二）改革取得的成效

1. 从根本上理顺了产权关系，明确了工程权属，实现了国家和集体资产的保值增值，发挥了工程的效益

把工程管理使用权拍卖到户后，工程由物质形态变为货币形态，为新的水利工程项目建设提供了新的资金来源，把拍卖资金又用于新的工程建设，把新建的小型水利工程再行拍卖，以卖促建，以建促管，以管促用，以用促效益提高，走出了一条拍卖——建设——再拍卖滚动发展的路子。在盘活存量的基础上，增加了总量，实现了国家和集体资产的保值增值。同时，工程购买户对工程像对自己的家产一样精心管理，细心经营，使水利工程的效益得到充分发挥。

2. 进一步扩大了农民的经营自主权，促进了水利投入机制的转变，调动了兴办水利的积极性

小型水利工程产权改革实现了责、权、利的紧密结合，使农民群众成了工程的直接受益主体，通过放开小型水利建设权，农民真正成了投入主体，改变了过去“等、靠、要”的依赖思想，形成了多元化的投入机制，使水利建设逐步走向民建、民有、民营，自我积累、自我发展的道路，促进了全民办水利、社会办水利的整体意识的提高，农田基础设施建设有了很大的发展。

3. 大旱之年显示了民营水利的抗旱作用

大中型水库灌区往往在地势相对平坦或低洼地区，干旱年

份，民营水利工程彰显了抗旱效益。特别是山区，如费县大田庄乡黄土村实行农业种植结构调整后，出现了许多“无粮村”，果园的生产周期长，需水迫切，大旱之年如果没有小型民营水利工程提供水源保障，将损失巨大。

4. 加快了农业内部结构调整，促进了农村经济的发展

通过产权制度的改革，加快了水利设施建设步伐，水利设施增加，提高了灌溉设施的完好率和使用率，增加了蓄水量和灌溉面积，水利条件的改善，促进了农业内部结构调整。粮食单产大幅度增长。果林经济、大棚蔬菜、水产养殖等高产、高效、优质农业蓬勃兴起，形成了粮油、瓜菜、林果、烟桑、中药材等种植业生产基地，实现了区域化种植、规模化经营。

5. 减轻了农民负担，改善了干群关系

这体现在两个方面：一是农民只交水费，不再分摊水利工程设施的看护、维修费。有的地方看护、维修费进入承包户的经营成本，水费相应上涨，即使这样，农户承担的水费也比以前承担的费用少得多；二是不再由政府集体出面向农民集资发展水利，大大减轻了由政府行为造成的农民负担，有利于改善干群关系。

6. 促进了农业专业合作组织的发展

农业专业合作组织在农田水利基础设施建设中发挥了重要作用，也使人们认识到农业专业合作组织的重要性，这反过来又促进了农业专业合作组织的发展。

四、农田水利基础设施建设投工投劳和产权改革效果不佳的原因

（一）没有进行农田基础设施产权改革的原因

有些调查地方基本没有进行产权改革的典型。即使有承包的水库、塘，但承包户的目的是通过养鱼赚钱，而不是为了提供农田灌溉服务。究其原因，各相关利益主体的看法如下：

1. 从农民的角度看

本地降雨量较多，农民并不认为水是稀缺品，没有水就是商品的意识，认为水库、塘、堰和渠道是自己修的，水是天上下的，不存在买水的问题，把小型农田水利设施承包给别人让别人盈利不合理，因为承包人可能会为了自己的收益而不顾农民的利益。水库等贮水设施承包后，承包人会养鱼等，到抗旱时会发生灌溉用水与养殖等其他用水的矛盾。

2. 从承包人的角度看

没有人愿意通过承包为农户提供农田灌溉服务而赚钱。原因有二，一是收费困难，降雨量多时，丘陵地区可实现自流灌溉，平原地区各家各户可用抽水机在自家田地附近的塘、堰抽水灌溉，或者付费使用抽水专业户的抽水设备灌溉，在这种条件下，抽水是比较方便的，没有产权改革的动力；天旱时，一般使用水库的水灌溉，或通过泵站从河流提水灌溉，使用水库的水灌溉，原则上要按灌溉面积支付水费，但由于涉及用水户较多，很多用户由于各种原因不愿意支付水费，收水费非常困难。承包前，水费一般是由村组从用水户收取，交到乡镇或交到水库管理处。一旦承包，水费是按老办法征收，还是由承包户自己征收？如果由承包户自己征收，难度更大。二是即使承包，收益也不稳定。雨水丰富的年份，水库里的水基本没用，水库和泵站就很难从收取水费中取得收益。

3. 从政府相关管理部门的角度看

第一，民营产权改革的一个重要前提是要盈利，但从收益角度看，现有泵站的设备老化，效率非常低，能耗非常高，一次性投资更新难度大，产权改革的前提是必须进行更新，否则无人承包，也无人对其进行投资更新，没有人愿意承包一个老化不能工作的泵站，而且能否有收益取决于“天”。另外，要能盈利，势必提高水费标准，按现在的收费水平不能盈利。一旦发生用水户和承包户之间的矛盾，协调起来将非常麻烦。

第二，收水费难使得水库不适合承包。以前有的农户交齐了水费，有的农户欠交水费，如果不清缴欠交的水费，已交齐水费的农户觉得吃了亏，不公平，用水后也不愿交水费，拒交水费心理很严重。降雨量多的年份，农户用水很少甚至不用水，收水费就更加困难。收水费难使得无人愿意承包受益面大的水库。小的塘堰承包收益不大，即便承包也是为了养殖，不是为了收水费，也不愿承担维护和管理的责任。

第三，产权改革试图解决小农水的管护和建设问题，但就泵站而言，私人投资主体不会就泵站的更新换代进行投资，因为一次性投资太大，收益也不稳定。即使政府对设备进行更新换代，也难免不出现在承包期内拼设备、吃老本的行为，管护同样也是一个问题。

第四，有的地方农田基础设施的布局特性不适合由私人来经营，如湖北省汉川市的基本特点是大排大灌。从成本角度看，就排涝而言，从田地里——→二级支渠——→一级支渠——→主干渠主要是依靠水的落差，通过水的自流完成，基本不需泵站，从一级支渠——→河湖，二级支渠——→河湖、主干干流——→河湖则需要泵站，但又很难准确地界定谁是真正的受益者及其受益的程度，计量难，收费就非常困难。就灌溉而言，水是逆向流动的，主干渠的水几乎使全市受益，几乎是一个完全的公共品，如果采取由承包户收费的方式，操作成本非常高，不如采取由政府强制收取。二级支渠、一级支渠的水同样受益面积大，同样面临上述问题。

第五，如果遇到降雨量特别多的年份，汛情严重，水利设施防汛除险的责任难以界定，难以落实，安全无法保障，政府也不放心。天旱年份，通常会发生农业灌溉用水与养鱼用水的矛盾，也不好协调。

总的来说，承包人没有收益或获取收益困难，承包人与农民的利益协调难，政府不放心等，是没有进行产权改革的主要原因。

（二）农田基础设施投工投劳效果不佳的原因

农村税费改革要求通过“一事一议”筹资筹劳，调查表明，许多地方实际并没有付诸实施，对此，各方有不同的观点。

1. 农民的说法

农民说现在的干部是“各顾各”，没有为农民服务的思想，种好自己的地，搞好自己的经营，再拿点工资，仅此而已。近几年来没有开会讨论过筹资筹劳搞水利的问题，就好像没有这回事。农民认为，对于农田水利基础设施建设，特别是村组级的，是自己的事，自己受益，只要村里组织，都是愿意出工出劳的，没有理由不参与，不存在不愿意出工出劳的，关键是村里没组织，干部不管。至于出资，则不能出得太多。

2. 村组负责人的说法

（1）政府财政困难

特别是税费改革后，取消“两工”，县、乡镇级管理的农田基础设施原则上主要由县市乡镇财政资金解决，不能投工投劳，但财政资金匮乏，没有钱就无法进行。另外许多工种不适合用人工，不能搞人海战，采用机械效率高，但由于财政没钱，又不能以资代劳。

（2）政策束缚

村组级负责的农田基础设施建设，取消“两工”后要实行“一事一议”，筹劳不超10个劳动日/劳动力年，筹资不超过15元/人年，而且必须是大多数村民同意，实践中只要有极少数个别村民不同意，就难以实行。

（3）农民工外出

随着经济的发展，劳动力外出打工较多，有些打工的家庭将田地转让给他人耕种，有些打工的家庭农闲时外出打工，农忙时回家种田，在家的时间很少，缺乏投工投劳所必需的劳动力，参与“一事一议”的人数少。

(4) 农民组织困难

“一事一议”在实践中很难操作，筹工筹劳面临如下几个难题：一是大量的农村劳动力特别是青壮年劳动力外出，有的整家外出，不能参加会议，无法进行“一事一议”，在家务农的劳动力即使有较强的投工投劳意识也没有用；二是即使是“一事一议”获得通过，有的劳动力劳动时不在家，甚至长年不在家，劳动力难以出齐。有些地方试图实行“以资代劳”，让外出的劳动力出相应的资金抵冲劳动日，但外出劳动力有时长年不在家，有时在家也拒绝缴纳，按照现在的政策规定又不能采取强制手段；三是筹劳有上限规定，筹集的有限劳动力往往难以完成既定的工作量，其结果是或者使工程分期分年进行，或者是简单了事，效果不佳。四是农村税费改革前部分农民由于各种原因欠交筹资款或没有出工出劳，已交筹资款和出工出劳的农民觉得老实人吃了亏，不愿再参与。总之，农民的“比拼”思想、“平均主义”思想、“各顾各”思想非常重，少数农民的行为会影响到多数农户，难以组织。即使是组织起来，由于筹资筹劳有上限控制，有限的资金和劳动也干不了什么事。

(5) 市县乡镇和村委会不愿组织

有文件规定，1000 米以上的渠道疏洗不得使用劳动力，必须使用机械化操作，不能搞人海战，这就要求用资金代替劳动力。但政府本级财政资金不足，上级财政补助有限，筹资又受到不超过 15 元/年人的限制，而且筹不齐还造成新的不公平。如果要变通，势必要形成债务，这是各级政府所不愿意的，县市和乡镇没有钱，宁可少做事，也不办错事。

村里筹资面临的难题也有三个，一是资筹筹劳标准太低，即使完成筹足，也远远不够完成必要的工作量；二是筹资筹劳由县里统一调度，市县占用了部分指标后，留下来的可用部分很少；三是部分劳动力外出户不出资也不出劳，由这种不公平导致其他农户也不愿出资、出劳。

(6) 政府和村委会没有积极性

政府和村委会的工作人员宁可不作为，也不乱作为，宁可不办事也不办错事，不触政策的高压线，因为触高压线很可能会受到处罚，自己在这个位置上不一定能干多久，抱着“多一事不如少一事”的心态。

3. 县市与乡镇负责人的说法

(1) 政策方面的问题

以前交税费是按亩平均交，现在筹资按人平均交，筹劳按劳动力平均交，标准不统一，农民有抵触情绪。“一事一议”仅限于村组范围内，而且操作困难，现在筹资筹劳实行上限控制，有限的资金和劳动难以办事。县市和乡镇主要依赖于上级财政的转移支付，但转移支付可用于农田基础设施方面的资金有限。

(2) 操作方面的问题

税费改革前，水利方面的投入是逐级分解的，县市负责的水库和渠道按受益面分解到乡镇，乡镇再按受益面分解到行政村，行政村再按受益面分解到村民小组；乡镇负责的水库和渠道按受益面分解到行政村，行政村再按受益面分解到村民小组；行政村负责的水库和渠道按受益面分解到村民小组；最后都由村民小组组织投资投劳实施，县市乡镇和村则从资金方面给予支持。税费改革后，行政村和村民小组负责的水利设施原则上可通过“一事一议”组织实施，但县市和乡镇负责的水利设施不能通过“一事一议”实施，平调村通过“一事一议”所形成的资金和劳动也受到严格限制，原则上主要依靠财政资金和收取的水费，但税费改革后县市和乡镇财力下降，所收取的水费不得不用于发放水库管理人员的工资和办公费用，无力搞建设。

(3) 村组负责人和乡镇干部的问题

除了政策性和体制性方面的原因外，一些村组负责人和乡镇干部确实存在“得过且过”、“多一事不如少一事”、“不求有功，但求无过”的思想，在自己的任期内不愿去找麻烦，不愿意去冒触政策高压线的风险，能凑合过去就尽量凑合过去，只要没有来自上级的压力，就听之任之。

(4) 农民的问题

现在农民外出打工收入增加，农业的比较收益下降，市场意识增强，这是好事，有利于农民增收；但另一方面也导致农民忽视农业，对农业增产增收兴趣不大，干什么事都讲钱，集体意识淡薄，对集体事务漠不关心，缺乏组织性，说得严重一点，农民现在是一盘散沙，非常难组织起来。

总之，承包经营以来，农民的公共劳动意识和集体观念逐渐削弱，组织难度加大；干部素质不强，责任心和执政能力下降；集体经济日渐衰弱，国家财政支持力度不大，公共资金管理不透明；农村税费改革使筹资筹劳难度加大，许多农田基础设施不宜进行产权改革，等等，使得调查地方农田基础设施建设投工投劳和产权改革效果不佳。

五、各地做法给我们的启示

总结山东省和湖北省的成功和不足之处，农田水利基础设施建设投工投劳和产权改革本质可以归结为效益问题和组织问题。综合两省的实践，我们可以得到一些有益的启示。

1. 能够带来一定的净收益是农田水利基础设施产权改革得以实行和巩固的前提

(1) 收益

农田基础设施产权的收益主要表现为两个方面：一是向使用者收取的水费（使用者付费）；二是利用农业基础设施从事其他多元化经营所取得的收益，如湖北省孝感市孝南区西河镇李祠村在外从业致富的李如阶，为了解决长期缺水问题，2001年回乡投资20多万，扩建了一口3公顷的李祠大塘，抗旱用水无偿提供，收入主要来源于塘里养鱼，水面养鸭，塘边建猪圈，周边种花草。

（2）成本

一是购入成本。因获取全部或部分产权而支付的成本，表现为产权获取人获取全部或部分产权一般要向原产权拥有人一次性或经常性地支付一定的费用，如购买价格、承包费、租赁费等，当然少数情况下也会表现为获取一定的补助。二是维护和运行成本。农田基础设施维护需要大量的资金，这往往是承包户所难以承受的；收水费也是一件非常困难的事，由于各种原因如果农民拒交水费，降雨量多的年份，农户用水很少甚至不用水，收水费就更加困难。三是或有成本。即因自然灾害难以抵御、外部性难以克服而带来的损失。由于不可抗拒的自然灾害，如大旱年份，为了保证农业生产，政府会介入，强制供水，给养鱼等造成损失；降雨量特多年份，排涝量大，工程量大，还会造成水库、水塘、渠道溃决，给养鱼和其他经营造成损失。

农田水利基础设施产权改革涉及农田水利基础设施建设和维护成本如何重新分摊、收益如何重新分配，实际上就是利益格局的重新调整。如果利益相关人不能实现成本与收益的匹配，不能实现收益大于成本，那么产权改革是难以实施的，或者即使勉强实施，也难以持久。

2. 农民的需求是农田水利基础设施投工投劳建设和产权改革的原动力

农田水利基础设施最终是为农民服务的，农民最能体会到从中的受益程度。愿意还是不愿意进行投工投劳建设和产权改革，农民最有发言权。换言之，农民的需求程度是小型农田水利基础设施建设投工投劳的原动力。例如，费县黄土庄村水塘的拍卖改革和“三联办水”建设水库，首先是因为种植结构的调整，由粮食作物改种经济作物，对水的需求量大大增加，水的“稀缺”导致水“贵”，水“贵”导致“商品”意识增强；其次是因为经济作物的经济效益大大高于粮食作物，高收益导致种经济作物的积极性大大提高。这两方面的原因导致农民对“水”和“水利设施”的需求大大提高，使得农民有积极性对小型农田水利基础设施进行投工投劳建设和产权改革。反过来，费县刘庄镇以工业和第三产业为主，对农业的依赖程度非常低，农民对“水”和“水利基础设施”的需求程度非常低，没有进行小型农田水利基础设施投工投劳建设和产权改革的动力。

3. 政府有关部门的支持是小型农田水利基础设施建设和投工投劳和产权改革的助推力

政府部门的支持主要表现在两个方面：一是政治上的支持；二是经济上的支持。

早期的产权改革探索往往面临意识形态的束缚，需要支付一定的组织成本和冒一定的政治风险。费县黄土庄的小型农田水利基础设施产权改革初期是得到政府有关部门的默许，这是产权改革得以进行的政治前提；改革探索成功后，又得到政府的认可，并在全县范围内推广，这是全县小型农田水利基础设施产权改革全面推开的重要助推力。

农田水利基础设施建设，既需要投工投劳，还需要投资，投资主要表现为购买钢筋、水泥、砂子和炸药，机构搬运，技术设计与勘测等，没有投资，单靠投工投劳是难以完成的。政府在投资方面给予的支持和补助是投工投劳得以进行的重要前提之一。此外，农田水利基础设施投工投劳建设和产权改革还涉及到农户与农户，特别是组与组、村与村之间的占地和受益成本的合理分摊问题，政府有关部门在协调这些矛盾方面发挥了重要作用。

4. 有效的组织是农田水利基础设施投工投劳机制和产权改革的黏合剂

推进投工投劳建设和产权改革都必须有一个强有力的组织主体，有效的组织起到黏合剂的作用。调查研究表明，农田水利基础设施建设投工投劳和产权改革搞得好的地方，都是组织效率高的地方。

产权的改革除了要实现成本与收益的匹配外，改革本身也是要付出组织成本的，包括倡导改革所冒的风险、制定改革方案的成本、与利益相关各方协调所付出的成本等等，一般来说这是产权改革的直接相对人所不愿考虑的，需要特定的组织来实施，这些组织通常就是村民小组、村委会、乡镇或县市行政组织。现行产权改革实施困难，除了因为净收益存在问题外，另一个重要的原因就是产权改革的组织者缺位或者是组织者不作为。如村民小组或村委会等嫌麻烦，怕担风险，只要能过得去，就不愿去改善，不是积极进取，而是消极拖延。

5. 产权改革（明晰）是小型农田水利基础设施投工投劳建设的定心丸

从一定意义上说，投工投劳的前提是必须解决农田水利基础建设的成本和收益分摊问题，而明晰产权除了规定了成本如何分摊，更重要的还在于规定了收益如何分割。产权改革保证了“有投资就有回报”，体现了“谁投资、谁受益”，使得投工投劳得以充分展开，产权明晰给农民从事投工投劳建设吃了一剂定心丸。

6. 农村专业合作组织是农田基础设施投工投劳建设和产权改革的重要参与者

大田庄乡黄土庄村部分村民自愿以工、以料、以机械、以资金等多种形式参与工程建设，逐步形成了联合建设、联户管理、联户受益的“三联农水合作社”建设和管理模式，闯出了一条“以社建水”的新路子。费县方城镇农业综合开发节水农业示范项目，通过合作社管水，有效地解决了重建轻管，水利设施效益低的问题。合作社闯出了一条“以社建管水”的新路子水。

六、结论与政策建议

综上所述，针对新形势下的农田水利基础设施投资投工投劳建设与产权改革情况，得出如下结论与政策建议：

1. 推进产权改革要因地制宜

投资有净效益是产权改革的前提，各地的情况不同，同一个地方的不同工程的盈利能力不同，因此要因地制宜，不搞一刀切，针对不同的情况采取不同的策略。对那些盈利能力强的农田基础设施可以进行产权改革，而且要大力推进。不具有盈利能力的不宜进行产权改革。

2. 投工投劳仍是当前农田水利基础设施建设的重要方式

产权改革是推进农田基础设施建设和管护的重要途径之一，但适用范围受到限制。在当前的情况下，投工投劳仍是当前农田水利基础设施建设的重要方式，要引导农民对农田基础设施建设进行投工投劳建设。

3. 应加大政府对农田水利基础设施建设的投资力度

许多农田水利基础设施受益面大，因收费困难等各种原因难以有收益，不能进行产权改革，也不宜由农户投资，政府财政必须承担相应的责任。

4. 要充分尊重农民的意愿

要不要进行产权改革，如何进行投工投劳投资建设要充分尊重农民的意愿，因为农民是最终的受益者和评价者，如果产权改革和投工投劳投资违背农民的意愿，即使勉强进行，由于得不到农民的支持，也难以持久。

5. 要大力提高农民的组织化程度

农民思想涣散、组织程度低是当前农村非常突出的问题，也是当前许多地方农村农田基础设施建设投工投劳和产权改革难以进行的主要原因，必须大力提高农民的组织化程度。

6. 促进投工投劳建设和产权改革的关键是加强组织建设

劳动闲置、资金缺乏和产权改革实施难，很大程度上是由于组织者缺位。要认识到有效组织是投工投劳建设和产权改革的关键，当前应加强县市政府、乡镇政府、村组自治组织对农民的组织力度，引导农民和教育农民投工投劳搞农田基础设施建设和促进产权改革。

7. 政府的适当投资是引导农民投工投劳的杠杆

农民收入水平低、农田基础设施资金投入不足，完全依靠农民投入资金搞农田基础设施建设不现实，要认识到政府补贴是引导农民投资的杠杆。

8. 加强基层组织执政能力建设是一个重要的关键

干部不作为、干部素质差、组织缺乏、治安状况、公共财务不透明是农民普遍反映的问题，因此必须加强基层组织执政能力建设，提高基层干部素质，加强对干部的监督，改善农村治安状况，提高农村公共财务透明度。

9. 加强农村自治组织和农业专业合作组织建设是推动产权改革和投劳投资建设的一个重要方面

随着农村自治组织和农业专业合作组织不断发展和完善，它们在推动产权改革和投工投劳投资建设中扮演着越来越重要的作用，要大力推进农村自治组织和农业专业合作组织的发展。

第三章

加强耕地等农业资源保护

农业是国民经济的基础，农业自然资源则是农业乃至人类社会得以生存和发展的物质基础和根本保证。我国是一个农业资源稀缺程度较高的国家，人均相对量少，特别是耕地紧张，水资源不足，已成为农业综合生产能力建设的重要限制性因素。我国人均耕地面积只有世界人均的1/ 4，美国的1/7，印度的1/ 2 ；人均草地 0. 3hm^2，不到世界的 1/2；人均林地 0. lhm^z，为世界的 1/8 ；我国是世界 13 个贫水国之一，水资源总量居世界第 6 位，但人均水资源只有世界人均的 1/4，水资源分布不均，不少地区严重缺水。加强耕地等农业资源保护，是提高农业综合生产能力的基础。

第一节 加强耕地质量建设[①]

耕地是世代相传的、不可替代的自然资源，是农业综合生产能力建设的物质基础，对发展农业生产、保障粮食安全、维护社会稳定、促进经济社会全面协调可持续发展具有重要意义。而耕地质量是指耕地同时满足作物正常生长和清洁生产的程度，包括土壤基础地力、田间基础设施和环境条件三大基本要素和耕地土壤肥力质量、环境质量和健康质量三个方面，其中土壤肥力质量就是土壤提供植物养分和生产生物物质的能力，是保障粮食生产的根本；土壤环境质量就是土壤容纳、吸收和降解各种环境污染物质的能力；土壤健康质量就是土壤影响和促进人类和动植物健康的能力。

一、我国耕地质量现状与问题

（一）我国耕地质量现状

据调查统计[②]，截至2003年年底，全国共有耕地18.51亿亩，其中基本农田15.89亿亩。由于受自然条件的限制和开发利用不合理等因素的制约，我国耕地质量总体不高，全国高、中、低产田所占比例分别为28.0%、40.0%、32.0%，同1997年相比[③]，高产田比例下降了3.1个百分点，中低产田比例下降了0.8个百分点，低产田比例却上升了5.9个百分点。

① 本节内容选自农业部软科学课题《提高我国耕地质量的途径与方式的研究》（课题编号：200510），课题主持人：栗铁申。

② 国土资源部、农业部：《关于全国基本农田保护检查工作情况的报告》，2005年4月。

③ 全国农业技术推广服务中心：《土壤改良与监测文集》，中国农业出版社1999年版。

从分布情况看，全国耕地的54%分布在平原和盆地，46%分布在山地、丘陵和高原地区。由于许多干旱、半干旱、山地和低洼易涝地被不合理开垦，造成了我国耕地中低产田比重较大，近60%的耕地受不同程度的干旱、陡坡、瘠薄、洪涝、盐碱等各种限制因素的制约。土壤有机质含量普遍偏低，平均含量仅为1.8%，其中旱地土壤有机质含量平均仅为1.0%，与欧洲、北美等发达国家耕地的地力水平相比差异较大，同欧洲同类土壤相比，由于我国土地利用强度大，用养失衡等原因，有机质含量明显偏低（见表3－1）。最近有报告显示，由于长期的掠夺式经营，在某些地区土壤有机质的含量呈现持续下降的趋势。

表3－1　　我国与欧洲同类土壤有机质含量比较

	棕土	褐土	黑钙土
中国	1%—1.5%	1%	3%左右
欧洲	>3%	>3%	8%左右

资料来源：唐华俊："提高土壤质量，保障粮食安全"——在2004年12月9日中国农科院举办的"我国土壤质量与粮食安全"高级论坛上的报告。

（二）目前我国耕地质量存在的突出问题

1. 基础设施差抗灾能力弱

受地形地貌及降水分布的影响，我国耕地分布与水资源分布很不匹配，北方地区的水资源量只占全国水资源总量的19%，但耕地面积占65%。而南方地区水资源量占全国水资源总量的81%，但耕地面积仅占35%。尽管建国以来，中央和地方各级政府高度重视农田水利基本建设，全国耕地有效灌溉面积从建国初期的2.4亿亩，发展到2004年的8.38亿亩，但仍有45%左右的耕地经常遭到不同程度的洪涝和干旱威胁。特别是近15年来，国家将农田水利基本建设的重点放在以大江大河堤防工程的防洪能力建设上，中小流域防洪设施建设和农田末级渠系建设严重滞后，具体表现在三个方面：一是中、小河流防洪标准普遍不高，一遇暴雨，极易造成洪涝灾害，影响粮食生产；二是蓄引提水设施严重老化或不配套，病险水库多，引水干渠渗漏严重，蓄引提水能力弱化；三是深入到农田的末级排灌设施不配套，串排串灌现象普遍，农田抗灾保收能力不强。全国仅因干旱缺水，平均每年受灾面积达1-3亿亩，如2000年和2001年，我国北方地区连续遭受严重干旱，极大地影响了当年粮食产量。

2. 土壤养分严重失衡

由于成土母质的差异和耕作施肥的影响，目前我国耕地缺磷面积达51%（有效磷含量小于5mg/kg）；缺钾面积达60%（有效钾含量小于50mg/kg）。全国氮、磷、钾施用比例为1:0.47:0.21，同世界平均1:0.6:0.4相比，磷钾肥施用量明显不足。在肥料施用总量中，有机肥仅占25%，合理比例应为40%左右。微量元素肥料施用面积仅占应施用面积的15%。这种“重化肥、轻有机肥”、“重氮磷肥、轻钾肥”、“重大量元素肥、轻微肥”的施肥习惯进一步加剧了我国局部地区的耕地土壤养分的不平衡。同20世纪80年代第二次土壤普查的结果相比，目前我国耕地普遍存在土壤速效氮含量大幅上升、有效磷含量稳中有升、速效钾含量急剧下降的趋势，如云南省大理市土壤碱解氮含量在97—517mg/kg之间，土壤有效磷平均含量为38mg/kg，土壤速效钾平均含量为90mg/kg，与第二次土壤普查的结果相比，土壤碱解氮、有效磷平均含量分别增加40mg/kg和20mg/kg，速效钾平均降低7mg/kg。湖南省沅江市的耕地土壤全氮和有效磷平均含量与第二次土壤普查结果相比，分别增加了260mg/kg和12mg/kg，速效钾则下降了13mg/kg。另外，北方玉米主产区缺锌、长江流域油菜产区缺硼、部分蔬菜设施农业区缺钙等明显。土壤养分的非均衡化直接影响了施肥效益。据湖南省农科院土肥所试验研究结果显示，氮肥的增产效应1981—1985年为平均每kg氮增产稻谷

12.4kg，1988—1990年降为10.5kg，1991—1995年再度降为8.9kg，1997—1999年已降为6.3kg①。

3. 农田污染日趋严重

进入20世纪80年代以来，随着我国土地经营管理体制由三级所有、队为基础的集体统一经营，转变为以家庭联产承包责任制为主的千家万户分散经营，一方面充分调动了广大农民的生产积极性；另一方面，加剧了耕地利用方式的深刻变革，由过去几千年的低投入、低产出的利用方式迅速进入高投入、高产出的耕地利用阶段，突出表现在高产作物品种的大面积推广应用和化肥、农药、农膜等农业投入品的成倍增长，其中全国化肥施用量由1980年的1269.4万吨（纯量，下同）增加到2003年的4411.6万吨，增长了3.48倍；农药和农膜的使用量则增加到2003年的1325226吨和1591670吨。此外，部分地区城镇生活垃圾和其他未经处理或处理未达标的有机废弃物以及工业“三废”超标排放，大量的化学品在土壤中日积月累，逐步形成对耕地土壤的严重破坏。

据陈同斌的研究②，世界上90%的污染物最终滞留在土壤内。目前我国受镉、砷、铬、铅等重金属污染的耕地面积近3亿亩，约占耕地总面积的1/5，其中工业“三废”污染的耕地1.5亿亩，矿区污染耕地3000万亩，石油污染土地约7500万亩，固体废弃物堆放污染土地约75万亩，每年因土壤污染减产粮食1000多万吨，各种农业经济损失合计约200亿元。

据2002—2004年全国耕地地力调查与质量评价结果，浙江省长兴县分析的618个土壤样品中，有11个土壤铅、52个土壤镉、61个土壤汞不符合国家绿色食品产地环境标准。湖南省沅江市分析测试的42个土壤样品中，有40个土壤铅超过

① 刘海军等：“加快土肥科技进程促进湖南农业可持续发展”，《迈向21世纪的土壤科学（湖南省卷）》，湖南科学技术出版社1999年版。

② “土壤排毒，请植物帮忙”，《环球时报》，2004年11月12日，第12版。

绿色食品产地环境标准限量指标，部分土样的汞、砷、镉、铜也超过限量指标。广东省江门市分析的52个土壤环境样品中，有28个土壤铅超过国家绿色食品产地环境限量指标，31个土壤镉、12个土壤汞不符合无公害产地环境标准。广东省东莞市测试分析的116个蔬菜土壤环境样品中，有78个土壤铅超过国家绿色食品产地环境限量指标。福建省新罗县测试的33个蔬菜土壤环境样品中，20个土壤铅超过国家绿色食品产地环境限量指标。目前我国部分地方因过量施用化肥、农药导致的农业面源污染比重正在上升，造成农业生产每年直接经济损失近2000亿元，其中由于化肥的不合理使用，每年造成的经济损失约800多亿元；农药的不合理使用造成的经济损失约为700多亿元；农膜残留造成7000万亩农田减产，经济损失约70亿元；水产养殖产生的面源污染每年带来180多亿元的经济损失。此外，畜禽养殖废弃物除带来难以估算的环境损失外，还造成360万吨、240万吨和270万吨氮磷钾养分浪费，经济损失达230多亿元。

4. 部分地区土壤退化趋势加剧

在广大城郊区和经济发达地区，由于大力发展设施农业，高投入、高产出，盲目施肥特别是过量施用氮肥的现象十分严重，据中国农业科学院土壤肥料研究所对京津唐地区14个县市的调查结果表明，该地区的农村和小城镇由于氮肥的大量施用引发了严重的地下水、饮用水硝酸盐污染，在调查的69个点中有半数以上超过饮用水硝酸盐含量的最大允许量（50mg/L），其中高者达300mg/L。此外，我国五大湖泊的水体已不同程度受到污染，其中太湖来自农田流失的氮素占了氮素入湖总量的23%。

在广大丘岗山区，为发展粮食生产，提高复种指数，频繁的顺坡翻耕、中耕除草等农事活动，使坡耕地成了水土流失的核心，据湖南省经济地理所谢庭生等的研究，在湘南丘岗红壤区约有70%的水土流失量来自坡耕地。

在广大平原区，在千家万户分散经营的土地经营管理体制下，由于缺乏统一的灌溉管理，农民只考虑堵水灌溉，不注意沟渠清淤，沟渠杂草丛生，秸秆随处可见，淤泥日积月累，农田排水不畅，导致南方稻田潜育化、北方土壤盐渍化日益严重。

由于水土流失和农田机械耕作等方面的原因导致耕作层逐年变浅，据湖南省土肥站调查，该省目前约有72.3%的稻田土壤耕层厚度只有13—16cm，与高产稻田土壤要求耕层厚度16—20cm相差3—4cm，耕作层变浅不利于水稻根系生长，影响水稻产量的提高。据吉林省土肥站调查，东北黑土区由于严重的水土流失，黑土厚度由开垦初期60—80cm，减少到目前20—30cm，在一些土壤侵蚀严重的地区，黑土成为“破皮黄”地，有的甚至成为“露黄”地。据监测，黑土表层还以平均每年0.3—1.0cm的速度流失。

另外，在我国南方广大地区，由于日益严重的酸雨危害，导致我国的酸雨发生面积超过国土面积的40%，比20世纪80年代增加一倍以上。其中酸雨危害相对严重的湖南省近10年来大气降水PH值小于5.6的等值面积在不断扩大，降水PH值由监测前的4.82下降到现在的4.64，单个样品PH最低值达2.65，长沙、衡阳、常德、洪江等地区近年来酸雨频率达100%，几乎达到了逢雨必酸的地步。据湖南省沅江市耕地地力调查结果显示，与第二次土壤普查结果相比，全市98.66%的耕地土壤PH值不同程度下降，其中由第四纪红土、紫色砂页岩坡积物和河湖沉积物母质发育的土壤PH值下降幅度最大，平均下降了0.87，2003年全市耕地土壤PH平均值与第二次土壤普查时相比下降了0.28，土壤酸化趋势明显。

目前，我国耕地资源中因水土流失、贫瘠化、次生盐渍化、酸化等原因导致的退化耕地面积已占耕地总面积的40%以上。

（三）原因分析

1. 耕地质量家底不清

建国以来，我国曾于1959年和1978年组织开展过两次全国性的土壤普查，基本查清了我国土壤资源的种类、数量和分布情况，为土肥科学研究、土壤资源综合利用、土壤改良、科学施肥提供了重要依据。但第二次土壤普查距今已经20年。这20年也正是我国耕地利用发生深刻变化的20年，在经营管理上，由集体统一经营改为千家万户的分散经营；在种植模式上由相对单一的统一种植模式改为多种种植模式并存；在田间肥水管理上，由高度集中的统一管理改为以户为单元的分散经营管理；在化肥、农药、农膜等农业投入品的使用上，由生产队统一均匀投放改为农户自主决策，尽管一批又一批的高产良种得到推广应用，肥料和农药等农业生产资料使用量逐年增长，但由于广大农民受家庭经济条件、科学文件水平、劳动力和价值取向等多方面因素的影响，在品种选择、肥料和农药使用、田间管理水平等方面出现了很大差异，这种长时期的农户之间的经营管理差异，对耕地土壤养分和质量产生了重大影响。但目前这种变化到底有多大，耕地土壤养分丰缺状况到底怎样，质量到底如何，全国和地方都不太清楚。用20年以前的第二次土壤普查资料指导当前的农业生产显然缺乏科学性、针对性和时效性。

2. 缺乏耕地质量长效动态管理和监测机制

我国自第二次全国土壤普查结束之后，就着手耕地土壤监测工作。1995年《国务院基本农田条例》和各省（自治区、直辖市）《基本农田保护条例》颁布实施后，各级农业部门根据《条例》关于“县级以上各级人民政府农业行政主管部门应当逐步建立基本农田地力与施以效益长期定位监测网点，定期向本级人民政府提出基本农田地力变化状况报告以及相应的地力保护措施，并为农业生产者提供施肥指导服务”的规定，逐步加强了耕地土壤监测工作，到1996年年底，我国已在30个省、自治区和直辖市的149个市（县、区）建立了200个国家级、3000个省级、2000个地市级长期定位监测点，基本形成了全国耕地土壤质量监测网络体系。

但1997年以后，由于支撑土壤监测工作的计划肥料指标随着化肥价格“双轨制”取消而自动作废，各级农业部门没有与时俱进，及时调整土壤监测的工作思路，建立政府支持下的全国耕地质量动态监测工作机制和经费保障体系，在政府机构改革、职能转变和财政管理体制改革过程中，各级土肥部门由于缺乏经常性的财政经费支持，土壤监测工作开始出现严重滑坡，部分监测点由于人员不稳、设备老化、经费短缺，已连续多年处于停顿状态。一些勉强维持下来的土壤监测点，也仅仅是每年坚持取土化验土壤有机质、PH、速效氮、磷、钾等常规指标，无法开展灌溉水、土壤重金属等土壤环境质量指标的监测，在监测信息的整理发布上一直停留在每年一组监测数据和一个监测报告（或工作总结）上，监测内容单一，报告时效性不强，远远不能满足农业生产的需要。尽管2005年年初，中央一号文件已明确提出要“搞好‘沃土工程’建设，增加投入，加大土壤肥力调查和监测工作力度，尽快建立全国耕地质量动态监测和预警系统，为农民科学种田提供指导和服务”。但到目前为止，从中央到地方仍缺乏实质性的行动。

3. 耕地质量建设投入相对不足

党中央、国务院一直高度重视耕地质量建设与保护工作。新中国成立以来，通过国家和地方政府投资与发动群众投工投劳相结合，建设了一大批水利骨干工程和一些农田排灌基础设施，对增加有效灌溉面积，提高我国耕地的稳产丰产能力发挥了重要作用。目前，我国耕地质量建设投入主要来自四个方面：

（1）按照“取之于土，用之于土”原则安排的土地整理资金据2005年7月8日新华网披露，1999年以来，国家共安排土地整理项目731个，总投入50多亿元，这是国家迄今对农田基本建设最大的一次投入。据中国国土资源部2003年出台的《全国土地开发整理规划》，2001—2010年，全国将投资261亿元，平均每年通过土地整理补充耕地16.6万公顷，分别占全国土地开发整理补充耕地总数和总投入的60%和78%。

（2）国家农业综合开发用于土地整理的项目资金

2005年6月13日《农民日报》报道，1988—2004年，全国共投入农业综合开发资金2212.4亿元，其中中央财政资金661.4亿元，地方财政配套资金546.8亿元，累计改造中低产田4.4亿亩。2005年中央财政安排农业综合开发资金98.55亿元，比上年增加8亿元，其中用于粮食主产区的农业综合开发资金57.76亿元，投入规模创历史新高，且中央财政农业综合开发资金中70%以上安排用于中低产田改造等土地治理项目，计划改造中低产田3000万亩。

（3）广大农民投工投劳

据水利部统计，全国农民农田水利建设投工20世纪90年代曾达100亿个工日左右，其中最高年份1998/1999年度为102亿个工日，按每个工日折合10元计算，相当于投资1020亿元。但进入新世纪以后，由于新的农田水利建设投入和运行管理机制尚未建立，老办法行不通，新办法又没有找到，农田水利建设陷入困境。农民投工减少到2004/2005年度的约31亿个工日，同比下降69.6%，与此同时，年度完成土方量下降58.8%，改造中低产田下降38.3%，新增恢复改善灌溉面积减少34.9%。若农民投工量减少71亿个工日，就相当于减少了710亿元的建设投资。但尽管如此，广大农民的投工投劳仍是耕地质量建设的主要力量。

（4）国家各部委的投资

国家发改委、财政部、水利部和农业部等部委以商品粮（棉、油、糖）基地建设、节水灌溉、农田水利基本建设、优质粮食产业工程、旱作节水农业、沃土工程以及以工代赈、扶贫开发等形式安排的农业基本建设投资，每年约 10 亿元左右。

但据陈锡文的研究①，计划经济时代的工农业“剪刀差”让农民付出了 6000 亿—8000 亿元的损失；刘向南的研究指出，目前广大农民不仅继续牺牲这种工农业“剪刀差”利益，还要被迫通过土地的不平等交易向城市提供更多的积累，自改革开放以来，从征地价差中政府从农民身上拿走了大约 2 万亿元的收益②。因此，以上这些投资同国家和地方各级政府从耕地“农转非”中获取的土地收益相比是微不足道的。而用于耕地土壤退化与污染耕地修复的资金就更少，远远不能满足我国耕地质量建设的需要。特别是缺乏统一的协调组织机构，缺乏统一的、权威性的全国耕地质量建设规划，投资主体分散，低水平重复建设多，建设措施单一，针对性不强，很多地方的耕地质量建设工程并没有充分发挥国家投资的预期效益。

4. 法律法规、标准体系尚不完备

近 10 年来，国家为加强耕地保护，先后颁布实施了《中华人民共和国土地管理法》、《中华人民共和国农业法》、《基本农田保护条例》、《中华人民共和国农村土地承包法》等保护耕地的法律法规，制定了一系列配套政策，但这些法律法规没有从根本上将土地、农用地、耕地、基本农田区别开来，没有真正体现“取之于土，用之于土”的基本国策，在规范耕地质量建设和管理方面，至今也没有出台一部相关法规。在职能配置上，虽然国务院已明确农业行政主管部门在耕地保护中的职能是耕地质量的建设和保护，但没有同时赋予农业部门对破坏耕地质量行为的处罚权，农业部门缺乏相应的保障条件和工作手段，难以有效地开展耕地地力调查、土壤质量监测以及

① 过文俊著：《民间资本富中国——制度变迁中的财富创造》，中国社会科学出版社 2005 年版。

② 刘向南：《现行土地征用制度的经济分析——土地征用中之农民权益保障》，搜狐财经，2004 年 7 月 12 日。

耕地质量监督管理等相关工作。

特别是我国地域辽阔，土壤类型众多，耕地质量建设与管理政出多门，各有关部门各自为政，缺乏统一、有效的组织协调，工程项目互不配套或重复建设，导致资金利用率不高，效益发挥不佳。如水利部实施的农田水利基础设施建设强调骨干水利工程，忽略田间工程；国土部门进行的土地整理强调新增耕地面积，轻视耕地基础地力建设。而真正应该发挥职能的农业部门却只能调动少量的资金，采用农艺措施进行土壤改良与地力培肥，开展一些小型田间排灌工程示范。

缺乏统一规划和标准往往造成工程建设走向两个极端。一是区位条件较好的连片农田往往成为当地的高产示范片，农业综合开发、土地整理、改造中低产田、农田水利建设等多个项目同时堆积在一起，重复建设，形成一个项目多项资金渠道，造成资金监管困难，严重的还导致资金浪费。另一个极端是需要重点投资的区域，由于缺乏沟通，资金不能协调使用，建设标准不一，造成部分项目投资不足，工程措施不配套。如大型灌区改造输水工程、山水田林路综合治理、零散闲置地土地整理等工程投资巨大，而针对农田田间的灌排工程、补充灌溉设施、土壤改良培肥、农民培训等直接提高耕地综合生产能力的建设投入严重不足，使改造农田外部条件的效益不能充分发挥。

二、提高耕地质量的途径与方式

（一）提高耕地质量的总体思路

贯彻落实科学发展观，紧紧围绕建立耕地质量建设与管理长效机制、提高耕地综合生产能力的战略目标，遵循耕地质量演变的科学规律，通过科学评价耕地质量现状，加强动态监控，完善建设标准，为分区指导耕地质量建设提供科学依据和体系保障；通过依法管理耕地质量，健全资金投入机制，着力提升耕地土壤的基础地力，改善耕地田间基础设施和外部环境，增强农田抗御自然灾害的能力，保障农业可持续发展对耕地质量的需求，促进优质、高产、高效、生态、安全农业的全面发展。

（二）提高耕地质量的途径与方式

1. 全面推进耕地地力调查，摸清耕地质量状况

耕地地力调查与质量评价是一项重大的国情调查，也是一项战略性、全局性的农业基础工作。2002—2004 年对环太湖、珠江三角洲、华北地区等高效种植区和农产品出口基地及东北黑土退化严重的地区开展的耕地地力调查与质量评价工作表明，在全国开展全国耕地地力调查与质量评价十分必要，十分紧迫，也十分可行。目前农业部已制定了较为完善的技术规程，收集整理了大量的我国耕地资源基础资料，初步建成了县域耕地资源属性数据库和空间数据库，建立了县域管理信息系统。调查工作具有切实可行的技术路线、工作思路、项目管理方法和程序，拥有一大批的专业技术人才。全面开展这项工作的条件和时机已经具备。

今后，调查工作一要继续争取各级政府的重视，增加资金投入，扩大区域调查与评价范围。争取用 5 年的时间，国家投入 5.5 亿元，完成全国所有县级单位的地力调查工作，彻底摸清各县的耕地地力状况和土壤环境情况。二要下大力气建立各省级耕地资源数据中心。按照统一的数据标准，对各县级耕地资源属性数据库和空间数据库进行审核。根据各区域的耕地资源、作物布局和经济发展情况，进行区域数据和资料汇总，摸清区域耕地资源利用中的地力和土壤环境中的突出问题，弄清耕地地力的变化规律，提出区域防治土壤退化的政策意见和技术措施。在区域汇总的基础上，完成全国耕地地力调查成果汇总和国家土壤资源数据中心的建设，编写我国耕地地力报告、耕地环境质量报告、各类专题报告和区域问题土壤报告，分析我国耕地粮食综合生产能力，提出确保我国粮食安全和增加农

民收入的战略措施。三要抓紧完善县域耕地资源管理信息系统。要在目前单机版的基础上，扩充成果汇总模块，增加图形编辑功能；研制完成县、省、国家三级耕地资源管理信息系统网络版及信息交换平台。四要做好成果的宣传应用。为增强全社会耕地质量保护的意识，展示地力调查与质量评价的丰硕成果，扩大项目的影响，各省及项目县应组织多层次、多形式的宣传。同时，本着“边调查、边应用”的原则，针对调查发现的问题，将调查成果应用到耕地土壤改良、科学施肥、种植结构调整、土壤污染防治、无公害蔬菜基地建设等方面，以提高项目效益。

2. 建立健全耕地质量动态监测与预警系统

耕地质量动态监测与预警工作是耕地质量建设的一项基础性工作，是农业部门的一项重要工作职能。党中央、国务院对耕地质量监测工作高度重视，在2005年1号文件中明确指出，要加大土壤肥力调查和监测工作力度，尽快建立全国耕地质量动态监测和预警系统，为农民科学种田提供指导和服务。

（1）我国耕地质量动态监测与预警工作的基本原则

第一，坚持依法管理，切实履行农业部门职责的原则。按照《基本农田保护条例》的有关规定，切实履行农业部门的职责，建立耕地质量动态监测与预警机制，完善相关的法律法规和标准体系，明确目标，落实责任，强化手段，配套政策，把2005年中央1号文件精神落到实处。

第二，坚持科技支撑，提高耕地质量建设科技含量的原则。加大科技投入力度，加强耕地质量动态监测与预警工作的基础科学研究。开展监测技术、评价技术、质量标准、信息系统等的技术创新，加强监测结果在农业生产中的指导与应用，充分发挥监测与预警体系的作用，为耕地质量建设提供科学依据。

第三，坚持以人为本，加强监测队伍建设的原则。加强耕地质量动态监测与预警技术培训与推广，构建集耕地质量动态监测、预测预报、技术服务、推广培训于一体的耕地质量动态监测与预警队伍，为耕地质量动态监测与预警工作提供体系保障。

第四，坚持统筹规划，充分利用现有工作基础的原则。要充分利用现有的工作基础，以现有的 200 个国家级和 3000 个省级土壤长期定位监测点为基础，根据耕地土壤类型、作物布局和农业区划，对现有国家级和省级土壤监测进行巩固和完善，根据实际需要，增加、调整监测点，充实监测内容，逐步完善耕地质量动态监测与预警体系。

（2）我国耕地质量动态监测与预警工作的重点

第一，加强监测员队伍建设。耕地质量动态监测与预警工作技术性强，历时长、工作量大，因此要求监测员要具有一定的实践工作能力和较强的责任感和事业心。各级农业部门要选择业务水平较高、工作经验丰富的技术骨干担负监测员，由全国农业技术推广服务中心对监测员进行监测资格认证，合格者颁发监测资格证书。监测员持证上岗，工作要求保持一定的稳定性。监测工作实行专人负责制，由全国农业技术推广服务中心定期进行检查、考核、培训。为调动监测员工作积极性，制定激励机制，对作出突出贡献的监测员给予一定的奖励。

第二，加强监测网络体系建设。考虑到全国不同农业区土壤类型、作物布局、耕作制度、代表面积、管理水平、生态环境的差异，全国耕地质量动态监测与预警体系的建设拟从四个层面展开：一是建立 1 个国家级耕地质量监测中心；二是建立 34 个覆盖全国 5 大耕地土壤类型区的省级耕地质量监测分中心；三是建立覆盖全国的县级耕地质量区域监测站；四是建立覆盖全国土壤各类土种的耕地质量监测站。建立健全全国耕地质量动态监测与预警体系，对耕地的基础地力和土壤环境进行长期动态监测。重点监测耕地的土壤理化性状、土壤环境污染、农田基础设施及培肥水平等要素综合构成的耕地生产能力的变化情况。改善耕地质量长期定位监测田间基础设施，配备监测设备，改造监测环境条件，开发信息分析处理和管理软件。建立耕地质量动态监测与预警信息发布制度，及时收集、汇总、整理、分析相关数据，定期发布耕地质量信息，开展预测预报，为因土种植、因土改良、因土施肥和合理配置土肥水资源提供科学依据。

第三，加强监测标准体系建设。通过试验研究、典型调查、取样化验和田间示范校验，根据气候条件和耕地土壤类型，分区域建立健全耕地质量建设标准体系、耕地质量评价标准体系、耕地质量预警等级标准体系、中等产田改良标准体系、标准粮田建设标准体系，研究制定培肥地力、土壤污染修复等技术规程，制定耕地质量检查、验收办法。

(3) 我国耕地质量动态监测与预警工作的运行机制

第一，全国耕地质量监测中心。全国耕地质量监测中心是全国耕地质量动态监测与预警体系的龙头与核心，对全国各级耕地质量监测体系起行业指导和质量监督管理作用。主要职能：一是负责全国耕地质量动态监测与预警体系的建设管理、业务指导、技术交流和技术培训；二是负责对监测员进行监测资格认证，合格者颁发监测资格证书，定期对监测员进行考核，不合格者则取消其监测资格；三是负责建立耕地质量监测质量保证体系，开展各级化验室的质量管理、质量控制；四是负责耕地质量动态监测与预警技术的引进、消化、吸收，测试仪器设备的研制和改进，测试新技术、新方法研究及成果应用的协作和攻关，跟踪国外耕地质量动态监测与预警技术发展动态，组织耕地质量监测的国际交流与合作，促进监测技术的发展；五是负责组织耕地质量动态监测与预警相关技术标准、规程的制订、修改，负责标准的监督执行；六是负责全国耕地质量动态监测与预警信息数据库和信息管理系统的建立，收集、汇总、管理、发布全国耕地质量动态监测信息；七是负责组织实施耕地地力调查与评价、耕地分等定级、中低产田改良、标准粮田建设等项目，为全国耕地质量动态监测与预警体系提供技术支持。

第二，省级耕地质量监测分中心。省级耕地质量监测分中心是中央和地方耕地质量监测与预警体系的桥梁和纽带，代表全国耕地质量监测中心具体负责本行政区域内的耕地质量监测与预警工作的技术指导、数据汇总、信息传递和质量监督管理工作。主要职能：一是负责本行政区域内耕地质量动态监测与预警体系的建设管理、业务指导、技术交流和技术培训；二是负责本行政区域内监测土样微量元素、重金属、有机污染物的检测分析，同时负责所属辖区市、县级化验室的业务指导、质量管理、质量控制工作；三是负责收集、汇总、管理、发布本行政区域内的耕地质量动态监测信息，为合理利用耕地资源、培肥地力、中低产田改良、科学施肥等提供科学依据；四是负责组织实施本行政区域内的耕地地力调查与评价、耕地分等定级、中低产田改良、标准粮田建设等项目；五是负责建立所属辖区耕地质量动态监测与预警数据库，收集汇总上报市、县级资料信息；六是负责制定所属辖区耕地质量动态监测与预警工作条例、技术规范；七是按照上级行政和业务主管部门的要求，编制本行政区域内耕地质量动态监测中长远规划和年度计划，并组织实施。

第三，县级耕地质量区域监测站。县级耕地质量区域监测站是全国耕地质量监测与预警体系的骨干，起连接基层监测站与上级监测分中心，监督和指导所辖区域所有国家监测站业务工作的作用。主要职能：一是负责所辖区域各监测站耕地质量动态监测与预警工作的组织实施，完成各监测站的田间试验、土样采集、数据汇总，定期发布本行政区域内的耕地质量动态监测信息，并针对本地区农业生产特点和土壤障碍因素等，提出防治措施；二是承担所辖区域各监测站监测土样大量和中量营养元素的测试分析工作；三是负责本地区培肥地力、土壤改良、科学施肥等工作的技术培训、业务指导，并提供有关项目的测试服务；四是负责建立县级耕地质量动态监测与预警数据库，收集、汇总、上报本地区监测信息。

第四，耕地质量定位监测点。耕地质量定位监测点是根据我国主要耕地土壤类型区域分布情况而建立的，是全国耕地质量监测与预警体系的基础和信息数据的主要源泉。根据工作重点、农业区划、作物布局和耕地土壤类型，建成具有土壤肥力定位监测、土壤环境监测与信息采集、数据管理等多项功能的耕地质量定位监测点。具体建设内容：一是加强监测点田间基础设施建设，对田间不同处理监测小区用水泥板进行隔离，并在田头树立水泥标柱作为永久性标志；二是配备监测仪器设备，改造监测环境条件。主要职能：一是负责本区域土壤地力定位监测和农田土壤环境监测，做好田间试验、信息采集等，及时上报监测数据、信息；二是参与耕地质量建设和其他农业项目的实施，为当地政府决策提供科学依据；三是做好土肥技术成果在当地的试验、示范，为培肥地力、改良土壤、科学施肥提供技术服务。

（4）我国耕地质量动态监测与预警工作的保障措施

第一，组织保障。各级农业部门负责组织开展耕地质量动态监测与预警工作，建立和完善耕地质量动态监测与预警体系，充实耕地质量动态监测与预警队伍，依法履行耕地质量管理和监测职能。各级土肥部门具体负责耕地质量动态监测与预警工作的实施、技术指导和宣传、培训等工作，定期发布耕地质量动态监测与预警报告。

第二，资金保障。按照“取之于土，用之于土”的原则，从非农建设占用耕地的土地开垦费和新增建设用地有偿使用费以及国有土地出让金中提取一定比例的资金，从中央到地方逐级建立耕地质量动态监测与预警工作专项资金。同时，将耕地质量动态监测与预警纳入中央和地方经常性财政预算。

第三，政策保障。进一步明确耕地质量动态监测与预警工作是各级农业部门的一项基本职能，建立耕地质量动态监测与预警信息发布制度，定期发布监测信息和预测预报。建立耕地质量动态监测与预警工作目标管理责任制，定期对各级农业部门的质量动态监测与预警工作进行检查和考核。

第四，科技保障。各级政府和有关部门要支持和鼓励耕地质量动态监测与预警工作的科学研究与技术创新，加大科技投入力度，建立激励机制，充分调动广大科技人员的积极性，加强监测队伍建设，加强技术培训与推广，大力普及推广耕地质量监测、培肥地力、土壤改良、土壤退化防治、污染耕地修复、科学施肥等技术，提高耕地质量建设技术水平。

3. 建立健全耕地与肥料法律法规与标准体系

（1）耕地与肥料法律法规体系的建设内容

第一，修订《土地管理法》。确立最严格的耕地保护制度和基本农田保护制度的法律地位，深化土地管理制度改革，严格土地利用总体规划修订和审批程序，加强土地利用总体规划的监督管理，确保基本农田总量不减少，用途不改变，质量不降低；加强耕地“农转非”监管，严格农用地转为非农用地等，维护被征地农民的参与权、知情权；完善土地征收、征用制度，取消政府定价和协议出让土地制度，加快建立统一规范的土地价格市场；进一步明确土地管理执法主体，强化国土、农业等部门的土地管理职责、权力和法律责任；完善土地有偿使用费征缴及管理办法，改地方政府定价为市场定价，大幅度提高土地有偿使用价格，给被征地农民公平、完全的补偿，从严控制征地规模；完善土地有偿使用费使用办法，确定一定比例的土地有偿使用费用于耕地质量建设；建立健全补充耕地质量验收办法，进一步明确各级国土、农业部门在补充耕地数量和质量验收确认的职权；细化处罚条款，完善处罚制度，细化违反土地管理的处罚条款和量刑标准，为及时查处破坏耕地行为提供更具操作性的法律依据。

第二，制定《耕地保养管理条例》。组织行政、推广、科研、教学等各方面专家着手《耕地保养管理条例》的立法调研，并组织专家起草，力争在2—3年内出台耕地保养管理的专门法律法规。通过制订专门的耕地保护法律法规，确立耕地质量建设的法律依据，用法律的形式规定耕地质量建设与管理的执法主体、职责权力、质量验收、等级评定、建设资金、保护管理、法律责任、处罚条款，建立起耕地地力分等定级制度、耕地地力与施肥肥效监测制度、耕地土壤培肥改良制度、高产田建设和中低产田改造制度、耕地环境污染防治制度，建立鼓励农业生产者投资耕地质量建设的激励机制与投资机制，制定对耕地质量建设做出突出贡献的农民给予奖励的政策等相关内容。

第三，修订《基本农田保护条例》。从保护工作的重要性来看，基本农田应该是我国农业用地中最基本的保护单位，基本农田数量的减少和质量的降低将直接导致粮食供应不足，危及食品安全，因此，基本农田的保护与质量建设是耕地保护与质量建设中最重要也是最基本的内容。然而，目前的《基本农田保护条例》在突出基本农田的重要性和基础性方面明显不足，保护内容偏重于基本农田的数量，忽视质量保护与建设，另外，保护工作的针对性和可操作性也需进一步加强。

第四，出台《肥料管理条例》。国务院已将《肥料管理条例》（以下简称《条例》）纳入 2005 年立法计划，抓紧做好《条例》出台之前的各项准备工作，加快《肥料管理条例》的立法进程，力争 2005 年出台该《条例》。为规范肥料市场，保护农民合法权益，保障我国农产品质量安全，合理保护和培肥地力作出应有贡献。

（2）耕地与肥料标准体系的建设内容

我国近五年须抓紧制定和修订的与耕地质量建设有关的标准体系主要有 127 项，其中化验检测标准体系 82 项、肥料施用标准体系 32 项、耕地质量评价与建设标准体系 13 项。

第一，要建立土壤肥料标准体系架构。根据耕地地力评价的特点，其过程涉及采样与制备、调查、分析测试、地力评价、报告整理、成果验收等多个环节。而我国现有的土壤标准仅限于部分土壤养分和重金属元素的测试，对样品的采集与制备、调查的程序和方法缺乏有效的规范，大量在用的分析方法和评价技术也未形成标准；我国现行的肥料标准包括产品标准、方法标准和基础规范标准等，已较为完备，但对中量元素肥料的产品标准，肥料中、微量元素测试方法标准和肥料包装和标识的规范标准还有待进一步的制定和完善。基于以上我国土壤肥料标准体系的现状，应及时组织专家，研究建立我国土壤肥料标准体系架构，按照体系发展要求，有计划的逐步完善土肥标准体系。

第二，要加强基础性标准的制定。土壤样品的采集与制备、土壤调查的方法、耕地土壤的数字化、耕地地力等级划分方法等是耕地地力调查、土壤监测、测土配方施肥等工作的基础性技术环节，然而这方面的标准目前还很不完善。加强土壤肥料的基础性标准的制定，不仅能有效的规范与耕地地力保养有关的各项工作，还能为其他相关标准的制定和执行提供依据。

第三，要完善现有的分析方法标准。按规定，国家标准或行业标准实施后，应根据科学技术的发展和经济建设的需要适时进行复审，确定其继续有效、修订或废止，复审周期一般不超过五年。而我国有关土壤测试的标准大都是在 20 世纪 80 年代末、90 年代初制定的，没有按规定进行复审。有的经典土壤测试项目如土壤 PH 的测定、土壤有机质的测定、土壤有效钼的测定缺乏相应的标准规范，大多土壤物理指标的测定如土壤容重的测定、土壤机械组成的测定、土壤团聚体的测定等还在引用林业部门的森林土壤的测试标准。许多先进仪器分析方法和土壤速测技术也未及时建立相应的标准。土壤的分析和测试是影响耕地地力调查、土壤监测、测土配方施肥等工作质量的关键所在，应有计划的逐步完善土壤与肥料测试方法标准，为耕地保养的有关工作提供技术支持。

第四，要更新有关的肥料施用标准和土壤评价方法标准。

建国以来，我国先后开展过两次土壤普查，在全国农业区划、农业综合开发、中低产田改良和科学施肥方面，得到了广泛的应用。但改革开放以来，我国农村经营管理体制、耕作制度、作物品种、种植结构、产量水平、有机肥和化肥使用总量与品种结构、农药使用等都发生了巨大变化，我国的耕地质量和土壤肥力状况也发生了重大的变化。有必要建立新的土壤养分指标体系，评价土壤的肥力状况，采用新的施肥标准科学指导施肥。

近年来，计算机技术和3S技术（遥感技术、地理信息系统技术和全球定位系统技术）高速发展，在耕地资源调查和管理中已成为不可缺少的重要工具。在新形势下，要转变传统的观念，将新技术的应用融入新标准的制定中，在原有标准的基础上建立更新耕地地力评价标准、土壤监测标准、耕地质量预警技术规范、土壤环境质量评价等一系列土壤评价方法标准，为提高耕地调查和数据汇总的效率，提高调查与评价成果质量及成果的应用开发提供技术支持。

三、切实加强耕地质量建设

（一）增加投入

要按照“取之于土、用之于土”的原则，切实增加耕地质量建设的投入，建立稳定增长的耕地质量建设资金渠道。针对当前地力下降、亟待培肥的状况，从2006年起，在继续搞好农田水利基础设施建设的同时，不断加大对耕地地力培肥的投入力度。要在整合现有的农业综合开发、土地整理、优质粮食产业工程、沃土工程有关专项资金的基础上，从中切块部分资金专门用于耕地地力建设。用于农业土地开发的土地金，要严格按照国务院的有关要求，将部分资金专项用于基本农田建设以及改善农业生产条件。征收的新增建设用地有偿使用费，市、县两级都要用于地力建设，确保实现耕地数量和质量的占补平衡。耕地后备资源缺乏的沿海省份，要在耕地开垦费中提取一定比例专门用于新开耕地的地力培育。

对部分地区农民实行良种补贴是国家为加强农业和粮食生产采取的重大举措，各地应进一步扩大良种补贴范围，加大补贴力度。农民或涉农企业种植绿肥还田或繁育绿肥良种，享受国家实行的良种补贴。大力发展绿肥，推进绿肥品种优良化、种植区域化、生产规模化和经营产业化，促进土壤培肥。

要充分发挥国家资金的导向作用，进一步调动地方政府、农民和涉农企业提高耕地质量的积极性。农田基础设施建设以中央投资为主，地方投资为辅，鼓励涉农企业投资建设农产品生产基地；地力培肥以国家投资为导向，农民投入为主体。国家应建立奖励农民投工投劳改善耕地质量的机制，对农户自发开展小型农田水利设施建设和培肥土壤的予以支持，对提高耕地地力成效突出的予以奖励。

（二）发展适合我国农民条件的耕地土壤质量分区管理技术

针对各地缺少适合农民采用的耕地质量管理技术的问题，采用现代信息技术、生物技术与传统田间定位试验研究方法的密切结合，探索各项技术在不同土壤、气候条件下的单项和综合效果，建立适合不同地区农业自然和经济条件的耕地质量分区管理技术措施与规范。目前各地迫切需要的技术清单为：农田土壤培肥与养分管理、中低产田综合改良、设施农业与集约化种植条件下的土壤地力保持、减耕、免耕、秸秆还田等土壤耕作技术，轮作、间套作技术，复垦、土壤污染防治与修复技术、耕地质量监测评价与预警技术。

江浙闽粤与京津沪地处我国经济最发达的东南沿海与都市农业地区，不仅耕地水电路基础设施条件最好，自然条件也好，耕地单产水平最高。本区耕地资源极为紧缺，人均耕地0.77亩，不足全国平均水平的一半。由于本区人口、工业及城镇密度和农业集约化程度最高，工业、城市排污和化肥、农药等农用化学品的大量投入而引起的耕地土壤污染和农业环境污染问题突出。针对这些问题，耕地土壤管理技术的重点为农田土壤养分管理与培肥，设施农业与集约化种植条件下的土壤地力保持与生态环境安全，土壤污染防治与修复。以实现控制和削减农用化学品投入量的同时，继续提高耕地粮食生产能力，改善耕地环境与健康质量。地处华中的湘鄂赣皖与华北的晋冀鲁豫为我国中部粮食主产区，粮食总产为全国的43%。针对土壤养分非均衡化、贫瘠化、酸化和部分沿海地区盐碱化问题日益严重，基础地力下降，华北地区水资源日益紧缺以及土壤污染，重点解决好土壤培肥与中低产田改良问题。发展和建立以平衡施肥、土壤保护性耕作、科学轮作、农艺节水技术为主要内容的中低产田综合改良技术，在不增加或少量增加农用化学品投入量的条件下，大幅度提高耕地质量和粮食生产能力。东北地区的黑吉辽与内蒙古人均耕地资源最为丰富，土壤质量比较好，粮食生产最具市场与国际竞争力。针对黑土层变薄、有机质降低、结构变差的土壤退化问题，以及三江平原盐渍化、冷涝问题和松辽平原的盐碱化问题，重点做好防止土壤退化的问题，发展适合本区的地力培肥技术和防止土壤侵蚀的减耕、免耕、秸秆还田等保护性耕作技术体系。西部陕甘宁、青藏与新疆，土壤干旱、水土流失和沙漠化、草地退化问题严重，重点是研究并提出适合本地的耕作、培肥、水土保持、生物改良、化学调理、草地恢复技术措施。位处西南地区的云贵川渝桂，人均耕地资源紧缺，农民生活贫困，耕地土壤过度开垦种植造成的土壤侵蚀、土壤薄层化、粗骨化、石质化问题突出，为在不断提高耕地质量的基础上不断提高耕地产出率，降低成本、提高种植效益，科学轮作与间套作、平衡施肥和保护性耕作将是提高地力和农产品质量，提高农民收入最重要的技术。

针对我国各地区目前还没有便于农民掌握、并且科学性、量化和标准化程度好的农田耕地质量评价技术，充分考虑我国主要生态类型区耕地质量主导性内在构成因素在空间上的差异，研究并建立我国的耕地质量五等级分级评价标准。形成快速精准监测土壤肥力质量、环境质量和健康质量各项指标的规范性方法、技术与相应的技术产品。完成全面反映耕地质量的土、水、气、生信息快速采集、传输、处理和应用决策于一体的土壤质量信息化管理技术体系，建立土壤质量变化预警体系。

（三）启动国家级与各省专业科研院所的协作网，搭建我国农田土壤质量管理技术信息共享与成果转化技术平台

鉴于适用性好、适用范围广的耕地质量管理技术研究的系统性强、周期长，需要进行全国范围的长期协作，通过由国家级专业科研院所牵头的方式，组织和搭建我国农田土壤质量管理技术信息交流与成果转化技术平台，平台主要承担的基础性科研工作如下：

1. 恢复 20 世纪 60 年代开始的，但目前已经停止运行的化肥、有机肥、绿肥等全国肥料效益与土壤质量监测试验网

建立以全国耕地土壤长期定位监测试验为核心的开放式“土壤质量和肥料效应监测试验站网”，进行全国土壤质量状况评价、预估和信息发布，提供及时有效地支持国家和区域性农业生产、化肥工业、耕地资源管理和经济持续发展等的宏观决策依据，并在各监测基地之间以及与国家其他野外观测站间作到信息共享。该网络不仅具有动态监测和评估全国耕地质量和肥料效应的宏观功能，同时具备实时研究土壤培肥技术的功能，为国家农业发展和粮食安全提供高效土壤培肥技术以及示范推广高效、环境友好的土壤培肥技术。

2. 建立我国耕地质量信息技术平台

研究通过“数字土壤”这一现代高新技术，利用我国不同历史阶段下土壤质量研究与调查资料，建立可反映我国不同时间段、不同空间的耕地质量状态的土壤空间数据和土壤属性

数据，完成集耕地土壤质量信息、耕地土壤数字化技术和农田土壤质量评价与精准化平衡施肥技术于一体的网络化的耕地土壤质量管理技术服务平台。以便农田土壤质量研究成果能够快速地跨行业、跨区域、跨部门传播，为土壤质量分区管理与评价研究提供技术支持，实现农田质量演变过程的可视化模拟和预警。

3. 建立由国家级与各省专业科研院所组成的中国耕地土壤质量分区管理技术协作网

协作网的工作重点是讨论我国各地区耕地质量管理中存在的主要技术问题，协商和制定国家层面和各大区的研究框架，联合组织相关的研究和长期试验，制定各地技术标准的共同原则。

（四）加强对耕地土壤质量精准监测与评价高新技术研究

针对我国耕地土壤质量监测与评价方法陈旧，技术手段落后的状况，探索利用3S技术、土壤质量数字芯片与生物芯片技术、原位探测与无损检测技术等现代高新技术手段，研究和建立既适合管理部门也适合农民使用的、层次分明的耕地质量分区评价方法与指标体系，提高耕地土壤质量管理的效率和科学性。

探索运用这些技术快速精准地测定土壤植物中的营养元素、有害物质及其他与土壤质量有关的土壤理化特性，研制开发出与土壤性质光谱分析设备的配套软件包和标准方法，着重解决我国不同土壤光谱特征与土壤理化性质的数量关系和模型校准、适合光谱分析的土壤样品的采集与制备方法、紫外—近红外—中红外（UV—NIR—MIR）耦合光谱技术。建立和完善植物营养分子诊断的生物芯片的技术平台，研制有重要应用价值的适于植物营养分子诊断的基因组表达芯片及检测专用生物芯片，开发出实用的植物营养分子诊断的生物技术和生物芯片新技术、新方法、新产品。利用同位素溯源技术具有对样品无损，分析快速，灵敏度高、分辨力强，易实现大尺度区域性研究的技术优势，在不同时间尺度上，如在几个月至几十年内，甚至几百年或几千年内，寻溯污染物的沉积发生时间及沉积演变规律，鉴别污染物来源，追踪污染物的源项和污染过程。

在此基础上研究建立土壤性状快速测定的规范性方法与技术体系。探索应用3S等技术，研究形成集土壤质量有关信息的自动采集、分析数据的自动处理和应用决策于一体的土壤质量信息化管理技术体系，通过公共网络实现土壤质量数据的远程传输，达到从土壤采样到田间管理中数据的一体化应用和田间自动采集数据的无线传输。

（五）基础研究围绕我国耕地质量管理存在的核心问题，重点探索利用现代生物技术、信息技术手段，发展传统土壤科学的研究方法与内涵

针对区域尺度农田土壤质量演变的量化表征与影响耕地质量的土壤生物过程这两个农业资源环境领域的前沿科学问题，探索利用现代生物技术、信息技术的方法与手段，发展传统土壤科学的研究方法与内涵。运用海量空间数据模型、网格分析、定位试验监测和模拟结合的方法，发展和建立可准确量化表征区域尺度土壤与环境质量变化过程的方法。研究和阐明土壤生物参数与我国不同类型的土壤的肥力、环境和健康质量的关系，确定土壤生物指标并制订各指标的阈值，用土壤生物指标结合理化指标综合评价土壤质量。重点考虑到我国不同类型土壤在不同重金属、农药等不同污染程度下土壤生物量C，N，P，S；土壤脲酶、磷酸酶、N－乙酰基葡萄糖胺酶、碱性磷酸单酯酶、硫酯酶、脱氢酶、过氧化氢酶、转化酶、土壤呼吸强度等生物参数的动态变化，铵化作用、硝化/反硝化作用、腐殖化作用等土壤物质周转过程，土壤微生物磷酯脂肪酸（PFA）含量和ATP含量、微生物种群结构等微生物生态因素。确定生物指标与土壤肥力和健康质量的关系和土壤生物指标的阈值。

（六）尽快设立重大专项，进行技术储备

由于目前各地耕地质量监测指标与评价方法落后问题十分突出，导致国家和地方花费大量人力、物力完成的采样测试工作难以反映目前我国耕地质量存在的主要问题，建议尽快设立重大专项，组织全国有关农业科研专业院所对耕地土壤质量精准监测与分区评价关键技术进行联合攻关，为耕地质量调查进行技术储备。

针对现有土壤调查技术规范空间定位差、分析测试效率低、汇总过程慢、边界随机性强、信息反馈迟钝、不同测试方法缺乏应有的对接等方面的弊端。研究形成以全球定位技术GPS、地理信息系统技术GIS、数字高程技术DEM、卫星影像图片和航片等为重要支撑手段的土壤取样、以外土壤剖面描述、调查数据的分析与汇总、土壤专题图制作的技术规范与流程；比较选定与现代仪器分析技术相适应的土壤质量因素的分析方法，同时筛选出土壤质量测试参比标准样品，以便实现全国数据的质量控制；对以上进行整合形成现代土壤质量调查技术规范，并运用它在土壤类型复杂的地区进行土壤调查示范。

对我国目前主要农区农药使用状况和主要农药和重金属在土壤中的累积情况展开调查，分析出土壤重金属基本来源及其空间分布特征，据此提出包括布点、采样、确定检测项目、评价标准选择、评价模型建立等方面主要土壤污染调查技术规程。

建立国家、省、县耕地土壤质量动态监测及其协作研究网络技术体系，明确不同级别土壤质量监测部门的技术责任，中央级技术单位为全国的土壤质量监测提供标准方法、参比样品、技术规程、具体指标，对地方技术部门进行培训，省级农业环境污染监测中心负责本省范围内的技术培训、数据分析、样品测试，县土壤质量监测单位具体实施农户调查、样品采集与预处理等；建立土壤调查数据传递与信息发布机制，建立基于 GIS 和网络的土壤质量监测信息系统和网络即时传输系统，通过它们将各级土壤质量监测单位纵向、横向联系起来，形成土壤质量监测信息网络。

（七）探索农村地区广泛推广土壤质量管理技术更有效的形式和运行机制

在全面推进耕地质量管理技术升级换代的同时，积极探索农村地区广泛推广土壤质量管理技术更有效的方式和运行机制。建议尝试农业补贴以无偿或减费技术服务与技术支持的模式代替直接补贴，充分发挥乡、村级基层农业技术人员和农民技术协会的作用，促进农民广泛掌握科学的耕地质量管理技术，建立我国粮食安全长效机制。

第二节

建立农业资源保护补偿制度①

长期以来，由于受传统观念的影响，我国对资源的不可再生性、有限性和再生产过程等问题一直认识不足，对资源采取粗放式、掠夺式经营，无价或廉价使用。忽视资源核算和资产管理，造成资源严重的补偿不足，致使国民生产总值不断增长的同时资源基础却在持续削弱，形成了经济发展中实质性的空洞现象。由于资源价值不能在初级产品成本中得到正确体现，成本构成不完整，比价关系紊乱，直接影响到企业收入和国民

① 本节内容选自农业部软科学课题（200720）《农业资源保护补偿制度研究》（课题编号：200720），课题主持人：王欧。

收入的真实性。它一方面削弱了资源产业发展生产的积极性和“内部造血功能”；另一方面鼓励了资源消费者的消费扩张，因为在“资源无价、原料（燃料）低价、产品高价”的不合理的比价关系中，资源消费者可以用过度消费资源发展生产的办法，将资源产业剩余利润隐性地转移到自己的企业收益中来，从而加剧了投资和消费扩张，造成了资源的巨大浪费。更为严重的影响是，资源补偿不足冲击了我国的财政经济活动。这集中表现在，资源产业再生产失去应有的资金保障和技术保障，资源赤字和资源方面的欠账越来越多，妨碍了社会、经济、资源和环境的协调发展。

要解决目前我国存在的农业资源加速消耗、生态环境趋于恶化、资源收入流失的现象，一个迫切的问题就是确立资源价值地位，建立起资源价值补偿机制，只有对资源进行合理的价值补偿，才能从根本上解决上述矛盾，这也是全面实现可持续发展的根本保障。

一、农业资源保护补偿的框架

在可持续发展战略的总体框架下，对自然—社会—经济这一复杂系统进一步深化认识，重点解决水、气候、土地等重要自然资源的“生产价值与生态价值相背离”问题，形成自然价值理论体系，形成人与自然和谐及可持续发展的生态伦理规则，努力完善机制，全面推行自然资源保护补偿机制。

1. 农业资源保护补偿的责任机制

不同时期，不同层次和不同范围内，应根据不同的资源保护补偿原则确定相关责任主体的身份与责任。核心原则要遵循“谁开发谁保护、谁破坏谁恢复、谁受益谁补偿、谁污染谁付费”的准则开展补偿工作。

根据公共产品受益范围，可分为全国性公共产品和地方性公共产品。也就是说，全国性公共产品在国家主权范围内是不受地理空间的限制，而地方性的公共产品则要受地理空间的限制。前者由中央政府提供，后者由地方政府提供。全国型的公共产品是指对国家生态安全、经济发展具有重要意义的土地资源、水资源、气候资源和生物资源等自然资源。资源的使用及受益范围是整个国家乃至世界，因此国家应当承担其保护与建设的主要责任。区域或流域内的自然资源，由公共资源的全部受益者按照一定的分担机制承担补偿的责任。

2. 农业资源保护补偿实施主体

从我国的法律政策制定和实践的情况看，农业资源补偿（按照补偿实施主体的不同）分为国家补偿、资源型利益相关者补偿、地方政府补偿、社会补偿等形式。

（1）以中央政府或国家机构为主的国家补偿

主要是指国家对生态建设和资源保护给予的财政拨款和补贴、政策优惠、技术输入、劳动力职业培训、提供教育和就业等多种方式的补偿。补偿应侧重以下几个方面：

第一，围绕资源保护所发生的工作经费。

第二，资源保护所需的基本建设投入。从目前资源保护的实践来看，许多地区生态条件不好，还有如交通、通讯、电水等基础设施建设也比较差，需要大量的基本建设投入。

（2）资源型利益相关者补偿

主要是指具有利益关联的农业资源保护的付出主体（保护人）与农业资源使用者（受益人）之间通过某种给付关系建立起来的物质性补偿关系。主要由两种形式：第一种形式是资源的开发利用者对资源生态恢复和保护者的补偿；资源输入地区对资源输出地区的补偿也属于此类补偿。第二种形式是下游地区对上游地区的利益相关者的生态补偿，上游地区不仅对资源环境保护投入了资金，而且限制了自身若干产业的发展，受益的中下游地区应对上游的资源保护行为给予补偿。

（3）地方政府对于农业资源保护的补偿

是指负有资源环境保护义务的地方政府、资源利用者对当地直接从事资源保护的个人和组织的物质型补偿。

（4）社会补偿

是指对资源保护有觉悟的非利益相关者通过某种形式的捐助和资金募集，包括国际、国内各种组织和个人通过物质性的捐赠和捐助，与农业资源保护义务群体之间建立的惠益关系。

3. 资源保护补偿资金的分配方式

（1）中央对地方的纵向补偿

第一，专项补助。这是最大的一项，即由财政部和国家发展计划委员会及相关部门掌握的对资源保护的专项拨款。主要对资源保护者、农业资源生态功能提供者给予一定的补偿。补偿的内容和标准根据所提供的生态服务的内容和类型而定。

第二，转移支付。政府补偿机制中最重要的手段是财政转移支付。是针对地方财政“收”与“支”的不平衡而进行的。这一办法的主要对象是困难地区，特别是少数民族地区。其具体办法是，按影响财政支出的因素，核定各地的标准支出数额。利用财政转移支付进行资源保护与生态补偿重点依托两种方式：一种是在财力转移支付中增加环境资源保护的影响因子权重；二是整合现有的专项转移支付，增加资源保护补偿项目，或者在与资源环境有关的专项转移支付中增加“资源保护”的支出项目。

转移支付数额＝地方财政收入－全国平均财政收入－税收

（2）省内的纵向补助

省内纵向补助主要是指实施资源保护项目的省级财政向实施项目的县级财政的纵向财政转移支付。鉴于项目实施地区县级财政的困难状况，围绕项目实施工作而发生的工作经费的主要部分均应由省级财政承担。此外，省级政府还应为项目实施地区的经济发展创造条件。

第一，基础设施建设。路、水、电等基本的基础设施在许多地方都不具备，这些基础条件既是当地经济发展的基本条件，同时又是可以为资源保护服务的。当地目前缺乏这个能力，所在省级人民政府要着力解决这个问题。当然，中央政府也要承担一定的责任。

第二，科技文化、教育、卫生事业的发展。这些地区的科技、文化、教育、卫生事业，可以说与其他地区相比，经济发展水平还低得多。促进这些地区科技、文化、教育、卫生事业的发展，已成为当务之急。这主要应由省级政府承担。

第三，社会保障和劳动就业问题。这些地区社会保障水平低，体系不完善，城镇就业率低，农业资源保护项目实施后，以原有的资源利用方式利用资源受到一定的限制，部分地区出现了农村剩余劳动力，因此，社会保障和劳动就业问题十分突出，这主要应由省级政府负责帮助解决。

省级政府对县级政府的这些纵向补偿，适宜采取各种的方式，直接的资金补贴、项目支持、技术扶持与技能培训，而其他补偿适宜与其他措施结合起来，如与农业综合开发、扶贫开发、水土保持等结合起来，对不同渠道的资金，加以统筹使用，综合使用。

（3）省际横向转移支付（流域补偿机制）

对于一定区域或者流域内资源保护的补偿问题，如特定区域内的水源地保护、防护林建设、风沙源头的控制、洪水调蓄区的维护等建设投入，应由该流域或该区域资源保护的全体受益者按照一定比例进行分摊。中下游地区省级政府对上游地区省级政府采取财政间的转移支付。目前，省际间的横向转移支付可选择的方式有：一是直接的转移支付，包括直接提供现金、粮食和其他物质援助；二是间接的转移支付，包括支持本地企业到上游地区进行投资或进行合作，接纳和安置中上游地区的“生态移民”，继续进行多种形式的对口支援，等等。

4. 补偿标准制定

（1）农业资源价值核算

资源价值核算和确定及农业资源保护成本费用测算是合理进行资源保护补偿的前提，是资源保护补偿的关键环节。主要包括以下几个方面：一是资源价值核算应以农业资源的实物数量和质量核算为基础，二者密不可分。要通过自然资源数量调查、统计、质量评价和价值核算来完成，所以内容应包括数量统计、价格评估和价值计算。资源价值核算主要包括两方面内容：①资源的功能价值核算：以相应的实物单位计量各类资源的存量和流量（功能价值）；②资源的使用价值核算：在对资源进行评估的基础上核算各类资源的价值及增减。二是价值核算时，对其负效应均应计入成本，包括直接成本、使用成本、外部成本等，正效益均应计入收益，包括经济、生态和社会效益，为资源建立绿色账户。核算时要将资源投入、损耗和环境变化包括在内。农业资源保护的成本费用测算主要选择并构建相关的自然资源功能定价模型，运用相关行业部门的数据资料，对不同类型农业资源保护的各种成本投入逐一测算，测算重点为农业资源自然耗减费用、维持资源基本存量费用、资源保护费用与资源降级费用等。

（2）农业资源补偿标准制定

在对农业资源价值科学核算和农业资源保护成本全面测算的基础上，制定不同类型农业资源保护的补偿标准体系。

5. 补偿方式的确定

（1）直接补偿和间接补偿相结合

直接补偿，是针对为进行生态建设和资源保护而带来损失的主体及地方政府直接无偿地给钱给物。这种补偿方式与个体和地方政府眼前的利益非常直接，能充分调动个体和地方政府的积极性。而间接补偿是通过迂回方式来补偿经济利益受到损失的农户和地方政府，如提供技术支持，改善基础设施条件等，这种方式可以使农户和地方政府得到比较长久和持久的利益，所以应将直接补偿与间接补偿有机地结合起来，同时，坚持以直接补偿为主，间接补偿为辅。

（2）连续补偿与一次性补偿相结合

以目前的补偿政策来看，实施资源保护补偿是一个长期的过程。而对于实施保护行为的个体来说，对资源进行保护是要付出一定的成本的，保护之后失去了部分或全部赖以生存的生产资料，为了保障保护者的利益，使其能维持基本的生计，在保护期内，至少在5—8年内，国家和地方政府要连续地对保护者进行补偿，以推动其生产经营方式的逐步转型，由资源依赖型的生产经营方式转向资源节约、环境友好型的生产经营方式。

而对于一些生态环境特别恶劣的区域，自然资源破坏比较严重，应实行“生态移民”安置，将区域内的居民或农户一次性迁出，其具体办法可以是一次性地发给移民搬家费，再给予工作就业机会或分给承包地。

（3）政府补偿和市场补偿相结合

政府补偿是由政府提供财政资金或实物进行的补偿。这是政府在生态环境恢复与建设的职责所决定的。政府补偿的实质是建立公共支付体系，其受付方为土地使用者、个人和公共资源的经营者，这种方式的好处是资金来源广泛而稳定，包括税收、发行债券和对生态环境受益方收费，但事实上，由于政府的财力有限，有必要把政府补偿与市场补偿结合起来。

典型的市场补偿方式有公共支付、一对一交易、市场贸易和生态标记等。交易的对象可以是资源环境的权属，也可以是资源环境服务功能，或者是资源保护环境治理的绩效或配额。通过市场交易或支付，兑现资源环境服务功能的价值。

公共支付的主要对象是对国家生态安全具有重要意义的资源环境要素或服务之类的纯公共物品的保护补偿，如生态公益林、国家级自然保护区与生态功能区的保护投入或者购买。公共支付资金的来源包括公共财政资源、专项的税费投入、特定的融资渠道以及国际组织的援助资金等。

一对一交易适用的典型情况是流域上下游之间，按照双方协议，由下游支付上游地区保护和改善环境的投入，或者是买断上游地区的发展权。

市场贸易主要指配额交易，典型的情况是《京都协议书》

确定的碳汇交易模式。由政府或国际公约确定一区域生态保护的配额责任，通过市场交易实现区域生态保护的价值。

6. 补偿资金的筹集

（1）国家预算资金

主要是中央财政预算和省级财政预算，因此，在编制年度国家预算时，将一部分补偿资金安排在中央和省级预算支出中，单独作为一个预算科目，这样可以确保补偿资金的来源稳定。

（2）发行特种国债

国债的出现，是财政赤字问题扩大的结果。即当财政收入与财政支出不相平衡出现了收支缺口即财政赤字时，以国家作为信用主体向企业、商业性金融机构和社会公众举借债务以弥补赤字。国家通过适度举债、将社会上的消费基金、保险基金等，引导到退耕还林、退牧还草等国家重点工程上来，变为生产建设资金，这也是发达国家的成功经验。

（3）生态建设补偿基金

由国家涉农部门和环保部门牵头建立“生态环境建设补偿基金”，首先由国家财政拨款作为垫底资金，在此基础上，召集有关企业、组织和个人捐赠，这既可为社会环保人士提供表达心愿的途径，又开辟了环保建设资金来源渠道。

二、我国农业资源保护补偿制度的实践与评价

（一）我国资源保护补偿的制度措施与政策实践

1. 资源保护的收费制度

（1）排污收费制度

征收排污费是我国环境管理中的一个主要手段，自 1979 年以来，全国各省市、自治区先后试行了征收排污费的办法，取得了较好的效果。国务院在 1982 年 2 月发布了《征收排污费暂行办法》，统一了征收排污费的标准。收费的基本原则是“超标排污收费”。

（2）生态环境补偿费

生态环境补偿费是以防止生态环境破坏为目的，以从事对生态环境产生或可能产生不良影响的生产、经营开发者为对象，以生态环境整治及恢复为主要内容，以经济调节为手段，以法律为保障条件的环境管理制度。征收范围为现行排污收费没有覆盖到、影响生态环境质量、结构、功能及效用的各种行为。征收生态环境补偿费的目的是有效制止和约束自然资源开发利用中损害生态环境的经济行为，促使生态资源环境恢复与保护工作成为开发利用者全部经济活动中一个同样被视为合理的活动，体现了“谁污染、谁治理；谁开发，谁保护；谁破坏、谁恢复；谁利用，谁补偿”的自然保护原则，使破坏者通过缴纳补偿费的形式，承担微生态环境造成损害的相应的经济责任、我国自20世纪90年代初期开始在全国试行征收生态环境补偿费，取得了较好的效果。

2. 资源与环境税收制度

我国目前专门针对资源与环境的税收有资源税、土地增值税、耕地占用税、城镇土地使用税等。资源与环境的税费收入是由自然资源的开发者、造成环境污染的生产者和受益区有关方面缴纳，纳入国家或地方的财政收入，参与国民收入再分配，或建立专项资金专款专用。资源与环境税费收入的用途主要是治理环境破坏和污染，但各税种的征收目的主要是调节级差收入或增加收益，未能与保护资源环境很好地结合起来。

3. 资源环境补偿的政策实践

我国最早的资源环境补偿实践出现在防护林体系建设中。然而，防护林工程并没有明确的补偿政策，生态补偿可有可无、可多可少，随意性很大，主要取决于参与者的讨价还价的能力或决策者的意志。

但是，国家非常重视生态效益补偿问题，1990年，先后在河北、辽宁、黑龙江、山东、浙江、安徽、江西、福建、湖南、广东、新疆等11个省（区）的685个县和24个国家级自然保护区展开了探索性的尝试，在生态环境补偿费的理论与实践方面进行了许多前沿性的探索；建立了耕地占用补偿制度，对实现耕地占补平衡起到了积极有效的作用，从而对土地资源实行了有效的管理和保护。

尤其是“九五”以来，国家通过制定森林资源保护的法规和林业可持续发展的行动计划，实施天然林资源保护、退耕还林、三北和长江流域防护林体系等10大林业重点生态建设工程，加强森林资源的生态补偿；通过制定草原法等法规，加强了对草原资源的生态补偿；通过湿地资源保护行动，使全国各类湿地保护区的生态补偿取得了重要进展。

2000年1月29日发布的《森林法实施条例》规定，防护林、特种用途林的经营者，有获得森林生态效益补偿的权利。2000年5月，补偿资金由原来的基金提成方式改为采取由财政预算直接拨款的，这样使森林生态效益补助资金有了稳定来源。2002年后基金总额为每年70亿元（王万山，2002）。

生态补偿政策最早出现在2000年实施天然林保护工程中，此时已经为补偿制定了标准，但补偿对象因所有制而异。具体讲，中央财政承担实施天然林保护工程引起的地方财政减收总额的80%，为了体现对林区的照顾，具体操作时对不同税种减收分别按不同比例给予补助。其中，对与林区财政密切相关的原木特产税减收由中央全额补助，其他税种减收由中央按68%补助。其他税种主要包括增值税、营业税、所得税、城建税、教育费附加以及其他相关收入。

我国目前最有影响的资源环境补偿政策是1999年开始在全国实施的退耕还林对耕地农户的补偿和2003年实施的退牧还草对牧户的补偿。此时的补偿政策不仅有明确的补偿标准以及同一区域执行同一补偿标准的规定，还有检查验收的系列管理办法。退耕还林还草的试点工作于2002年在长江上游、黄河中上游各有关地区全面启动，范围涉及25个省（区、市）及新疆生产建设兵团，共1897个县（市、区、旗）。补偿标准："国家无偿向退耕户提供粮食、现金、种苗的补助政策，每亩退耕地每年补助粮食（原粮）长江上游地区150公斤，黄河上中游地区100公斤，每公斤粮食按1.4元计算，由中央财政承担；此外，国家给退耕户每亩20元的现金补助并无偿提供种苗。"

退牧还草工程于2003年在8省区及新疆生产建设兵团全面启动，这是继退耕还林还草政策之后，国家在生态环境建设方面出台的又一重大战略举措。退牧还草项目的补助包含饲料粮补助和草原围栏补助两部分。补助标准："蒙甘宁西部荒漠草原、内蒙古东部退化草原、新疆北部退化草原按全年禁牧每亩每年中央补助饲料粮11斤，季节性休牧按休牧3个月计算，每年每亩中央补助饲料粮2.75斤，草原围栏建设按每亩16.5元计算，中央补助70%，地方和个人承担30%；青藏高原东部江河源草原按全年禁牧每亩每年中央补助饲料粮5.5斤，季节性休牧按休牧3个月计算，每亩每年中央补助饲料粮1.38斤，草原围栏建设按每亩20元计算，中央补助70%，地方和个人承担30%。"

这两项工程的实施，标志着中国政府充分认识到西部森林植被对于全国的生态功能具有的巨大价值，也标志着中国在跨区域生态补偿方面迈出的第一个巨大步伐。

（二）现行农业资源补偿政策的实施效果与问题分析

1. 生态退耕与耕地资源的保护

（1）实施成效

目前，我国耕地资源保护面临的形势严峻。一方面人均耕地日益减少，人地矛盾日益尖锐化。1957年我国人均耕地0.17hm^2，2004年人均耕地0.094hm^2，为1957年的一半多一点。1997—2004年中国耕地面积减少了5.7%，8年之间净减少耕地746.7万hm^2，年均减少93.34万hm^2。如果照目前年均减少93.34万hm^{2}的速度持续下去，到2030年耕地还要减少 2426.84 万 hm^2，届时人均耕地仅 0.061hm^2。联合国粮农组织提出人均耕地 0.053 hm^2 警戒线，如果低于 0.053 hm^2，即使在现代化农业生产条件之下也难以做到粮食自给。目前全国有 666 个县人均耕地低于联合国确定的 0.053 hm^2 的警戒线，其中 63 个县低于 0.033 hm^2。另一方面，中国现有耕地资源总体质量偏低。据 2005 年 5 月发布的中国环境状况公报资料，中国现有耕地质量存在如下特征：一是中低产田所占比重偏高，全国高产稳产田只占耕地总面积的 35%，受干旱、陡坡、清薄、洪涝、盐碱等各种障碍因素制约的中低产田占 65%；二是耕地有机质含量偏低不均衡；三是“占优补劣”现象严重。在耕地“占补平衡”的过程中有些地区仅重视数量平衡忽视耕地质量平衡，新增耕地质量偏低，使中低产田的比重继续增大。四是土壤酸化加剧，退化严重。南方 15 省稻田潜育化面积比 20 世纪 80 年代增加了 10%。由于水土流失、贫瘠化、次生盐渍化、潜育化和土壤酸化等原因，已造成 40% 以上耕地土壤退化。

为进一步治理水土流失，改良土壤、保护环境，我国于 1999 年在四川、陕西和甘肃等省市开始试点退耕还林项目。2000 年 3 月 9 日，国家林业局、国家计委、财政部印发《关于开展 2000 年长江上游、黄河上中游地区退耕还林（草）试点示范工作的通知》，确定在长江上游的云南、四川、贵州、重庆、湖北和黄河上中游的陕西、甘肃、青海、宁夏、内蒙古、山西、河南、新疆等 13 个省（区、市）的 174 个县（团、场），开展退耕还林（草）试点示范工作。目前工程已覆盖了 1800 个县。围绕退耕还林工作的逐步开展，国家出台了一系列管理规定和实施条例：《关于进一步做好退耕还林还草试点工作的若干意见》（国发［2000］24 号），对确保退耕还林的顺利实施和健康发展起到了重要保证作用。2002 年 4 月 12 日，国务院发布《关于进一步完善退耕还林政策措施的若干意见》（国发［2002］10 号），对退耕还林粮食、资金补助标准及期限为做出了相应的规定，2002 年 12 月 14 日，《退耕还林条例》发布，自 2003 年 1 月 20 日起施行。《退耕还林条例》分总则，规划和计划，造林、管护与检查验收，资金和粮食补助，其他保障措施，法律责任，附则共七章六十五条。其中《退耕还林条例》第十五条规定：“下列耕地应当纳入退耕还林规划，并根据生态建设需要和国家财力有计划地实施退耕还林。水土流失严重的沙化、盐碱化、石漠化严重的，生态地位重要、粮食产量低而不稳的。”《退耕还林条例》的颁布实施，将促使退耕还林工程走向依法管理、依法实施的轨道，从而保证国家退耕还林政策的连续性和稳定性，为退耕还林者的合法权益提供了保障。

在进一步完善退耕还林政策方面，2004 年 4 月，国务院办公厅下发了《关于完善退耕还林粮食补助办法的通知》，规定从 2004 年起，原则上将向退耕户补助的粮食改为现金补助，进一步完善了退耕还林粮食补助办法。国务院最近发出《关于完善退耕还林政策的通知》国发〔2007〕25 号，延长退耕还林补助期限，以巩固退耕还林成果、解决退耕农户长远生计问题。

退耕还林工程是迄今为止我国政策性最强、投资最大、涉及面最广、群众参与程度最高的一项生态建设工程。退耕还林工程实施以来，在部分地区已经取得了显著成效，减少了水土流失和风蚀沙化，是保持地力、实现土地可持续利用的合理选择。突出表现在：水土流失面积有所下降，据中国第二次水土流失调查显示，10 年间中国水土流失面积由 367 万 km2 下降到 356 万 km2。以内蒙古自治区为例，在退耕前的 1998 年粮食平均每公顷的产量为 208.8kg，退耕后在粮食播种面积年均递减 42% 的情况下，由于耕地质量的提高、结构调整和农业科技含量的增加，粮食单位面积产量平均每年以 2.3% 的速度递增，2003 年粮食平均每公顷的产量达到 224kg，单位面积产量提高了 25kg，全国累计完成退耕还林任务 3.64 亿亩，其中退耕地造林 1.39 亿亩、荒山荒地造林 2.05 亿亩、封山育林 0.2 亿亩，使工程区森林覆盖率平均提高了 2 个多百分点。

（2）存在问题

第一，退耕还林政策补助方式有待完善。由于目前退耕还林的补助金由国家财政拨付退耕还林项目执行机构发放，林业部门通常对项目进行检查、验收，合格之后再发放项目补助金，发放周期较慢，造成基层退耕农户对退耕补助发放延误的误解，给基层林业部门开展退耕还林工作带来困难，易于导致与农户的矛盾。难以有效地防止发生“复耕、反弹”现象，切实巩固退耕还林建设成果。

第二，巩固退耕还林成果还缺乏有效的约束机制。实施退耕还林的区域多数位于人多、山多、田少的国定贫困县，所实施的退耕地大多数零星分散，往往一个退耕户仅退耕 0.1—0.2 亩，将国家的政策补助全部加起来一年也只有五六十元，他们根本不愿意花费精力去做复杂的整地、植苗造林和长期的抚育管护、应付各级的检查验收等大量的工作，导致无法保证造林成活率和保存率。因此，对零星分散的退耕地，如何建立约束机制，促进退耕户自觉实施好退耕还林，或者强化实行退耕还林大户承包，提高工程质量，切实巩固退耕还林建设成果，是当务之急。此外，退耕还林配套的荒山造林，国家在当年每亩只给 50 元，仅仅只能完成造价最低的造林任务，后期管护经费欠缺，造林成果难以得到保障。从调查显示，荒山造林由于近期内不能产生经济效益，群众疏于管理，损失面积非常大。

第三，退耕还林项目的区域补助问题。推行退耕还林，能够对长江和黄河中游地区带来福利。但是，目前却是由中央财政和地方财政大约按 8∶2 的比例负担了这笔费用。如果考虑到退耕还林地区由此减少的财政收入和支付的政策运行成本，这笔费用就更大。根据在江西省遂川县的调查，退耕还林工程专门用于政策宣传、技术培训、规划设计、资料、合同、检查验收、各种会议及办公室的日常开支巨大，从项目启动至今，累计各项正常开支已达47.8万元，荒山造林生产经费共需垫付54万元，而所有这些问题在没有得到解决之前只能靠赊欠支撑，由于目前林业部门经济困难，垫付资金也无法筹措到位，也就是说，退耕还林地区承担了退耕还林的大部分费用。这明显不符合“谁受益，谁负担”的原则，退耕还林的责权利对应的主体并不一致，这很可能带来这一政策的不可持续性。

2. 国家重点公益林建设补偿

(1) 执行现状

1998年，我国修订的《森林法》第六条明确表明“国家设立森林生态效益补偿基金，用于提供生态效益的防护林和特种用途林的森林资源、林木的营造、抚育、保护和管理”。修订后的《森林法》确立了森林生态效益补偿的基本制度框架。2001年起，国家每年拨付资金10亿元作为森林生态效益补助资金，在11个省（区）的非天然林保护工程范围内的660个县级单位和24个国家级自然保护区开展森林生态效益补助试点。补助标准为每年75元/hm^2，主要用于国家重点公益林的保护和管理。为保护公益林资源，维护生态安全，根据《中华人民共和国森林法》，中共中央、国务院出台了《关于加快林业发展的决定》（中发〔2003〕9号），确立了“以生态建设为主”的林业发展战略，为新世纪全面加快林业发展指明了方向。2004年10月，财政部、国家林业局颁布《中央森林生态效益补偿基金管理办法》，中央森林生态效益补偿基金是对重点公益林管护者发生的营造、抚育、保护和管理付出给予一定补助的专项资金，由中央财政预算安排。该办法对中央补偿基金的补偿对象、补偿主体、补偿渠道、补偿标准、补助方式等作了相应的规定。森林生态效益补偿基金制度的确立与全面实施，结束了我国长期无偿使用森林生态效益的历史，开始进入有偿使用森林生态效益的新阶段，为实现我国林业由以木材生产为主向以生态建设为主的历史性转变，加快林业生态建设、巩固生态建设成果、保障林业持续快速协调健康发展，提供了强有力的政策支持。

（2）项目实施问题

第一，森林生态效益补偿标准偏低，不能满足森林生态体系的支撑需求。目前我国森林生态效益补偿 75 元/hm^2，按公益林的面积发放，简单且易于操作。而进行生态效益补偿的目的并不是为了单一追求公益林的面积，更应注重公益林产生生态效益的质量。因此，以面积作为生态效益补偿标准的制定远远不够。这种重量不重质的补偿方法，可能会助长经营者的惰性，挫伤森林经营的积极性。长期下去，从而影响森林生态效益优质高效地发挥。而且，生态问题是一个宏观性系统工程，具有生态主体与效益的异域性，也就是说森林需要的公益补偿和效益享受并不处于同一区域，如珠江上游防护林体系的生态效益主要在中下游体现和发挥，这种建设与功能的错位也会影响地方政府公益积极性。

第二，公平原则体现不足。目前划定的生态公益林中，含有一类林、二类林和三类林，其中一类林占总面积的 80% 以上，但是这三类林的补偿标准是一样的，即在某种程度上，“生态公益林”与“生态公益土”的补偿标准是一样的。这样的补偿方法，导致了部分林地上长有成熟林的经营者产生了心理的不平衡，滋生消极的想法。

第三，经营管护人员积极性不足。生态公益林明文规定“严格重点公益林采伐管理，禁止以生产商品材为主要目的的采伐。”由于生态公益林原则不允许砍伐，因此导致了部分生态公益林的经营者失去了营造生态公益林的积极性，同时，生态公益林的建设资金来源单一，得不到民间资本的支持。

3. 草地资源的保护补偿

我国有天然草原面积近 4 亿 hm^2，占国土面积的 42%，是面积最大的绿色生态屏障。2003 年 3 月 1 日起施行的新草原法就特别强调了草原的生态功能。但目前，全国已有 90% 的可利用天然草原不同程度地退化，并以每年 200 万 hm^2 的速度在扩展。草原荒漠化危机成为我国生态环境问题的头号绿色警报，直接导致江河断流、沙尘暴等自然灾害频繁发生。在这种形势下，现行项目工程类的治理措施是难以奏效的，必须采取战略性的重大举措才能遏止其恶化趋势，为了保护占中国国土面积41.7%的天然草原，2002年12月16日，国务院正式批准西部地区11省市实施退牧还草工程。从2003年开始，用5年的时间，在蒙甘宁西部荒漠草原、内蒙古东部退化草原、新疆北部退化草原和青藏高原东部江河源草原，先期集中治理10亿亩，约占西部地区严重退化草原的40%。退牧还草将采用禁牧、休牧和划区轮牧三种方式进行，退牧还草期间，国家将对牧民进行粮食和饲料补助。在退牧还草地区，目前实施的补偿政策是：草原围栏建设按每亩20元计算，中央补助70%，地方和个人承担30%。饲料粮补助资金实行挂账停息，中央按每斤0.45元对省级政府包干，饲料粮调运费用由地方财政承担，纳入地方财政预算。

以内蒙古翁牛特旗为例，翁牛特旗退牧还草工程实施期限为5年，是在草原实行“双权一制”的基础上从2003年开始，按照《内蒙古自治区草畜平衡暂行规定》，以牧户为单位，根据可食饲草贮量，确定牲畜饲养量。以嘎查村为基本单元，采用统一模式，统一实施，以农牧户为对象，统一验收，兑现粮食补贴。总共兑现812.9万公斤饲料粮。据初步调查，退牧还草项目的实施有效地保护了天然草原，加快了草原植被恢复的步伐，毛乌素、科尔沁两大沙地部分地区结束了沙进人退的历史（张力小，宋豫秦，2003）。国家对项目实施的补助也进一步促进了地方畜牧业的发展。根据翁旗草原工作站提供的资料，自退牧还草政策实施以来，草原质量有了明显改变，禁牧区草场七月初比前三年同期平均着生密度提高35%以上，牧草生长高度达25—35厘米，平均增高35%—50%左右；并且牧草花期普遍提高，开花率提高50%以上，产草量提高30%以上，草原保护取得明显成效。畜牧业总产值也由2002

年的59382万元增至2003年的84396万元，增加了42.12%。

从退牧还草工程实施的实践来看，补偿标准单一化，到位不及时是影响工程顺利实施的主要问题。与退耕还林不同的是，退牧还草项目涉及到农区和牧区，由于农牧区的家庭经营传统和特点不同，补偿应具有针对性，甚至在同一牧区，由于草场类型不同，承载力和恢复程度存在差异，补偿标准的制定应有相应的区别。此外，由于机制不完善，补偿不能完全依法进行，部门行政色彩浓，补偿受益者与需要补偿者相脱节，导致补助的钱粮不能及时到位，政策难以可持续地施行，干群矛盾突出；还有由于利益分配不协调，项目施行地区负担过重。生态环境治理虽然能够给中下游地区乃至全国带来福利。但是，治理成本目前却是由中央财政和地方财政大约按8:2的比例负担了这笔费用。如果考虑到当地因开展这项工作而减少的财政收入和支付的政策运行成本，这笔费用就更大了。这明显不符合“谁受益，谁负担”的原则，生态治理项目的责权对应的主体并不一致，影响了政策的持续实施。

4. 水资源补偿机制

由于产权界定不明晰，水资源外部不经济性表现得非常明显。近年来，随着世界人口、经济的飞速发展，人类对水资源开发利用强度不断增强，导致水资源质量日益下降，如过度开发利用地下水引起地面沉降、海水入侵、水土流失、水污染等等。水资源利用的收益性和对水资源的不利影响不统一，追求利润是企业的本质，但消除对水资源的不利影响等水资源保护行为不仅没有经济效益，而且费用极大，企业或个体不可能自觉进行，即使进行也需要有补偿的途径。单一市场主体很难实施水体的功能损害观测和恢复，这就需要建立水资源补偿机制，国家《水利产业政策》第三十一条规定：“建立保护水资源、恢复生态环境的经济补偿机制。任何生活、生产活动及建设项目必须防止造成水土流失和水污染。”并在《水利产业政策实施细则》中第四十七条予以具体规定。补偿机制的核心是由政府向致害者收取补偿费，水资源保护补偿费是国家为保证合理使用水环境容量，对使用水环境容量实行有偿使用征收制度，向水资源污染人征收的用于补偿受害人水资源权益受到污染损害的费用。补偿费的征收用于集中进行监测、评价，实施水体恢复工程，以消除外部不经济性。

我国 1993 年开征了排放水污染物的排污费，排污费的原意是考虑水污染物的多次、长期的累积效应对水资源造成破坏而征收的费用，其主要用于水质的恢复，实际上是属于补偿费的性质。征收主体是环境保护部门，征收对象是符合标准的水污染物排放者，收费依据是排污水量，而没有考虑废水中的污染物质含量（浓度）和污染物质总量。由此看出，征收排污费只考虑了水资源利用行为对水质的影响，而没有考虑水资源利用对水资源的量以及地下水方面的影响等，是不全面的补偿。

国家颁布的水污染防治方面的法规和技术标准中规定，在全国范围内实施“一控双达标”活动，即在 2000 年底以前，全国所有的工业水污染源应达标排放，一旦全部达标排放，超标排污费将失去了存在的基础。关于超标企业污染源的治理宜采用强制的行政手段，即规定超标排放是一种行政违法行为，将受到行政处罚，从而促使企业进行治理，这比行政收费更有效。超标排污费既然已纳入了企业成本核算，而其使用的主要目的是为了污染源能达标排放，再以一种行政收费的形式存在不仅失去了必要性，也与目前建立市场经济体制不相符合。因此，应取消超标排污费的征收。2003 年 7 月 1 日实施的《排污费征收使用管理条例》将超标排污费和排污费合并为排污费，提高了排污费征收标准，扩大了征收范围，收费依据也从单一污染物质的浓度收费转向多污染物的总量收费。新的排污收费体系较原来排污收费体系有一定的进步，但对超标排污还是以一种行政规费来体现，与国家政策有一定的冲突。

从我国水资源费的征收及使用上看，是一种补偿费的性质，但其仅对取水行为收费，也是一种不完全意义上的补偿。而水资源保护补偿费既是使用者成本，又属于外部成本。一是它基于使用有限的水环境容量，放弃该资源未来收益，是使用者成本；二是使生产者污染他人的治理费用内部化，是属于外部成本。因此，今后应在完善水资源费征收的基础上，进一步建立健全水资源保护补偿费的征收管理，使之成为有效管理水资源、保护水资源的重要手段。

5. 补偿体系共同存在的问题

归结起来，纵览上述资源保护补偿存在的问题，均源于我国资源保护补偿制度不够完善，体现在以下几个方面：

（1）资源保护补偿的立法体系不完善

第一，对各利益主体权利义务的界定，对补偿内容、方式和标准的规定不明确。补偿是多个利益主体之间的一种权利、义务、责任的重新平衡过程，实施补偿首先要明确各利益主体之间的身份和角色，并明确其相应的权利、义务和责任内容。目前虽然涉及一些对资源保护补偿的法规条例，但还很不完善，未对所有利益主体做出明确的界定和规定，对其在生态环境方面具体拥有的哪些权利和必须承担的哪些责任仅限于原则性的规定，导致各利益相关者无从根据法律界定自己在生态环境保护方面的责、权、利关系，更无从依据相关法律和其他利益相关者进行交涉，争取自己的正当权益。

第二，立法落后于生态保护和建设的发展，对新的生态问题和生态保护方式缺乏有效的法律支持。生态补偿虽隶属于生态保护的范畴，但在国内作为近年来才获得国家和社会各界关注支持的生态管理领域，在具体的实施过程中大多缺乏具体的标准和规定，使生态补偿工作不能依法的有序开展，致使生态保护和补偿的要求难以落实。

（2）生态补偿的组织体系不完善

生态补偿工作高效运转的前提是拥有一个完善的补偿组织体系，可以隶属于各职能机构之内，也可以独立存在。现行的资源保护补偿政策无论是退耕还林还是退牧还草，缺乏由补偿政策制定机构、补偿计算机构、补偿资金的发放和征收管理机构、补偿流通网络等部分构成的，以解决补偿主体—补偿依据—补偿数量—补偿形式—补偿途径—补偿征收—补偿监管等诸多环节问题的生态补偿组织管理体系，以确保生态补偿活动顺利开展。

（3）生态补偿的管理体制不完善

从目前国家开展的生态治理项目的实施情况来看，还存在着许多不尽如人意的地方，其原因是多方面的，其中管理体制不完善是重要的因素。主要表现为：

第一，部门分头建设。退耕还林由国家林业局执行、退牧还草由农业部执行，根据各自对生态问题的把握和能争取到的国家投资进行生态建设，空间上分散，有限的投资不能用于重要生态功能区的保护与建设，而对于影响比较大的项目区，则重复立项，造成资金的低效使用和浪费，缺乏整体性和部门之间的协作，也不便于国家和社会对生态建设的效果进行监管。

第二，没有建立良性的投融资机制，目前生态补偿资金的来源是，以国家投入为主体，地方配套相补充，而没有有效地调动社会力量，建立一个长效的、市场化运作的生态补偿资金融资方式，使生态补偿工作得以可持续地开展。

因此，加快建立完善合理的利益补偿机制，无论从公共支出的经济学角度出发，还是从有效维护农牧民利益的社会公平角度出发，都具有深刻而长远的现实意义和理论意义。

三、建立与完善我国资源保护补偿制度的建议

（一）进一步完善自然资源资产化管理

中国对自然资源的管理走过了一段很长的弯路，名义上是全民所有，又认为它不是劳动产品，因而不具有价值，从而无形中助长了人们对自然资源的粗放、掠夺性开采使用。现在通过改革实践，初步突破了资源无价的束缚，提出了有偿使用的政策，但与实现真正的资源商品化还有很大的距离，总体上资

源性产品的价格水平还严重偏低，存在价值补偿不足的巨大缺口。必须加快对自然资源实行资产化管理的步伐，健全价格体系，防止价值过分流失。为此，全国人大第四次会议通过的《关于全民经济和社会发展“九五”计划和2010年远景目标纲要》早已提出，“尽快完善自然资源有偿使用制度和价格体系，建立资源更新的经济补偿机制。”

（二）改革税制，扩大资源税征收范围

在现行税收制度中，资源税还属于一个非主体税种，征税范围很窄，税负一般也偏轻。目前我国资源税的征收范围仅限于石油、天然气和一小部分矿产资源，资源税的纳税人也仅限于一些资源初级开采企业，此外与国有资源密切相关的税费也仅限于土地转让增值、水、电等，而且价格极低。何况一些地方小矿山的开采、在江河挖沙、淘金，根本没有人去征收资源税，结果只能是唯利是图的短期利益占主导地位，造成国土资源严重流失。因此，应适当扩大资源税的征收范围，同时适当调整政府对资源的税费标准，应借鉴西方发达国家的经验，逐步开征诸如开采税、地下水税、水污染税、森林税、土壤保护税、矿物税、能源税等等，增加税收。这虽然有可能在短期内引起一定的市场价格波动，但是从长远的角度看，无论对国家资源、自然生态的保护还是促进企业的良性发展以及维护市场经济的正常运行都是有益无害的。

（三）加快自然资源法制建设

经过多年的努力，我国在农业环境资源保护方面取得了一定进展，建立了初步的资源法和环境保护法体系，截至目前，国家制定和完善了环境保护法律12部。同时，国务院还制定颁布了有关环境与资源方面的行政法规30余部，许多法规和政策文件中都明确规定了对生态保护与建设的扶持、补偿的要求及操作方法，目前的法律条文中，对补偿范围、补偿的主

体、补偿对象、补偿方式以及补偿的标准都做了一些相应的规定。而目前我国有关资源的立法面还相当窄，法律条文的规定过粗，不利于执法，有些法律的执行也缺乏严肃性。目前涉及生态保护和生态建设的法律法规，都没有对利益主体做出明确的界定和规定，大多数就国家、有关部门、各级政府、企事业单位、个人提一些泛泛的要求。立法落后于生态保护和建设的发展，部分法规条例已经难以适应新的体制变化和经济发展的需要，对新的生态问题和生态保护方式缺乏有效的法律支持。一些重要的法规对生态保护和补偿的规范不到位。根据美国、日本、欧盟成员国等发达国家的经验，必须进一步完善我国农业生态补偿法律法规的建设，例如将西部地区生态补偿政策作为正在制定《西部地区生态环境监督管理条例》的主要内容之一，从法律上确定西部生态补偿的合法性。

（四）建立有利于农业资源保护和建设的财政转移支付制度

通过公共财政对生态建设者进行补偿，是发达国家的重要补偿形式，如瑞典对劣等地退耕造林的补助率达50%。中国自1994年实施分税制以来，财政转移支付成为中央平衡地方发展和补偿的重要途径，如2001年中央财政收入和支出分别占全国财政收入和支出的52.4%和30.5%。巨额的财政转移支付资金为生态补偿提供了很好的资金基础，作为公共服务之一的生态补偿并没有成为财政转移支付的重点，因此今后要在国家财政转移支付项目中，增加农业生态补偿项目，用于农业生态环境的保护和建设补偿。制定分类指导政策，增加对重要农业生态建设领域的补贴力度，例如，农业面源污染的治理、农田生产系统的建设与保护等，建立激励环境保护与生态建设的财政补贴力度，增加对生态保护良好区或生态保护成绩显著区域的补助。如加大对涵养重要水源地、水源涵养区、重要自然保护区、防护林区等重要生态功能区以及农业生态保护力度大，成效显著的区域的补助。

（五）完善项目支持形式，提高补偿资金利用效率

依托项目管理实施环境政策是发达国家在农业资源保护上的一条成功经验。它能将有限的资金集中起来，走规模效益的道路。依托建设项目，环境政策实施起来就容易控制，效果也容易进行评价。美国的农业环境政策除了依靠环境法规以强制性形式执行外，还通过大量的环境项目建设，将环境措施具体化，推动农民对环境的保护。如水质改善项目、自然保护区计划、农业资源保护项目、环境质量激励计划等。目前，我国实施的生态建设补偿政策如退耕还林、退牧还草、农村能源建设等也是采用项目支持的形式，但实施成本太高，是在政府的逐级推动下进行的，并且还存在着资金分散、部门分割、重复建设和资源浪费等现象。因此，今后必须整合农业环境建设的各项资金，打破部门和地区界限，以项目建设为中心，在项目的运作方式上，可将公益性补偿运作机制转变为利益性补偿机制，即政府提供生态建设的具体补偿政策，由各市场主体来具体实施，通过运用市场机制来提高生态建设补偿效率。

（六）遵循分类补偿原则，逐步完善农业资源补偿措施

从我国现行的农业生态补偿政策实施情况来看，补偿标准的制定，往往采用“一刀切”的形式，没有完全遵循分类补偿的原则。以退耕还林和退牧还草工程为例，尽管在实施补偿时，根据不同的大区域从粮食补助数量上做了微小的区分，但是并未根据不同的保护资源类型和补偿对象实施分类补偿，很难调动实施生态建设工程地区群众的积极性，从而确保生态治理工程得以可持续的开展。

因此，今后在实施农业生态补偿时，首先要对实施生态补偿的区域进行科学的分类，明确不同区域的资源禀赋情况，结合不同的补偿对象，遵循实施区域“以产定补”、当地群众

“以失定补”的原则，考虑实施生态治理区域群众生产和生活的需要制定合理的补偿标准，这也是补偿实施的第一阶段，即基本补偿阶段。例如，在实施退牧还草工程时，应依据当地的草畜平衡标准结合不同类型草场的总产草量和理论载畜量进行分别计算，明确不同类型草场退牧后饲料粮和围栏补助标准和补助时间。补偿实施的第二步为效用外溢补偿阶段，生态环境进行治理以后，具有涵养水源、保持水土、防风固沙、调节气候、净化空气等多方面的生态功能。因此，生态补偿第一阶段的目标实现之后，可以在对林（草）地所提供的生态服务的类型进行分类的基础上，通过评价生态系统服务功能价值实施效用外溢补偿，进一步完善生态补偿机制，确保生态与经济的可持续发展。

第四章

加快农业机械化步伐

农业机械是现代先进农业技术和生物技术实施的有效载体。农业机械化可以显著提高农业生产技术水平，改善农业生产经营条件，进而提高土地产出率和劳动生产率，提高农业综合生产能力。当前，大量农村劳动力进城务工经商，我国正处于农业机械化加快发展的历史阶段。必须抓住这一历史契机，在坚持农机购置补贴等已有办法的基础上，想方设法推进农业机械化。

第一节 创新农业机械化服务模式和运行机制①

目前我国农业机械化水平较低，农机服务产业组织化程度不高是其重要原因之一。要提高农业机械化水平，提高生产效率和实现补贴效益的最大化，关键是要加强农机服务组织建设，培育和创新农机服务模式和运行机制。

一、农机服务组织形式与运行机制

推进农机服务产业化，一项基础工作是进一步完善农机服务产业化的组织体系，按照一定的组织形式把分散的机械有效地组织起来，按照相应的制度来运作，为农业生产提供专业化、社会化的服务。

（一）我国农机服务产业化现状

农机服务产业化的发展，必须有完善的组织体系作基础。新中国成立以来，经过几十年的发展，农机系统形成了比较完善的组织体系，这一组织体系也是推进农机服务产业化的组织体系。

农机服务产业化的组织体系有广义和狭义之分。从广义上看，该体系包括农机作业服务和农机产品生产的方方面面，主要有农机管理、科研、技术推广、农机作业、农机安全生产监理、农机产品生产、质量鉴定、农机产品供应和维修、油料供

① 本节内容选自农业部软科学课题《农机服务产业组织结构与机制创新研究》（课题编号：Z200402），课题主持人：杨敏丽，课题组顾问：白人朴。

应、农机市场信息和农机服务中介等部门、环节。从狭义来看该体系主要包括直接为农户提供农机作业服务的部门以及为农机户、农机服务组织提供服务的部门，包括农机户和各种农机服务组织，农机维修和配件、油料供应部门。本课题主要从狭义的范围，研究农机服务产业化的组织体系。

目前，我国的农机化管理和公共服务体系比较健全。2003年年末，全国农机化管理服务机构3.68万个，教育培训机构2181个，科研机构119个，试验鉴定机构49个，技术推广机构2439个，安全监理机构2955个。全国每个省、地区和县基本上设置有农机管理、技术推广和监理机构，整个农机系统管理、推广、鉴定、监理等人员共计约25万多人，其中一半左右属于科技人员，这为各项农机化工作特别是农机服务工作的开展奠定了良好的基础。

在农机服务组织方面，到2003年年底，全国各类农机服务组织达到了3082万个，从业人员3686万人，农机社会化服务步伐不断推进。目前，农机户仍然是最基本的服务组织形式，2003年，全国农机户达到了3055万户，比2002年增长3.9%，农机户占到了农村农户总数的12%多；农机专业户达到360.4万户，比2002年增长约30万户，农机专业户占到农机户总数的11.8%。但是，农机户的经营实力、经营水平普遍较低，规模较大，技术水平和管理水平相对较高的专业化农机作业服务组织仅有27万多个，从业人员108万人，分别只占到农机服务组织和从业人员的1%和3%。因此，我国农机的专业化和社会化服务水平较低，发展空间较大。

（二）农机服务产业化的组织形式

农机服务产业化的组织形式，其实质是农业机械由谁投资、该谁所有、如何经营管理等一系列问题。采取什么样的组织形式，主要是由当地农业生产的特点、农机化发展的特点等因素决定的。组织形式合理，就能推动农机化和农业的发展，反之，则会制约农机化和农业的发展。

采用一定的组织形式，提高农业生产组织化程度，是农业和农机化发展的基础。把分散的农机有效组织起来，提高组织化程度，培育农机服务产业化的经营主体，是农机服务产业化发展的载体和依托。在农村解决温饱问题，进入新的发展阶段以后，原有的分散经营的农机体制面临着调整的问题，分散的个体农机户作业，难以适应农机作业服务市场不断发展的要求，难以形成规模生产力。

在中国各地农机服务产业化的发展进程中，出现了许多适应当地农业和农机化发展特点的不同组织形式，有些组织形式从现代企业理论的角度分析也许会存在一些制度上的缺陷，并不一定完善，但是它能适应一些地区当时当地的特点，适应当地生产力的特点，推动了农机化的发展，因而在某一地区、某一时期也有发展的生命力。这些农机服务产业化的组织形式，从不同的角度、按不同的标准可以进行不同的分类。

1. 根据农机服务的龙头企业和参与者主体的相关关系、联结程度来划分

农机服务产业化经营主要有以下几种组织模式：

（1）实体带动型

这种模式是通过县、乡、村公益性农机服务组织如农机站、农机队吸引农机户加入，实行统一管理、经营，单机核算，这种模式在农机服务体系建设的初期很普遍。

（2）中介组织带动型

是指农机合作社、农机专业协会等中介组织通过章程、契约把分散的农机户组织起来，形成一个利益共同体，按照“风险共担、利润均沾”的原则进行运作。

（3）农机大户带动型

由农机大户发起吸收两个或两个以上农机经营者加入，按照契约或协议组成的临时性松散联合体，农忙季节或有工程项目时利用联合体的集团优势，进行联合作战，具有灵活性的特

点。

(4) 农机大户型

是指农机资产规模较大、设备齐全，以从事农田作业服务为主，并能开展多种农机服务的农机专业户，农忙时开展农田作业服务，农闲时参与农村基础设施建设、滩涂开发、荒山治理、农村运输等。这种模式没有契约或协议的约束，自主性强，经营方式灵活。

2. 按照组织内部参与主体之间的联结和发展的程度来划分

(1) 松散型

就是农机服务的龙头企业凭借其传统信誉为农户提供各种农机作业服务，主要通过市场化关系，没有其他约束关系。

(2) 紧密型

龙头企业通过合同（契约）关系、股份合作关系、股份制关系等约束方式联结组织和农户及其他参与者主体。

3. 按照农机服务产业化体系的组成要素来划分

(1) 农机大户

在今后相当长的一段时间内，农机大户将是农机服务市场最重要的市场主体。在不同的地方，农机大户有不同的叫法，比如农机服务大户、农机专业大户、农机专业户等，实际上这些概念的内涵还是有些区别的，这里统一叫农机大户。在我国当前的农村社会经济条件下，农机大户是农机服务产业化发展的基础，也是农机服务产业化最基本的组织形式。在 20 世纪 80 年代我国农机服务体系建设的带动下，各地出现了一批农机大户，包括农用运输大户、联合收割机经营大户、农产品加工大户、农机经营大户，还有以农机经营大户为主体，承包大面积土地发展起来的机械化家庭农场和集体农场。特别是由于跨区作业和农机作业服务市场的发展，作业服务的经济效益明显，刺激农民通过自筹资金、滚动发展成为联合收割机经营大户，并且通过大户的带动，联合周边的农机户，形成跨区作业组，这样就在实践中形成了由大户牵头的新的农机服务组织。

农机大户是当前开展农机服务最主要的力量，特别是在一些经济不发达的地区，农机大户是农机服务产业化最主要的组织形式，也是最普遍、最适合各地特点的组织形式之一。开展农机服务是农民致富的重要途径之一，在农机服务市场兴起的过程中，一些比较富裕或有农机专长的农民，抓住市场机遇，购置农业机械为当地农户提供农机服务，获取作业收入和利润，由此走上了农机作业服务的道路。农机大户是一种很有发展前途的农机服务产业化组织形式，他们一般以开展农田作业、农业基础设施建设、乡村基础设施建设等作业服务为主，有的农闲时还从事农村运输作业，为农民生产生活和农村经济发展解决了不少难题。2003 年，全国农机户实现经营收入 2013.5 亿元，利润达 770 亿元，农机户所得 702 亿元，比上年增加 9.4%，农机户户均所得 2298 元，乡村农机人员人均所得 1876 元，经营农业机械已经成为农民增收的一个重要手段。

发展农机大户是完善农机社会化服务体系，加快农业机械化发展的重要途径。农机大户是农机社会化服务体系的一个重要组成部分，它直接承担着农村和农民服务的任务。但长期以来，由于计划经济体制的影响，加上农民的投资、经营能力有限，没有把农机大户摆在应有的地位，致使农机大户势单力薄，服务功能不强，直接影响了整个农机社会化服务体系的完善和功能的提高。随着农民投资能力的提高和农机作业服务市场的发展，从 20 世纪 90 年代中期，全国各地积极引导扶持发展农机大户，不断强化农机大户的功能，为整个农机社会化服务体系的健康发展注入了新的生机和活力。

农机大户的机械以大中型为主，服务方式以技术集约承包为主，经营机制灵活，服务项目科技含量较高。据山西、山东等地的统计，这些地区 10 万元以上的农机大户拥有的农机总动力就占当地农机总动力的 30%，承担了机械旱作农业开发、化肥机械深施、小麦联合收获、秸秆还田等农业机械化新技术项目70%以上的作业量。因此，农机大户在自身发展的同时，也有力地带动和促进了农机装备实力和机械化水平的提高。农机大户的发展对农机化水平的提高起到了明显的带动和促进作用。

近年来，农机大户的发展呈现这样几个特点：一是发展速度快。越来越多的农民把发展农机服务作为致富的重要途径投资于农机服务领域。二是服务内容越来越完善。为农户提供耕、耙、播、收一整套服务，配套的机具日益齐全、完备。三是服务领域越来越扩大。过去农机户只注重当地的、眼前的市场，现在走出去搞跨区作业。比如，在我国的北方地区，基本形成一年四季以农机为主的四大作业市场，春季播种，夏季收割、播种，秋季收割，冬季搞农田建设、农业综合开发、农村基本建设、小城镇建设等。四是管理、服务水平不断提高。无论是农机系统的内部管理，还是为农机大户服务的水平越来越高，如农机部门、中介服务机构为农机户开通信息服务渠道、把新机具及时提供给农机户、为农机户提供进一步的政策支持等。

（2）基层农机服务组织

基层农机服务组织主要包括县（市）农机服务管理站、农机技术推广站、乡镇农机管理站等基层农机管理组织以及村组农机队，这些组织一般属国家或集体所有，他们组织农机服务队，为本地农业生产及相关行业提供机械化服务。在基层农机服务组织中，目前最主要的一种形式是乡村农机服务组织，这种形式主要是由集体购置农机具，以相对较低的价格提供机械化服务。集体农机站克服了农机户无力或不善经营的大中型农业机械和专用设备的问题。这种组织形式在东部、大中城市郊区以及一些集体经济比较发达的地区比较典型，特别是江苏苏南地区，在20世纪80年代中期，由于乡镇企业的发展，集体经济实力雄厚，兴办了不少集体农机队，不过现在这些组织大部分都改制了。

大中城市郊区经济发达，采用这种形式的也较多。如天津市北辰区的农机服务组织和吉林省榆树市弓棚镇国营拖拉机站就是这种类型。天津市北辰区农机局根据大都市城郊型农业结构调整后出现的耕地少、种植业及其他农副业结构复杂而又对农机具需求小批量、多样化的特点，组建了局属农机服务队，引进各类新型的果园农机具，小麦、水稻、玉米种植机械，激光平地机，农业基本建设机械，并自研自制了一系列农业机械，为所在地区的农机生产和农村经济提供多样化的农机作业服务，基本满足了农民园田、果蔬、粮食和各类经济作物、养殖业及农村工程建设、土地改良和植树造林的作业需求。在区局农机服务队的示范带动下，各乡镇也纷纷组建了各类农机服务队，农业生产能力得到有效提高。这种组织形式往往是在农机户不愿或难以承担的情况下，只有集体和当地农机部门出资组成农机服务队，为当地提供农机作业服务。天津北辰区的这种模式被人们称为“北辰模式”。

（3）农机专业合作组织

农机专业合作组织由集体或农民个体牵头，由集体和个体机械联合或全由农民个体机械组成农机服务合作社，民主选举合作社领导，实行统一组织、集体作业、单车核算。农机合作经营一般农忙时集中统一作业，农闲时分散经营，属松散型农机服务组织。这种农机服务组织形式适应了农民单户生产、但季节需要集中农机作业的要求，该形式在河北、山东等省份较为普遍，特别是在小麦联合收获跨区作业中发挥了显著的作用。

（4）股份合作制组织

农机股份合作制是一种新兴的农机服务组织，其形式也多种多样。一种是由原有的乡镇、村组农机服务队经过改制、吸收一些农机户而组成；另一种是股东均为农机户。

第一种形式的产生是由于市场体制的建立，原有的乡、镇国家、集体经营的农机服务组织面临着改制的问题，其主要做法是以原有的乡镇农机站或村农机队为依托，将集体的机械折股，吸收农民以机械、资金或实物入股，组建农机股份合作组织，并按股份合作章程运行。其特点是结合紧密、起步较高、运作规范、产权明晰、管理科学，服务功能比较齐全，发展后劲大。

如山东省平度市马戈庄镇，镇农机站农机拥有量比较大，但由于经营一般、资金不足、机制不活，不能购置大中型机具，不适应农业深耕深松、联合收获等发展需要。为解决这些问题，该农机站在 1999 年对站办实体进行改制，成立了股份合作制农机服务合作社。合作社的成立，不但改善了经营，增强了实力，而且降低了农民的生产成本，对农机化新技术、新机具的推广也起到了示范带动作用，收到了较好的社会和经济效益，合作社成立当年就实现农机作业利润 30 万多元。这种股份合作制的股东既有乡镇农机站等集体经济组织，又有农机户，能较好地调动各方面的积极性，避免单一的集体所有制或单一的农机个体经营容易产生的一些问题，这种形式代表了原来集体农机队改制的一个方向。

农机股份合作社（公司）继承了家庭承包经营实行以前集体经营的一些优点，但又尊重农民的意愿、抛弃了“大锅饭”弊端的一种农业生产组织形式。这种组织形式以农机、土地等生产要素为纽带，组建农机股份合作社，引导农民在自愿的基础上以原农机队和农机大户的农业机械为依托、农户以土地作股组成农机股份合作社。山东潍坊市各县区就组建了 300 多个这样的合作社。股份合作社实行有统有分的经营管理机制（统一整地、统一采购种子化肥、统一耕种、统一田管、统一收获销售、按股分红），实现了土地资源与农业生产机械和资本的优化配置，农业生产形成规模化，这种形式能有效地降低农业生产成本，使土地和农机得到充分利用，抗灾能力增强，降低了农民生产经营的风险，人均收入有较大提高。又如黑龙江省试点的股份制农机作业公司，是自主经营、独立核算、自负盈亏的股份制经济实体，是按照企业化管理的模式，进行农业标准化、专业化、规模化生产的经营服务单位。在经营上本着农民自愿的原则，在明确农村土地所有权、稳定家庭承包经营权、放活土地使用权的基础上，农民以土地入股，实行集约化经营。股份制农机作业公司按照现代化企业制度要求，形成相互制约的管理机制，并在生产中提高大机械的利用率，发挥农业产业化的优势，促进农民增产增收。截至2003年7月，海伦、呼兰、克山等3县（市）的15个农机作业公司组建工作进展顺利（除了富锦市3个农机作业公司起步较晚、新购机具尚未到位以外），资金、机具、人员按时到位，均通过了省农机局的检查验收，开始了正式运营。据统计，15个农机作业公司的股份涉及耕地面积31万亩、12978农户，入股资金总额2488.7万元。截至2003年7月份，这15个农机作业公司开展整地作业86593亩、机播98269万亩，毛收入148.8万元。此外，还有规模经营的家庭机械化农场、农机示范园区、农业示范园区等机械化服务的产业组织形式。

第二种股份合作形式，随着农民收入水平的提高和投资能力、经营组织能力的增强，也将逐步发展。

（5）中介服务组织

农机中介服务组织是在农机作业服务市场日益形成的形势下发展起来的。目前的农机中介组织主要是乡镇农机服务站、村组的农机联络员以及各种类型农机使用者协会、农机个体协会等，这些中介服务组织在农机服务市场中发挥着桥梁和纽带作用，为农机经营者和被服务对象牵线搭桥，提供中介服务，较好地解决了有机户作业难、无机户用机难的矛盾。这种中介组织实行有偿服务，与农机服务市场各方面的联系密切，组织相对稳定，受到了农户和农机手的欢迎。

（三）农机服务产业化组织的运行机制

不论农机服务产业化是何种模式，它们都具有许多共同的特性。一是产业化经营组织对多元参与者主体必须拥有利益诱因，通过实现组织目标，而达到各参与者主体的目标；二是农机服务产业化经营组织是“龙”型载体结构，各参与者主体均须按照一定的组织系统和规章制度有规律有秩序地运作，产生聚合效应，得以高效地利用给定的资源，产生新的价值；三是根据利益共同体原则，达成产业化整体目标与多元参与者主体目标的最佳结合，以及各参与者主体对产业化组织的忠诚和效力，是产业化经营永续发展的重要条件。不论采用何种发展类型和组织模式，农机服务产业化是农业现代化的重要内容和战略方向。

（四）农机服务产业化服务模式

我国农机服务产业化从20世纪90年代初期萌芽，到现在开始形成一定规模和影响。在这10多年发展过程中，由于各地具体的发展条件不同，出现了各具特点的发展模式。一个地区采用什么样的发展模式既要与本地的生产力水平、社会经济发展状况、农业自然资源特点、种植模式相结合；同时还要和当地农机化的发展机遇、农机作业服务市场的状况相结合，这样才能更好地推动农机化发展，更好地为农业产业化经营服务。

1. 跨区作业模式

跨区作业是一种深入人心的模式，自跨区作业开展以来，得到了广大农民的支持、欢迎和社会各方面的认同，是当前农机服务产业化最重要的模式。跨区作业的地域范围，已经从当初的跨乡镇作业发展到跨省（市）的全国性跨区作业。跨区作业的作业环节已经从小麦的跨区收割，发展到跨区机耕、机播，作业领域已从田间作业发展到农业生产的产前、产中、产后直至农田水利基本建设、旱作农业开发、生态环境保护和治理等。跨区作业的作物对象已经从小麦作物的机械化生产，发展到玉米、水稻等作物的机械化生产。跨区作业给中国的农机化事业带来了诸多的启示和影响。

通过十年多的探索和政府部门的大力推动，跨区作业已成为一种成熟的模式，为社会和广大农机服务组织所接受，受到农民的热烈欢迎，今后将会作为农机服务产业化的一种基本模式向纵深发展。

（1）跨区作业规模逐年扩大

从区域上看，全国跨区机收范围由刚开始时的北方小麦主产省，拓展到现在全国所有的小麦生产省份和部分水稻、玉米生产省份；从参加跨区作业的机具数量上看，2003 年全国参加跨区收获小麦联合收割机共有 12.3 万台，比 1996 年增加了 10.1 万台，增加了 4 倍多，其中，跨省作业的联合收割机达到了 5.4 万台；从作业面积上看，2003 年完成跨区机收小麦面积为 4941 khm^2，比 1996 年增加了 3267 khm^2，增长了近 2 倍；跨区机收水稻面积为 1756 khm^2，比 2000 年的 626 khm^2 增长了近 2 倍；跨区机收玉米面积为 97 khm^2，比 2000 年的 91 khm^2 增加了 6 khm^2。河北、河南、山东省每年参加跨区机收的联合收割机数量都在 2 万台以上，成为我国跨区机收工作的主战场。

（2）组织化程度进一步提高

1997 年，农业部等六部委联合成立了全国跨区机收小麦工作领导小组，各地也相应成立了由政府牵头、有关部门参加的跨区作业领导机构，初步建立了从中央到地方一套完整的农机跨区作业指挥管理体系。2003 年，各地组建跨区机收服务队已达到 6864 个，其中跨区机收小麦服务队 5425 个，签订了跨区作业合同 7.2 万份，核发了 9.3 万张“联合收割机跨区作业证”，设立跨区机收接待服务站 5898 个，有效地保障了跨区机收工作的顺利进行。

(3) 跨区作业服务、管理行为进一步走向规范

在总结各地经验的基础上，2000 年农业部颁布了《联合收割机跨区作业管理暂行办法》，各地结合本地实际，也制定了相应的实施细则和配套法规。政府部门通过积极引导、加强监督和大力搞好服务，跨区作业秩序逐年好转，特别是因供需矛盾引发的拦截联合收割机、刁难机手的现象明显减少，盲目流动的“散机”也得到了一定的控制，基本实现了联合收割机的有序流动。

(4) 跨区作业创造了良好的经济效益和社会效益

一方面，提高了农业机械化水平。2003 年，全国小麦机收水平达到 75%，比 1995 年增加了 20 多个百分点，北方小麦主产区的机收水平达到了 80% 以上。另一方面，增加了农民收入。2003 年完成跨区收获小麦 7411.5 万亩，仅此一项，就为全国农机经营者增加作业收入 22 亿元。随着跨区机收的推进，还拉动了农村的有效需求，促进了农机工业的发展。据初步统计，2003 年全国小麦联合收割机保有量达到 36.22 万台，比 1995 年增加了 28.72 万台，增加了近 4 倍，为我国农机工业增加产值 200 多亿元。

(5) 发展区域和作业环节不断延伸

从小麦主产区向玉米主产区、水稻主产区发展，从作物的联合收割环节向跨区机耕、跨区机播、跨区机械烘干等环节发展。借鉴小麦跨区收割的成功经验，山西、河北、山东的一些省份在 1996 年左右就开始组织跨区机耕、机播等作业，大力推广小麦、玉米的机械化旱作农业技术和精少量播种技术。南方的广西壮族自治区从 1998 年在全区范围内进行水稻跨区收割的试验，近年又连续进行了组织，跨区作业的规模也不断扩大，做法也越来越成熟。江苏、浙江、湖北、湖南、江西等南方水稻主产区也在积极摸索水稻生产跨区作业的路子，特别是江苏省通过发展水稻流动烘干中心，开始解决水稻的烘干问题。

(6) 作业领域不断拓展

跨区作业从种植业的田间作业环节开始向农产品的保鲜、储藏、加工、运输等产后延伸，向农田水利基本建设、生态环境的保护与建设、机械化旱作农业、农业商品生产基地建设、扶贫开发等多个领域发展，极大地促进了农业产业化的发展和农业生产条件的改善，例如，使用农业机械进行农田水利基本建设、生态环境的治理与保护等，具有作业效率高、攻坚能力强的特点，一套大型作业机组（75 马力）的作业效率相当于 1000 多个农业劳动力，使许多以前难以建设的农业基础设施建设项目因为农业机械的大量使用而得以顺利实施，极大地提高了农业基础设施建设的水平。

此外，跨区作业这种方式也开始向农业的产业化经营、农村小城镇建设、西部大开发等领域延伸，使农机在国民经济发展中找到了更多的用武之地，日益显示出广泛的适应性，不只为农业服务，还为国民经济服务，为实施国家的大政方针服务。

2. 农机作业承包模式

农机作业承包模式是中国农村改革后最早出现的一种农机服务产业化的经营模式，也是目前农机作业服务中使用最普遍的一种模式。全国各地的各种农机服务组织，不少是通过作业承包这种基本方式走向市场的。从某种意义上讲，跨区作业模式也是在农机作业承包模式的基础上发展壮大的。通过作业承包模式，实现了户营农机和乡村农机服务组织的优势互补，实现了有机户和无机户的结合，实现了农机专业户、农机服务组织与农机服务市场的有效结合，是推动农机化和农机服务产业化的一条比较有效的途径。

农机作业承包模式的发展，大体经历了以下几个发展阶段：

第一阶段是户营农机起步与农机作业承包萌芽阶段。这一阶段，农机作业服务市场的主体开始形成，一些农机户在完成自己承包耕地的农机作业时，开始为周边的农户承包部分农田作业，农机服务开始走向市场。

第二阶段是规范发展阶段。政府部门针对户营农机盲目发展中的一些问题，对户营农机的发展进行引导，运用多种调控手段，采用机、油（或补贴）、田三挂钩的办法鼓励和组织有机户和无机户签订农田作业服务合同，扩大农田作业规模，这里平价柴油和财政补贴起到决定性的作用。并且政府农机管理部门发挥农机部门的行业优势，加大调控力度，采用“政府、企业（农机户）、物资”三结合的组织管理办法，规范以户营农机为基础的服务体系的建设，强化合同管理，迅速形成规模。

第三阶段是规模化、组织化发展阶段。农机大户在农机服务市场中占主导作用，农机大户经营农机不再以耕作自己的承包地为主，而是以向市场提供农机作业服务为主，并且以农机大户为基础的各种类型的农机服务龙头企业、农机合作经济组织不断涌现。如江西芙蓉农场为了解决好零散和撂荒土地的经营耕作，将土地集中经营，同时在彭泽县农机局大力扶持农场农机大户的做法下，走机械化家庭农场经营之路，这是机械化家庭农场的一种形式。针对土地撂荒的情况，芙蓉农场采取集中统一发包，向种植大户集中。从1999年开始，到目前，种植大户连年增加，现已发展到59户，种植面积7300亩，占芙蓉农场耕地总面积的“半壁江山”。为此，彭泽县农机局积极扶持农机大户发展，从资金、信息、售后服务三个方面，大力扶持农机大户。59个种植大户，户户有农机，推动了农业集约化、规模化经营进程，同时也使原来从事传统农耕的500多个劳动力向第二、第三产业转移，改变了农业产业结构。

二、农机服务产业化组织及其机制创新

农机服务组织与运行机制创新的目标，应当是建立起一个整体利益一致、分工明确合理、功能全面强大、运行协调高效

的组织体系。其基本框架应当是以各种类型（包括大农业产前、产中、产后机械化服务）的农机专业户、合作社（或股份合作)、联合体以及集体、个体农机服务企业为基础，以公益性和非公益性为农机经营者服务组织为支撑，以专业合作协会的组织制度为纽带，以市场利益机制为驱动，以政府服务为保障的组织与机制的框架结构。

（一）公益性服务组织

国家为解决农民与企业办不了、办不好的事情而设立的非盈利性公共事业组织。按国际惯例，农机公益性事业应当包括培训、中试、示范、机械化应用先进技术的推广、安全检验、信息、咨询、仲裁等。这一部分的创新点在于，传统的事业单位内部组织形式、服务功能、运作方式、管理制度的创新。组织形式应以需求、功能的要求因地制宜，灵活多样。比如，省以下不一定按行政级别和社区层层都设推广站，也不必所有的乡镇都设管理服务站，可以跨乡镇按区域设立农机服务中心。可以按国家、地方项目，也可以按地形地貌、农业生产专业化区域等特点要求，设立各种专业针对性强的试验示范推广中心、专业试验示范基地等。这样既可以避免一般性工作的重复，又能够集中人财物力，提高国家项目资金的使用效率和科技成果转化速度。服务功能方面，传统领域应在规范、范围、能力、水平、机制上创新，比如培训学校，长期仅限于拖拉机驾驶员培训，不仅不能适应农业生产和农村经济发展的需要，而且随时有被淘汰的危险，应面向机手的多层次需要、农民的需要以及农村经济发展的需要拓展培训内容，提高培训水平，当然，这也需要合理布局，避免低水平的重复、浪费。信息、咨询等新的服务组织，则应高起点、高效率、按新机制加快建设。在运作方式与管理制度方面，也应改变传统的行政性的方式和制度，建立以项目为中心，以绩效为依据，国家投资、拨款、个人收入与服务绩效成正比的运行机制。比如，在农民培训的财政拨付方式上，可借鉴德国等国家由第三方考核，按合格者的数量补贴学校和学习合格的农民等方式。

（二）非公益性服务组织

能够以市场机制运行的为农机经营者服务的企业组织，其经营主体有国家、集体法人，个体、联合体等多种成分，是农机服务领域国有企业最多的一个层面，创新的重点是国有企业的改革，各级部门创办实体的改制，以及个体业户的整合。省农机（供销）集团公司的创新点在于引进现代企业制度和优秀的经营管理人才，整合资源，扩大规模，增加效益；维修企业应引进新的经营理念和企业制度，发展保修业和大型机械事故抢修业，将来条件具备时，还可以发展农机安全保险业务等。实体改制尤其是乡镇站办实体改制是必然的趋势，也有利于农机服务业的正常发展，但实施中，一要注意依法保护企业的合法权益，防止企业财产被权力侵占和掠夺；二要注意依靠现代企业制度和市场运作方式，扩大企业规模、档次，以考级、设立分店或股份合作等市场经济运作方式，整合小维修、小配件等，扩大企业规模，减少交易成本，共享规模效益，提高产业服务能力和水平。

为农民提供机械化技术服务的组织，是农机服务组织体系的前沿性基础产业组织。创新的重点在于引进联合、合作、股份制等现代企业制度，靠宣传引导但主要靠优质、高效、系列化服务等市场运作方式。在明晰产权的基础上，把众多分散的农机专业户组织起来，形成规模，形成中国特色的农机服务产业。

最后，合作协会制度是市场经济体制下政府部门、国家公益性服务事业单位与农机服务产业组织联系的桥梁，也是连接所有农机服务产业组织并使之成为一个具有共同利益的整体的纽带。这种组织形式和制度以其在世界100多年的历史和众多发达国家的成功实践，证明了是降低政策调控和公益性服务成本、提高服务效率的有效制度安排，是有效保护农民和农机经营者的利益，与垄断资本抗衡的组织资源，更是快速有效地反映农民和农机服务业主的要求，争取有利于发展的产业政策的有效中介组织形式。

三、促进我国农机服务产业化发展的对策与措施

农机服务产业化是一种按市场机制运作的组织形式和服务方式，它能较好地解决小生产与大市场的对接问题，使得农村经济的发展和农民增收，找到了有效的载体和桥梁。各地在农机服务组织方面已经有了一个良好的发展势头，但总体上还处于起步阶段，不能完全适应农村市场经济发展的需要。同时，由于资金短缺，农机服务组织凝聚力不强等问题，不少组织运转困难。如何使农机服务组织在市场经济条件下不断壮大自身实力，实现自我积累、自我发展，将成为一个需要长期探索的问题。

（一）强化市场引导与规范

重点是培育市场主体和形成市场体系。我国农业机械化的发展不能期望国家大量的无偿投入，只能依靠市场机制求得自身的发展，实质上就是使农机社会化服务面向市场，实行灵活经营，只有运行机制活了，服务才能真正搞活起来。

（二）大力培育农机服务产业化的主体

《农业机械化促进法》明确规定：各级人民政府应当采取措施，鼓励和扶持发展多种形式的农业机械服务组织，推进农业机械化信息网络建设，完善农业机械化服务体系。农业机械服务组织应当根据农民、农业生产经营组织的需求，提供农业机械示范推广、实用技术培训、维修、信息、中介等社会化服务。农机服务产业化的主体，应以龙头组织为核心，通过利益

诱导，吸收更多的农机户加盟，形成庞大的农机服务产业群。充分发挥具有龙头作用的农机经营联合体、农机专业协会、农机合作社等中介组织和农机大户的作用。通过法规的制定和实施，规范农机中介服务组织行为，明确权利和义务，形成与农机户利益分享、风险共担的运行机制。引导农机户按照市场需求变化开展服务作业，促进共同利用，获得良好效益。加强组织协调，提供信息、培训指导，进一步培育和提高农机专业户经营服务能力维护市场秩序，保护各类经营主体的合法权益等。政府从政策、资金、税收、信贷等方面积极支持这类组织的发展壮大。

（三）建立健全利益联结机制

健全的利益调节机制是产业链条各环节结成利益共同体、提高农机服务产业化组织程度的有利条件。一是要实行契约管理，保证各环节所得利润的合理分配；二是实行股份合作制，建立相互依存的产权关系，引导农机户通过资金、技术、设备、设施等入股，按股分红。同时，建立多元投入机制。加强信息沟通和信息服务，使农机服务产业链不断延伸。不断创新农机服务产业化的组织形式和服务模式，在自愿、互利、平等的原则下，实行合理的利益联结方式。以跨区机收为服务纽带，两头延伸，扩展农机服务领域，形成农业产前、产中、产后机械化“一条龙”服务，推进农机服务社会化、产业化，提高农业效益和质量，开办农机经营门市部，提供农机配件供应、农机修理、农机培训、农机信息、技术咨询等多层次服务。

（四）加强政府宏观调控

在推进农机服务产业化过程中，政府应加强宏观调控，为农机服务产业化创造良好的发展环境与条件。

1. 进一步完善农业机械化政策法规建设

围绕《农业机械化促进法》，完善配套措施和保障手段，建立健全农业机械化行业宏观管理的政策法规体系。

2. 加强组织协调和引导

重点是改革条块分割的管理体制，协调好国家、服务组织与农民之间的关系，保护农机经营者及农民的利益。

3. 加大对农业机械化的投入和补贴力度

第一，加大对农民和农业生产经营组织购买国家支持推广的先进适用的农业机械的补贴和力度。我国自 1998 年实施“大中型拖拉机及配套机具更新补助费”开始，连续 7 年对农业机械更新与购置给予补贴，效果良好。韩国在 1977—1986 年推进农业机械化的关键时期，对具有一定规模的农协、农地改良组合等机械化营农团——共同利用农业机械组织购置农业机械，实行补助 40%、贷款 60% 的全额支援供应方法。法国政府帮助农户组建了许多农机使用合作社。一些效率高、投资大、专业性强的机械，如经济作物作业机械、大型收获机械和农田基本建设机械等，都通过合作社集体购买。这些优惠政策的实施有力地促进了各种农业机械化经营组织的建立和服务体系的完善，也促进了这些国家农业机械化的发展，加快其建设现代农业的进程。

第二，对农业机械实施燃油补贴。对农用燃油实行减免税和价格补贴，是 WTO 成员国政府通过生产资料补贴给农民提供的间接性收入支持。德国农业政策规定，农民用的柴油半价供应，政府实行 25%—50% 的价格补贴；20 世纪 70 年代为此支出 4 亿—5 亿马克。法国政府一直对农用燃油实行减税 15% 优惠政策，并且自 20 世纪 50 年代以来实行农用燃油减价供应，有些年份该项减免达到了法国整个农业预算的 20%。建议在国家将要实施的燃油税改革中，依法对农业用油实行免税政策。并通过部门转移支付的方式，对田间作业用油实行 30%—40% 的价格补贴。补贴对象以农业机械经营者为主。

第三，继续执行农机作业免税政策，以减轻农民负担，提高农机经营主体的收入。此外，要降低农机产品增值税和农机企业所得税，对农机新产品开发用关键部件的进口减免关税，减少农机化支出。

第四，政府部门除在每年的财政支农资金中安排一定比例，用于支持农机服务组织的发展，银行、信用社等金融部门也应积极给予信贷支持，提供各种低息贷款，帮助解决农机服务组织流动资金的不足。

第五，各级政府依法制定相应的政策措施，引导、扶持农机大户和各种农机服务组织的发展，并以试验示范基地为依托，为农民和农业生产经营组织无偿提供公益性农业机械技术的推广、培训等服务。

第二节

加快推进南方丘陵山区农业机械化①

在我国南方，丘陵山区比例超过60%的省份有12个，依次是贵州、重庆、云南、四川、福建、广西、浙江、江西、湖南、湖北、广东、台湾。本文研究对象是除台湾地区以外的其他11个省，上述11个省（市、区）80%的土地面积为丘陵山区，耕地面积占全国耕地面积的31.5%，粮食产量占全国粮食总产量的33.7%，水稻产量占全国水稻总产量的65.23%。

随着我国工业化和城市进程的加速，南方丘陵山区的农村劳动力越来越多地从农村转移到城镇，从农业转移到第

① 本节内容选自农业部软科学课题《加快推进南方丘陵山区农业机械化对策研究》（课题编号：200815），课题主持人：易中懿。

二、第三产业，农业劳动力女性化、老龄化特征明显，农业劳动力开始短缺，土地抛荒、转租等现象大量发生。在这一背景下，继续从事农业生产的农户对农业机械化的需求迅速增加，提高丘陵山区机械化水平已经成为当地农业发展的必然选择。

但是，我国南方丘陵山区农业机械化水平长期停滞在较低水平，2006 年南方丘陵山区 11 个省耕地机械化水平为 31.10%、播种机械化水平仅为 1.41%、机电灌溉水平为 13.54%、机械植保水平为 16.40%、机械收获水平为 10.86%，比全国平均水平分别低 24.29%、30.58%、16.54%、11.77%、14.26%，远远低于平原地区。如何提高农业机械化水平，以提高劳动生产率、降低劳动强度、保障粮食安全，成了南方丘陵山区现代农业发展和新农村建设所面临的重大课题；同时南方丘陵山区是我国水稻主产区，加快提高农业机械化对于保障我国粮食安全也具有极为重要的意义。

一、南方丘陵山区农机化宏观环境研究

本部分从自然环境、经济环境、人口环境、种植结构、技术环境等方面深入分析了南方丘陵山区发展农业机械化的外部宏观环境。

（一）自然环境分析

南方丘陵山区 11 省（市）土地资源的地形状况见表 4－1。整体来说南方丘陵山区各省中，地处西南的贵州、云南、四川、重庆、广西 5 省的丘陵山地面积比例相对较高，地处中、东南的福建、江西、浙江、广东、湖北、湖南 6 省的丘陵山地面积比例相对较低，但丘陵山地面积比例都在全国平均水平 60.97% 之上，整个南方丘陵山区的土地中丘陵山地面积比例高达 79.78%。这种以丘陵山地为主的地形，其农业机械化就要求以小型、轻便的农业机械为主，大中型农业机械很难

在这类地区得到推广应用。

表 4-1　　南方丘陵山区土地资源地形状况

省（市）名称	土地面积（万亩）	平地面积（万亩）	丘陵面积（万亩）	山地面积（万亩）	丘陵、山地所占比例（%）
全国	1184853.00	462455.40	194839.71	527557.89	60.97
地区合计	339154.80	68565.04	72412.92	198176.84	79.78
贵州	26188.05	1130.44	2015.97	23041.64	95.68
云南	55958.98	4305.40	5283.57	46370.01	92.31
四川*	79655.28	6815.33	15217.30	57622.65	91.44
福建	18075.12	3806.47	5607.21	8661.44	78.94
广西	35103.23	9371.48	9293.48	16438.27	73.30
江西	24751.56	7343.64	5266.35	12141.57	70.33
浙江	14741.26	4409.28	7070.76	3261.22	70.09
广东	26878.38	9722.83	10925.52	6230.03	63.83
湖北	27062.32	10128.49	6159.54	10774.29	62.57
湖南	30740.62	11531.68	5573.22	13635.72	62.49

*包括重庆。

数据来源：《中国 1：100 万土地资源图》。

（二）经济环境分析

南方丘陵山区宏观经济情况大致见表 4-2。可以看出，从地区生产总值来看，从小到大排序依次是贵州、重庆、云南、江西、广西、湖南、湖北、福建、四川、浙江、广东；从第一产业所占比重来看，从大到小依次是广西、云南、四川、湖南、贵州、江西、湖北、重庆、福建、广东、浙江，但前 9 个省份第一产业所占比重均大于全国平均水平的 11.73%；从人均地区生产总值来看，从小到大排序依次是贵州、云南、广西、四川、江西、湖南、重庆、湖北、福建、广东、浙江，但前 8 个省份的人均地区生产总值均小于全国平均水平的 16084 元；从劳均农林渔牧业生产总值（地区农林渔牧业生产总值除以地区从事农林渔牧业劳动力数量）来看，从小到大排序依次是贵州、云南、重庆、湖南、广西、四川、江西、湖北、广东、浙江、福建，但前7个省份的劳均农林渔牧业生产总值均小于全国平均水平的14153元，这7个省份主要在南方的中西部。整体而言，南方丘陵山区中西部的经济发展水平低于全国平均水平，南方丘陵山区东部的经济发展水平高于全国平均水平。

表4－2　　南方丘陵山区经济状况

	地区生产总值（亿元）	第一产业比重（%）	人均地区生产总值（元）	劳均农林渔牧业产值（元）
全国	210871	11.73	16084	14153
地区合计	92628.88	11.72	15919	12097
贵州	2282	17.23	5787	4815
云南	4006.72	18.71	8970	7158
广西	4828.51	21.38	10296	10965
四川	8637.81	18.47	10546	11227
江西	4670.53	16.83	10798	12915
湖南	7568.89	17.60	11950	10922
重庆	3491.57	12.20	12457	8213
湖北	7581.32	15.04	13296	16982
福建	7614.55	11.77	21471	21619
广东	26204.47	6.02	28332	17466
浙江	15742.51	5.88	31874	19247

数据来源：《中国统计年鉴2007》、《中国农业年鉴2007》。

（三）人口环境分析

表4－3是第二次农业普查关于农业从业人员的数量及构成数据。表4－3中的南方丘陵山区7个省的农业从业人员女性化特征不是很明显，并且各省均低于全国平均水平；而农业从业人员老龄化问题内部差异较大，贵州、广西两省农业从业人员40岁以上的比例分别为50%、50.8%，低于全国平均水平的55.6%，广东、湖南、湖北、重庆、浙江5省农业从人

员40岁以上的比例分别为60%、60.8%、63.7%、65.5%、79%，高于全国平均水平的55.6%；农业从业人员低文化特征也表现突出，贵州、重庆、湖北、浙江4省的农业从业人员文化程度为小学及以下的比例均在50%以上，分别为68.4%、63.5%、50.9%、71%，而广西、湖南、广东三省该比例也高达45%、47.2%、44.28%。

表4－3　　农业从业人员数量及构成

	全国	贵州	重庆	广西	湖南	湖北	浙江	广东
农业从业人员数量（万人）	34874	1319.9	894.2	1701.8	1959.2	1521.4	509.7	1427.6
农业从业人员性别构成（%）								
男	46.8	49.7	48.0	50.8	48.7	46.9	53.4	48.5
女	53.2	50.3	52.0	49.2	51.3	53.1	46.6	51.5
农业从业人员年龄构成（%）								
20岁以下	5.3	6.4	3.4	6.3	4.1	3.7	0.7	3.6
21－30岁	14.9	17.2	8.4	18.9	11.7	10.0	4.9	13.0
31－40岁	24.2	26.4	22.7	24.0	23.4	22.6	15.4	23.4
41－50岁	23.1	19.0	19.3	21.0	23.6	26.7	26.0	26.8
51岁以上	32.5	31.0	46.2	29.8	37.2	37.0	53.0	33.2
农业从业人员文化程度构成（%）								
文盲	9.5	16.2	8.8	4.5	5.9	10.8	15.2	4.1
小学	41.1	52.2	54.7	40.5	41.3	40.1	55.8	40.2
初中	45.1	29.9	34.0	50.1	47.1	44.1	26.0	50.0
高中	4.1	1.6	2.3	4.7	5.5	4.9	2.9	5.5
大专及以上	0.2	0.1	0.2	0.2	0.2	0.1	0.1	0.2

数据来源：第二次农业普查数据，由于四川、云南、江西、福建四省的数据还未公布，因此没有列出这4个省的数据。

总的来说，南方丘陵山区农业劳动力的老龄化、低文化现象十分严重，这对发展以农业机械化为基础的现代农业来说，既是挑战又是机遇。就挑战方面而言，年轻的、有文化的农村劳动力转移至城镇从事第二、第三产业，而原有的农业劳动力又将逐渐丧失劳动能力，这将可能导致南方丘陵山区的农业生产将后继乏人，从而威胁当地农业生产和我国粮食安全。

就发展机遇而言，南方丘陵地区从事农业生产的农民减少，农业劳动力劳均土地面积将逐渐增加，劳均土地面积的增加必然就要求劳动生产率的提高，而劳动生产率提高的唯一途径就是农业机械化。劳动生产率的提高必然会使得那些有文化、懂技术、会经营的青壮年农业人才被吸引到农村，这将是我们发展现代农业的最佳机遇。目前南方丘陵山区各省劳均土地面积（耕地面积除以农林渔牧业劳动力数量）现状如下：福建 2.9 亩、广东 2.9 亩、湖南 2.9 亩、浙江 3.7 亩、四川 3.9 亩、广西 4.2 亩、重庆 4.4 亩、江西 4.5 亩、贵州 5.3 亩、云南 5.4 亩、湖北 6.4 亩，除湖北外，其他省份劳均土地面积均低于全国平均水平的 6.1 亩，这也是南方丘陵山区农业机械化发展缓慢的重要原因之一。但我们也可以看到，即便是劳均土地面积最少的福建、广东、湖南三省，其劳均土地面积也达到 2.9 亩，这几乎是南方精耕细作模式、缺乏农业机械情况下单个劳动力所能负担的最大土地面积，因此，随着农业从业人员的老龄化，劳均土地面积将迅速增加，对农业机械化的需求将越来越迫切。

（四）种植结构分析

2006 年的数据表明（数据来源：《中国农业年鉴 2007》）：南方丘陵山区 11 个省份的耕地面积占全国耕地面积的 31.5%，粮食播种面积为 37878.70 千公顷，占全国粮食总播种面积的 35.9%，其中水稻播种面积为 20018.90 千公顷，占全国水稻总播种面积的 68.3%，薯类播种面积为 5669.50 千公顷，占全国薯类播种面积的57.1%；油料作物播种面积为5959.60千公顷，占全国油料作物播种面积的43.4%，其中油菜播种面积为4221.40千公顷，占全国油菜播种面积的61.3%；麻类作物播种面积为164.40千公顷，占全国麻类作物播种面积的58.1%，其中苎麻播种面积为135.70千公顷，占全国苎麻播种面积的95.7%；糖料作物播种面积为1414.30千公顷，占全国糖料作物播种面积的79.4%，其中甘蔗播种面积为1413.80千公顷，占全国甘蔗播种面积的94.5%；烟叶播种面积为1023.90千公顷，占全国烟叶播种面积的76.5%；蔬菜瓜果种植面积为9555.30千公顷，占全国蔬菜瓜果种植面积的46.6%；青饲料播种面积为1445.80千公顷，占全国青饲料播种面积的46.3%。可见，南方丘陵山区是我国重要的粮食、油料、麻类作物、糖料、烟叶、蔬菜瓜果、青饲料生产基地，在我国农业生产中有着重要的地位。

对于南方丘陵山区，按作物播种面积比例排序，依次是水稻（32.55%）、蔬菜瓜果（15.53%）、玉米（8.22%）、油菜（6.86%）、小麦（5.55%）、其他薯类（5.47%）、马铃薯（3.75%）、花生（2.48%）、大豆（2.42%）、青饲料（2.35%）、其他豆类（2.31%）、甘蔗（2.30%）、烟叶（1.66%）、其他谷物（1.11%）、药材（0.80%）、其他油料作物（0.35%）、苎麻（0.22%）、高粱（0.19%）、其他麻类（0.05%）、谷子（0.01%）、其他作物（5.82%）。可见在南方丘陵山区，根据作物播种面积农业机械化的发展重点是：粮食作物应重点发展水稻生产机械化，其次是玉米、小麦、薯类、大豆、其他豆类、高粱、谷子；经济作物应重点发展蔬菜瓜果的机械化，其次是油菜、花生、青饲料、甘蔗、其他谷物、药材、其他油料作物、苎麻、其他麻类、其他作物。总的来说应重点优先发展水稻、蔬菜、玉米、油菜、小麦、薯类的生产机械化。

但对于具体的个别省份来说，发展优先重点又有所差异，各省发展农业机械化的优先序见表4－4。

表4－4　　南方丘陵山区各省发展农业机械化优先序

省份	作物机械化优先序（括号内为该作物播种面积占该省农作物播种面积比例）
重庆	水稻（21.37%）、玉米（13.02%）、蔬菜瓜果（12.54%）、其他薯类（11.47%）、马铃薯（9.99%）、小麦（7.51%）、油菜（5.28%）
贵州	玉米（15.24%）、水稻（14.76%）、马铃薯（12.21%）、蔬菜瓜果（10.72%）、油菜（10.56%）、小麦（8.29%）、其他薯类（5.10%）
云南	玉米（19.26%）、水稻（17.01%）、蔬菜瓜果（8.81%）、马铃薯（8.79%）、小麦（8.38%）、烟叶（6.32%）、其他豆类（5.93%）、其他谷物（5.39%）
四川	水稻（21.53%）、小麦（13.18%）、蔬菜瓜果（12.75%）、玉米（12.35%）、其他薯类（10.71%）、油菜（8.25%）
福建	水稻（37.30%）、蔬菜瓜果（27.70%）、其他薯类（9.73%）
广西	水稻（35.37%）、蔬菜瓜果（18.75%）、甘蔗（12.98%）、玉米（7.97%）
江西	水稻（60.17%）、蔬菜瓜果（11.98%）、油菜（7.81%）
浙江	水稻（36.17%）、蔬菜瓜果（27.58%）、油菜（7.50%）
广东	水稻（43.63%）、蔬菜瓜果（25.49%）、其他薯类（7.22%）、花生（6.37%）
湖北	水稻（28.50%）、蔬菜瓜果（15.12%）、油菜（14.71%）、小麦（10.81%）、玉米（6.00%）
湖南	水稻（46.78%）、蔬菜瓜果（14.45%）、油菜（9.50%）

表4－4中按作物播种面积比例排序，列出了各省播种面积超过该省农作物播种面积5%的所有作物。可以看出，排在第1位的作物，除了贵州、云南两省是玉米外，其他9省均为水稻；排在第2位的作物，重庆为玉米，贵州、云南为水稻，四川为小麦，其他7省均为蔬菜瓜果；排在第3位的作物，重庆、云南、四川为蔬菜瓜果，贵州为马铃薯，福建、广东为其他薯类，广西为甘蔗，其他4省均为油菜。

总之，排在前三位的作物分别有水稻、蔬菜瓜果、玉米、油菜、小麦、马铃薯、其他薯类、甘蔗，这些作物分别是南方丘陵山区各省份发展农业机械化的重点作物，这和整个南方丘陵山区的农机化发展重点基本一致。

（五）技术环境分析

长期以来，我国农机科研机构及生产企业将重点放在大中型农机具研发和生产，忽视中小型轻便农机具的研发。大中型农机具适合平原地区地形特点，但无法满足丘陵及山区高低不平、田间沟埂纵横的地形要求。目前我国大中型农机设备发展过快，供过于求，而小型农机设备发展严重滞后。中小型机械品种单调，技术可靠性差，机械性能、产品质量不稳定。部分厂家粗制滥造，随意抬高价位，机具性价比失调。

此外，由于国内农机科研外部性较强，回报较低，同时政府农机科研投入长期不足，导致一些作物的生产机械仍处于试验开发阶段，机械化技术供给不足。比如水稻插秧机械化是近年来通过日本、韩国的技术进口才得以发展，而蔬菜瓜果、油菜、甘蔗等生产机械化则处于空白，其中油菜移栽、甘蔗收获机械化技术仍处于试验开发阶段，蔬菜瓜果的收获机械化则尚未列入我国农机科研议程。技术的供给不足也是导致我国南方丘陵山区农业机械化发展缓慢重要原因。

（六）小结

从自然环境看，南方丘陵山区地形以丘陵山地为主，其中其西部的丘陵山地比例又要高于中部和东部，地形复杂，其农业机械化就要求以小型、轻便的农业机械为主。

从经济环境来看，南方丘陵山区中、西部的经济发展水平低于全国平均水平，南方丘陵山区东部的经济发展水平高于全国平均水平，因此中、西部的农户在购买农机上存在一定的经济障碍。

从人口环境来看，南方丘陵山区农业劳动力的老龄化、低文化现象十分严重，这对发展以农业机械化为基础的现代农业来说，既是挑战又是机遇，应抓住机遇，大力发展农业机械化。

从种植结构来看，南方丘陵山区是我国重要的粮食、油料、麻类作物、糖料、烟叶、蔬菜瓜果、青饲料生产基地，应优先和重点发展水稻、蔬菜瓜果、玉米、油菜、小麦、马铃薯及其他薯类、甘蔗等作物生产的机械化。

从技术环境来看，我国南方丘陵山区农业机械化技术供给不足。不仅缺乏适宜丘陵地区的中小型农业机械，而且很多作物的生产机械化技术仍处于试验开发阶段。

二、南方丘陵山区种植业机械化现状研究

本部分从不同生产环节、不同作物、区域内部差异等角度详细阐述南方丘陵山区农业机械化发展现状。由于目前从作物来看，南方丘陵山区蔬菜瓜果、马铃薯及其他薯类、甘蔗等作物生产的机械化几乎处于空白，因此，从不同作物角度分析农业机械化时仅考虑小麦、水稻、玉米、油菜。

（一）不同生产环节机械化水平比较

表4-5展示了南方丘陵山区农作物主要生产环节的机械化水平现状。和全国平均水平相比较，可以发现，南方丘陵山区耕地、播种、灌溉、植保、收获等环节的机械化水平均低于全国平均水平，差距分别为24.29%、30.58%、16.54%、11.77%、14.26%。

表4-5　南方丘陵山区各省主要生产环节农业机械化水平（%）

	耕地机械化水平	播种机械化水平	机电灌溉水平	机械植保水平	机械收获水平
全国	55.39	32.00	30.08	28.18	25.11
地区合计	31.10	1.42	13.54	16.41	10.85
江西	70.26	1.50	19.66	6.25	24.58
湖南	55.75	0.43	30.62	10.27	17.44

续表

	耕地机械化水平	播种机械化水平	机电灌溉水平	机械植保水平	机械收获水平
浙江	51.20	0.45	53.90	65.65	27.24
广东	46.41	0.09	13.73	12.84	9.78
湖北	44.75	4.55	26.44	38.09	22.67
福建	32.38	0.04	11.83	20.31	3.72
广西	25.49	0.00	5.94	1.51	1.89
重庆	23.02	0.16	8.15	12.35	2.51
四川	19.18	3.88	3.80	22.14	5.95
云南	9.52	0.31	3.19	4.09	1.24
贵州	6.48	0.05	1.59	4.55	1.35

对各个生产环节的横向比较，可以发现，南方丘陵山区的耕地环节机械化水平最高，为31.10%；植保环节的机械化水平排第二，为16.41%；灌溉机械化水平排第三，为13.54%；收获环节的机械化水平排第四，为10.85%；播种环节的机械化水平最低，仅为1.42%。

对各个省的纵向比较，可以发现，地处中部的江西、湖南、湖北和地处东部的浙江、广东、福建等省的耕地机械化水平较高，而地处西部的广西、重庆、四川、云南耕地机械化水平相对较低；播种机械化水平虽然整体较低，但湖北、四川、江西相对较高，其他省份的播种机械化水平相对较低甚至几乎空白；机电灌溉水平以地处东部、中部的浙江、湖南、湖北、江西、广东、福建相对较高，地处西部的重庆、广西、四川、云南、贵州相对较低；植保机械化水平排序则依次是浙江、湖北、四川、福建、广东、重庆、湖南、江西、贵州、云南、广西；收获环节机械化排序为浙江、江西、湖北、湖南、广东、四川、福建、重庆、广西、贵州、云南。总的来说，从生产环节上看，南方丘陵山区中部、东部地区的农业机械化水平要高于西部。

（二）不同作物生产机械化水平比较

主要从播种和收获两个生产环节比较水稻、小麦、玉米、油菜的生产机械化水平，其中油菜主要栽植方式为移栽，而油菜移栽机械化目前尚属空白，因此播种环节分析中没有油菜机械化的数据，具体数据情况见表4－6。

表4－6　南方丘陵山区各省水稻、小麦、玉米、油菜农业机械化水平（%）

	水稻机械种植水平	小麦机播水平	玉米机播水平	小麦机收水平	水稻机收水平	玉米机收水平	油菜机收获水平
全国	8.86	78.98	57.39	78.32	38.80	4.63	5.18
地区合计	2.04	11.70	0.76	22.13	28.53	0.02	0.06
四川	7.61	16.69	0.29	17.08	16.47	0.00	0.00
湖北	5.86	21.98	6.90	56.63	56.57	0.00	0.00
江西	2.34	0.00	0.00	14.44	39.84	0.00	0.13
浙江	1.23	0.32	0.00	73.88	68.08	0.00	0.00
湖南	0.78	0.00	0.00	21.40	35.14	0.37	0.26
贵州	0.33	0.00	0.00	0.57	8.63	0.00	0.00
广东	0.21	0.00	0.00	0.00	21.90	0.00	0.00
重庆	0.18	0.02	0.94	0.46	10.71	0.00	0.00
福建	0.11	0.00	0.00	0.27	9.61	0.14	0.00
云南	0.02	2.36	0.03	3.37	5.50	0.00	0.11
广西	0.01	0.00	0.00	0.00	5.26	0.00	0.00

从表4－6可以看出南方丘陵山区各省中，水稻和小麦的机收水平相对较高，分别为28.53%和22.13%；小麦的机播水平次之，为11.70%；水稻的机械种植水平较低，仅为2.04%；而玉米的机播水平、玉米的机收水平、油菜的机收水平不到1%。整体来看，小麦的生产机械化相对较高，播种环节和收获环节平均机械化水平为16.92%，水稻生产机械化水

平次之，播种环节和收获环节平均机械化水平为15.29%；玉米生产机械化水平较低，播种环节和收获环节平均机械化水平仅为0.39%；油菜生产机械化水平不到1%。

对各个省纵向比较，可以发现，水稻的机械种植水平以四川（7.61%）、湖北（5.86%）、江西（2.34%）、浙江（1.23%）相对较高，水稻的机收水平排序则依次是浙江（68.08%）、湖北（56.57%）、江西（39.84%）、湖南（35.14%）、广东（21.90%）、四川（16.47%）、重庆（10.71%）、福建（9.61%）、贵州（8.63%）、云南（5.50%）、广西（5.26%）；小麦播种机械化水平以湖北（21.98%）、四川（16.69%）、云南（2.36%）相对较高，其他省刚刚起步，小麦收获机械化水平以浙江（73.88%）、湖北（56.63%）、湖南（21.40%）、四川（17.08%）、江西（14.44%）、云南（3.37%）相对较高；玉米机播水平以湖北（6.90%）、重庆（0.94%）相对较高，其他省份刚刚起步，玉米收获机械化水平极低，仅有湖南（0.37%）、福建（0.14%）；油菜收获机械化水平也极低，仅有湖南（0.26%）、江西（0.13%）、云南（0.11%）刚刚起步。

总的来说，从不同作物来比较，小麦和水稻生产机械化水平相对较高，玉米生产机械化较低，油菜生产机械化极低，蔬菜瓜果、马铃薯及其他薯类、甘蔗等作物生产的机械化还处于空白；同时，同一作物的生产机械化在南方丘陵山区内部不同省份差异也较大。

（三）宏观影响因素与农机化水平关系分析

由于技术环境缺少量化指标，因此仅考虑第二章分析的前四方面宏观因素，即自然环境、经济环境、人口环境、种植结构。以各省丘陵、山地面积占该省总土地面积的比例代表自然环境，以人均地区生产总值代表该地区经济环境，以劳均土地面积代表该地区人口环境，以水稻和小麦种植比例和代表种植结构（因为水稻和小麦都种在平地，其机械化技术也相对成熟，因此更易实现机械化)，以各省耕地、播种、灌溉、植保、收获等环节的机械化水平为因变量，以以上四个宏观因素为自变量，构造线性回归模型，原始数据见表4－7，回归结果见表4－8。

表4－7　　南方丘陵山区各省农业机械化水平宏观影响因素数据

省份	耕地机械化水平（%）	播种机械化水平（%）	灌溉机械化水平（%）	植保机械化水平（%）	收获机械化水平（%）	丘陵、山地所占比例（%）	人均地区生产总值（元）	劳均土地面积（亩）	水稻与小麦种植比例（%）
重庆	23.02	0.16	8.15	12.35	2.51	94.00	12457	4.4	28.88
贵州	6.48	0.05	1.59	4.55	1.35	95.68	5787	5.3	23.05
云南	9.52	0.31	3.19	4.09	1.24	92.31	8970	5.4	25.39
四川	19.18	3.88	3.80	22.14	5.95	91.44	10546	3.9	34.71
福建	32.38	0.04	11.83	20.31	3.72	78.94	21471	2.9	37.53
广西	25.49	0.00	5.94	1.51	1.89	73.30	10296	4.2	35.55
江西	70.26	1.50	19.66	6.25	24.58	70.33	10798	4.5	60.40
浙江	51.20	0.45	53.90	65.65	27.24	70.09	31874	3.7	38.66
广东	46.41	0.09	13.73	12.84	9.78	63.83	28332	2.9	43.75
湖北	44.75	4.55	26.44	38.09	22.67	62.57	13296	6.4	39.31
湖南	55.75	0.43	30.62	10.27	17.44	62.49	11950	2.9	47.55

表4－8　　宏观影响因素与农业机械化水平关系模型

变量	耕地模型	播种模型	灌溉模型	植保模型	收获模型
常数项	－37.212**	—	76.054**	－48.644*	－49.315**
丘陵、山地所占比例	—	—	－7.69**	0.02**	—
人均地区生产总值	0.01**	—	—	—	0.01**
劳均土地面积	—	—	—	8.196*	5.143**
水稻与小麦种植比例	1.708*	—	—	—	0.764**
调整后 $\bar{R}^2$	0.909	—	0.361	0.530	0.688
DW值	1.551	—	2.528	2.873	2.302

**、*分别表示变量系数达到0.05、0.1的显著性水平；变量系数没达到0.1显著水平的参数回归结果未在表中列出。

从表4－7可以看出，除了播种机械化水平跟四个宏观因素的关系不明显以外，耕地、灌溉、植保、收获机械化水平都或多或少地跟这四个宏观因素中的一个或多个显著相关。其中：一是耕地机械化水平跟人均地区生产总值和水稻与小麦种植比例显著正相关，也即是和经济环境、种植结构显著相关，和经济环境相关主要是因为微耕机、拖拉机等用于耕地的农机一般价值较高，因此经济发达地区农户的购买力要更强，缩小农业与非农业劳动生产效率的动机也更强；而与种植结构有关主要是由于水稻和小麦一般种在平地，而且水稻和小麦生产机械化技术相对成熟，更容易实现机械化。二是播种模型不显著的主要原因可能是播种机械化目前主要受技术供给限制，目前南方丘陵山区整体播种机械化水平仅为1.42%，相当多的省份播种机械化处于空白，因此回归模型不显著。三是灌溉机械化水平与丘陵山地比例显著负相关，也即是和自然环境显著相关，这可能是由于丘陵山区的水源更缺乏，靠天吃饭的现象更普遍。四是植保机械化水平主要跟地形和劳均土地面积有关，也即是和自然条件、人口环境有关，这表明植保机械化在丘陵山地面积比例较低、劳均土地面积较大的省份更容易实现。五是收获机械化水平跟人均地区生产总值、劳均土地面积、水稻与小麦种植比例显著正相关，也即是和经济环境、人口环境、种植结构直接相关，这主要是由于联合收获机价值较高，对于经济落后地区的农户来说是一项风险极高的投资；同时劳均土地面积越小，农户对机械化的需求就会越低；而稻麦联合收获机的技术成熟则使得种植水稻和小麦的地区更容易实现收获机械化。

（四）小结

南方丘陵山区农业机械化水平远低于全国平均水平。耕地、播种、灌溉、植保、收获等环节的机械化水平分别只有

31.10%、1.42%、13.54%、16.41%、10.85%，与全国平均水平的差距分别为24.29%、30.58%、16.54%、11.77%、14.26%。

南方丘陵山区优势粮食、经济作物的机械化水平低下，多种优势作物生产机械化处于空白。虽然南方丘陵山区应优先和重点发展水稻、蔬菜瓜果、玉米、油菜、小麦、薯类、甘蔗等作物生产的机械化，但是水稻播种插植环节机械化水平仅为2.04%，收获环节机械化水平仅为28.53%；蔬菜瓜果生产机械化处于空白；玉米播种环节机械化水平仅为0.76%，收获环节机械化水平仅为0.02%；油菜移栽环节机械化处于空白，收获环节机械化水平仅为0.06%；小麦播种机械化水平仅为11.70%，收获环节机械化水平仅为22.13%；薯类生产机械化处于空白；甘蔗收获机械化处于起步阶段。

南方丘陵山区各省的机械化水平存在内部差异，导致差异的主要宏观因素有自然环境、经济环境、人口环境、种植结构和技术环境，一般来说丘陵山地比例越低、经济条件越好、劳均土地面积越多、以水稻和小麦为主要农作物的地区机械化水平更高，而技术成熟的作物其机械化程度也更高。

三、结论与政策建议

（一）研究结论

从自然环境、经济环境、人口环境、种植结构、技术环境来看，南方丘陵山区发展农业机械化面临着地形条件复杂、经济条件差、土地经营规模较小、技术供给不足等客观制约，同时发展农业机械化的作物优先序依次是水稻、蔬菜瓜果、玉米、油菜、小麦、马铃薯及其他薯类、甘蔗。从自然环境看，南方丘陵山区地形以丘陵山地为主，其中其西部的丘陵山地比例又要高于中部和东部，地形复杂，其农业机械化就要求以小型、轻便的农业机械为主。从经济环境来看，南方丘陵山区中、西部的经济发展水平低于全国平均水平，南方丘陵山区东部的经济发展水平高于全国平均水平，因此中、西部的农户在购买农机上存在一定的经济障碍。从人口环境来看，南方丘陵山区农业劳动力的老龄化、低文化现象十分严重，这对发展以农业机械化为基础的现代农业来说，既是挑战又是机遇，应抓住机遇，化挑战为机遇，大力发展农业机械化。从种植结构来看，南方丘陵山区是我国重要的粮食、油料、麻类作物、糖料、烟叶、蔬菜瓜果、青饲料生产基地，应优先发展水稻、蔬菜瓜果、玉米、油菜、小麦、马铃薯及其他薯类、甘蔗等作物生产的机械化。从技术环境来看，我国南方丘陵山区农业机械化技术供给不足。不仅缺乏适宜丘陵地区的中小型农业机械，而且很多作物的生产机械化技术仍处于试验开发阶段。

从南方丘陵山区农业机械化发展现状来看，其农业机械化水平远低于全国平均水平；其优势粮食、经济作物的机械化水平低下，多种优势作物生产机械化处于空白；同时南方丘陵山区各省的机械化水平存在内部差异。2006 年，南方丘陵山区耕地、播种、灌溉、植保、收获等环节的机械化水平分别只有 31.10%、1.42%、13.54%、16.41%、10.85%，与全国平均水平的差距分别为 24.29%、30.58%、16.54%、11.77%、14.26%。虽然南方丘陵山区应优先发展水稻、蔬菜瓜果、玉米、油菜、小麦、薯类、甘蔗等作物生产的机械化，但是水稻播种插植环节机械化水平仅为 2.04%，收获环节机械化水平仅为 28.53%；蔬菜瓜果生产机械化处于空白；玉米播种环节机械化水平仅为 0.76%，收获环节机械化水平仅为 0.02%；油菜移栽环节机械化处于空白，收获环节机械化水平仅为 0.06%；小麦播种机械化水平仅为 11.70%，收获环节机械化水平仅为 22.13%；薯类生产机械化处于空白；甘蔗收获机械化处于起步阶段。南方丘陵山区各省的机械化水平存在内部差异，导致差异的主要宏观因素有自然环境、经济环境、人口环境、种植结构和技术环境，一般来说丘陵山地比例越低、经济条件越好、劳均土地面积越多、以水稻和小麦为主要农作物的地区机械化水平更高，而机械化技术成熟的作物其机械化程度也更高。

对调查样本的定性分析发现：耕地、收获、插秧是农民对机械化需求最迫切的生产环节；水稻、玉米、蔬菜瓜果是农民机械化需求最迫切的作物；地块太小和没有机耕道是农户没有采用机械作业的最主要原因，农户采用农机作业主要是为了降低劳动强度、抢农时、农机作业高效实惠；农户没有购买机器的主要原因是机器太贵、其他人已经购买、适合机耕的土地太少、土地经营规模小、没有机耕道，农户购买机器的最主要原因是受别人影响和方便自己；农机户最需要政府提供的扶持是农机燃油和维修，农机推广员可以发挥较大的维修作用弥补市场不健全；农机经销商垄断会制约地区农业机械化发展。

从农户的微观特征来看，影响农户购机行为的因素有家庭总人数、家庭人口非农化比率、农业劳动力平均受教育年限、农业劳动力人数、农业劳动力女性比例、家庭中是否有村干部、家庭中是否有退伍军人、农业劳动力老龄化比率、住房价值、土地的规模、土地的地形地貌、土地的机耕道建设情况、土地的细碎化程度、家庭总收入、家庭农业总收入、是否接触过政府相关宣传、购买农机的经济性等。具体来说，家庭总人数越多、农业劳动力平均受教育年限越高、家庭中有村干部或退伍军人、农业劳动力老龄化比率越高、住房价值越高、土地经营规模越大、土地越平整、机耕道建设情况越好、家庭总收入和家庭农业总收入越高、接触过政府相关宣传、认为机耕比牛耕划算的农户更倾向于购买农机，而家庭人口非农化比率越高、农业劳动力人数越多、农业劳动力女性比例越高、土地越细碎的农户购买农机的可能性越小。

从农户的微观特征来看，影响农户使用农机行为的因素有农业劳动力平均受教育年限、户主身体状况、家庭中是否有退伍军人、农业劳动力女性比例、家里是否有存款、土地的规模、土地的地形地貌、土地的机耕道建设情况、土地的细碎化程度、劳均农业收入、是否接触过政府相关宣传、对农机技术经济性的评价等。具体来说，农业劳动力平均受教育年限越高、户主身体状况越好、家庭中有退伍军人、农业劳动力女性比例越高、家里有存款、土地的规模越大、土地越平整、机耕道建设情况越好、土地的细碎化程度越低、劳均农业收入越高、接触过政府相关宣传、对农机技术经济性有较好的评价的农户更倾向于使用农机。

（二）政策建议

以上研究结论有以下几点政策含义：

1. 学习国际国内先进经验，花大力气进行土地整改工作

针对目前南方丘陵山区土地不平整、缺少机耕道、细碎等现状，应学习台湾地区先进经验，在条件适合的地区进行农地重划，让每户农民的土地集中；学习日本经验，对土地进行标准化、规格化，并配套道路、水利等基础设施建设，使得土地平整、适合中型农机进入并作业。

2. 多种途径促使南方丘陵山区土地规模经营

在农业劳动力大量转移和老龄化背景下，农业对劳动生产率提高的需求增加，政府应抓住机遇，在法律、政策和资金上鼓励和扶持转租、入股、使用权与收益权买卖等多种形式的土地流转，以促进土地规模经营。同时，政府应完善农民工的养老保险制度，让农民工能够老有所养，而不是在老龄阶段回流到农村继续从事农业，制约土地规模经营的发展。农民的养老保险制度是促进土地规模经营，加快发展农业机械化的重要条件。

3. 加大科研投入，解决技术供给不足的问题

目前南方丘陵山区优势粮食、经济作物的机械化水平低下，多种优势作物生产机械化处于空白，政府应加强科研投入，研发制造出更多适合南方丘陵山区使用的中小型粮食作物和经济作物生产作业机械，解决技术供给不足的问题。

4. 加大政策扶持力度

针对南方丘陵地区农户购买农机存在的经济障碍，政府应提高农机购置补贴比例和制定优惠的贷款政策。

5. 加大宣传力度

对于经济实用的农机装备和技术，比如微耕机、多功能田园管理机等，政府应通过各种渠道加强宣传示范，让农民对这些农机装备和技术的作业效果、经济性有直观的了解和感受，宣传示范的对象不应仅仅限于村干部等少数人群。

6. 加强对农机户的技术培训

考虑到南方丘陵山区农业劳动力的结构变化，农机户作为有文化、懂技术、会经营的新型农民，将是未来南方丘陵山区农业生产的主力军和先进生产力的代表，因此政府应加强对农机户的技术、经营能力培训，以提高农机户维修保养农机的能力和生产经营的能力。

7. 加强对农机推广人员的技术培训，并健全激励机制

由于农机推广人员在农机维修点缺乏的乡镇可以发挥较大的维修、推广作用，因此，加强对农机推广人员的维修技能培训并健全激励机制将有助于弥补农机维修市场不健全的缺陷。

8. 对农机经销公司在地方的垄断进行管制

针对农机经销公司垄断带来的种种弊端，政府应加强监督，设置专门的举报投诉电话以解决农机经销公司提供劣质服务、骗取国家农机购置补贴等问题。

9. 重视燃油问题，加大农用柴油补贴力度和以可再生能源为动力的农机科研投入力度

农机的广泛使用将使南方丘陵山区的农业对柴油产生严重依赖，较高油价甚至高价也买不到油的情况严重影响南方丘陵山区的农业生产，因此，政府应加大对农用柴油的补贴力度，以保障农业生产的稳定；另一方面，政府的农机科研投入应向以电能、生物质能、其他可再生能源为动力的农机科研项目倾斜，以应对石油的高价和短缺。

第五章

加强农业技术创新和推广

在淡水、耕地等农业资源的刚性约束下，提高农业综合生产能力的出路在于科技创新和推广。在农业科技转化生产力的链条中，农业技术推广是其中关键的一环。当前，我国农业已经跨入由传统农业向现代农业加速转变的新阶段，强化农业科技创新与应用，构建新型农业科技创新体系，使农业科学技术更快顺利地转化为现实的社会生产力，对有效解决资源短缺、生态环境安全、提高农业综合生产能力具有重大意义。

第 一 节

加快构筑农业科技创新体系

一、我国农业科技创新面临的新机遇、新挑战①

农业科技的创新与应用是现代农业发展的重要支撑与保障，是提高农业生产效率、促进农民增收的必要措施，直接关系到国民经济健康发展和社会稳定。我们应该在科学系统地分析现代农业科技发展的形势特点和发展趋势的基础上，深刻认识加快农业科技创新与应用的重大意义、任务目标与面临的挑战，抓住机遇，不断提高农业科技创新的能力和水平，为现代农业发展和新农村建设提供强有力的技术保障。

（一）我国农业科技创新面临的挑战

“十五”期间，我国农业科技发展取得了重大成就。一是重大农业科技研发取得突破性进展。农业科技自主创新步伐加快，超级稻、转基因抗虫棉、矮败小麦、禽流感疫苗等方面的科技成果处于世界领先水平，其中超级稻育种技术的新突破，实现了亩产800千克的跨越，正在引领水稻生产的“第三次革命”。二是重大农业科技成果应用取得明显成效。一批先进适用的重大科技成果得到转化应用，取得了显著的经济效益和社会效益。三是农业科技成果推广步伐加快。以主导品种、主推技术和主体培训为重点的“科技入户”工作深入展开，创

① 本部分内容选自农业部软科学课题《农业科技创新与应用战略研究》（课题编号：200522），课题主持人：段武德。

新了农技应用机制。基层农技推广体系改革继续深化，农科教结合、产学研协作逐步推进，农业科技下乡、专家大院、农技110等推广方式不断丰富。四是农业科研体系建设取得了新进展。科技队伍得到加强，科研条件进一步改善，为农业科技实现跨越式发展奠定了良好基础。目前，我国农业科技进步贡献率已超过48%。

但是，在肯定成绩的同时，我们也要清醒地认识到，面对我国发展现代农业和进行社会主义新农村建设的历史任务，面对世界农业科学技术的快速发展，我国农业科技面临着许多严峻。主要表现为：

1. 农业科技布局不合理，科研推广协调管理机制尚未建成

现阶段，我国农业科技创新体系条块分割、力量分散现象仍未得到有效解决。农业科研、推广和教育分别隶属不同行政管理部门和业务协调部门，缺乏横向和纵向联系和协作，农业科研、推广、教育相互割裂，衔接度差，形不成统一的整体，形不成合力。科研联合协作机制不完善，导致农业科技突破性大成果少。科研和生产脱节，农科教、产学研联系不紧密，导致科技成果转化应用率不高，科技转化为现实生产力的速度不快。农业技术推广队伍不稳定，缺乏支撑保障，人员素质较低，导致农业科技成果到位率低、入户率低，农业科技推广应用的“最后一公里、最后一道坎”症结问题没有有效解决。农业科研和转化应用的政策支撑不够，一些科技人员普遍存在重研究、轻推广，重评奖、轻转化，对农业生产突发问题的反映和技术解决能力还比较弱。

2. 国家农业科技创新尚未形成稳定的投入机制

随着国家对农业科研工作的重视和农业科研体制的大幅度改革，我国农业科研投入状况得到了显著改善。但目前的投资强度仍然不足。据现有统计结果，我国农业科研财政投入占农业GDP比重仅为0.49%左右，低于我国研究开发投入占国内

GDP1.42%的水平，农业科研、科技推广和农民培训的基础条件薄弱，不能适应新时期创新任务的需要。推广投入更加短缺，据我部对100个监测县的统计，2006年乡镇推广机构中，人员经费和工作经费均由财政保证的仅占21.7%，财政只保证人员经费的占38.4%，仅有5%的乡镇推广机构获得了财政的项目支持。同时，农业科技投入的目标、结构、方式还有待进一步改革，一些长期性、基础性、急需中试熟化的农业科研和推广工作尚需建立稳定的支持机制。

3. 科技自主创新能力依然较弱，科技对产业支撑能力不强

尽管我国农业科技人员总数居于世界前列，但顶尖科技人才数量严重不足，创新团队建设严重滞后。大型科研仪器设备、科研设施还不能满足新时期农业自主创新的要求，特别是地方农业科研单位的创新平台建设还比较滞后。重大原始性创新成果和产业发展关键技术成果供给明显不足，一些农产品的优质新品种和重大农业装备还主要依赖进口。产前、产中、产后等系列技术集成、配套不够；拓展农业功能，延伸农业产业链的养殖业、加工业等重点领域技术成果严重缺乏。提高农业资源的产出率、劳动生产率和农产品商品率的技术成果明显不足。

4. 科技推广应用设施条件落后，人员素质差

基层农技推广机构的服务设施大多是20世纪六七十年代购置或兴建的，即使是20世纪80年代后建设的县级推广中心，也因资金投入不足、配套不够，设施老化，设备过时，服务功能下降。2006年，100个监测县的乡镇推广机构中，只有不到一半的有固定办公场所（包括部分租借用房），60%以上的没有专用电话；近80%的没有计算机；90%以上的没有服务用交通工具；91%的乡级推广机构都没有试验、示范基地，至于开展工作必需的仪器设备等就更少了。从人员素质看，2006年年底，全国100个监测县农技推广机构国家编制内人

员中，具有大专及以上学历的占43.5%，35岁以下的人员占38.7%；有专业技术职称的占65.3%，其中有高级职称的仅占3.7%。1999—2003年间，编制内农技人员平均每年仅有不足1/7的农技人员有培训机会。

5. 农业科研单位改革定位不准，影响了创新和应用能力

农业部属"三院"66个研究所和单位中有22个研究所要整体转为企业，非营利科研编制只保留4427人（占原编制的21.4%）。部分转企研究所长期承担国家公益性科研任务，并从事很多基础性科研服务工作，如果对体制转变过程中所带来的各种矛盾和复杂性问题缺乏全面、深入的认识，简单将这些研究所转为企业，势必会造成改革中科研体系的削弱和科技人才的流失，这将严重影响国家农业科研整体创新能力，不利于我国农业科研水平的全面提升。农业推广机构虽然经过多次改革，但仍然存在对推广功能定位不清，目前启动的新一轮改革和建设，也由于社会保障问题的阻碍，步履维艰，仍然无法满足广大农民对农业科技公共服务的迫切需求。

6. 小规模经营占主导地位，农民素质不高，严重制约了科技推广速度

我国有2.4亿农户，户均耕地为7.3亩，只相当于美国1/400，经营规模十分狭小。受农产品价格的影响，不少农民认为通过科技投入增加部分利润还不如通过降低农药、化肥的费用来降低整个成本更直接，更有效，这在一定程度上增加了科技成果的大规模推广和转化的难度。同时，我国农村富余劳动力达1.5亿，每年还新增600万农村劳动力。农民平均受教育年限只有7.3年，高中以上文化程度仅占11.6%。特别是近十多年来，随着农村富余劳动力进城的不断加快，一大批文化程度较高的青壮年劳动力逐步脱离农业生产，进入城镇和第二、第三产业，使直接从事农业生产的劳动力素质进一步下降，对农业科技的接纳能力较差，缺乏市场意识，造成后劲不足，效益难以提升。

（二）我国农业科技发展面临的机遇

邓小平同志早就指出，“科学技术是第一生产力”、“农业的发展最终要靠科学技术来解决”。农业科技是农业发展的驱动力，是国家粮食安全的保障力，是农民持续增收的支撑力，是农业走向国际的竞争力。从国际国内农业发展的实践看，振兴农业离不开科技，富裕农民离不了科技，繁荣农村离不得科技。农业科技工作者应充分认识加快农业科技进步的重要性和紧迫性，抓住当前农业科技迅猛发展的大好机遇，加快推进农业科技创新事业。

1. 我国经济实力和综合国力显著增强为农业科技奠定了坚实的物质基础

经过近 30 年的改革发展，我国经济实力和综合国力显著增强，并保持良好健康的发展势头，人均国内生产总值超过 1000 美元，经济社会总体进入以工促农、以城带乡的发展阶段，国民收入分配格局正在发生重大变化。“十五”以来，由于国家综合国力的增强，农业科技投入也有了较大幅度的增加，我国农业科研财政投入占农业 GDP 的比重从 1997 年的 0.26% 增加到 2006 年的 0.49%，这为农业科技的快速发展奠定了坚实的基础。

2. 农业科技发展的政策保障力愈益强劲

党中央国务院高度重视农业农村发展，把“三农”工作作为全党和政府工作的重中之重，制定了一系列直接有效的政策措施，初步建立起了支持三农发展政策体系，“多予少取放活”和“工业反哺农业、城市支持农村”等一系列政策措施，有力地促进了农村和农业经济的发展，为农业科技发展提供了重要制度和物质保证。

3. 世界科技发展趋势为我国农业科技发展提供了良好契机

进入 21 世纪，新科技革命迅猛发展，生物技术、信息技术以及众多门类的自然科学与社会科学和经济科学不断向农业科学渗透、交融，大大丰富了农业科学技术的内涵，推动了农业科学技术发展的广度和深度，拓宽了农业发展的领域。在全球经济一体化的大背景下，日趋活跃的国际科技交流与合作，不断提高了我国农业科技创新的起点和水平。

4. 农业发展的科技需求拉动力日益强劲

我国是一个农业大国，但农业资源较为有限，人均耕地仅为世界平均水平的40%；人均淡水仅为世界平均水平的25%，排在世界109位，是全球13个人均水资源最贫乏的国家之一，每年因干旱损失粮食0.7亿—0.8亿吨，相当于总产的1/6。这些问题是限制我国农业发展的重要因素，只有大力推进农业科技进步，发展循环农业才是解决问题的根本出路，同时要依靠科技进步和提高农民素质，把调整农业结构，增强农业国际竞争力，缓解资源和环境的瓶颈制约，发展高效农业作为推动农业和农村经济增长重要举措。因此，目前现代农业建设对科技发展的需求比以往任何时候都显得更加迫切。

二、构筑中国特色农业科技创新体系的思路[①]

农业科技创新体系是一个复杂的社会体系。构建农业科技创新体系是一项长期系统的工程，它涉及到政府、科研院所、企业、农民等多个主体以及宏观、中观和微观多个层次，因此，必须有系统的构建思路作指导。改革开放以来，我国农业科技创新体系建设取得了一定的进展，但依然存在很多问题，这些问题突出地表现为农业科技创新能力不足和创新效率不高。产生这些问题的原因是多方面的，因此，问题的解决方案就不能仅仅局限于微观层面，它应该是系统全面的。要建设有中国特色的农业科技创新体系，在借鉴国外发达国家构建农业

① 本部分内容选自农业部软科学课题《建立农业科技创新体系问题研究》（课题编号：200522），课题主持人：朱信凯、杨顺江。

科技创新体系成功经验的同时，还必须结合我国特殊国情，从解决我国目前农业科技创新体系存在的实际问题出发，寻找着力点。具体来说，我国新型农业科技创新体系构建思路的形成，应充分考虑到农业科技自身特点与农村经济实际的结合、创新资源的整合、创新机制的完善、创新能力的培育以及创新环境和文化氛围的营造等。

我国构建农业科技创新体系的总体思路是：以科学发展观为指导，围绕促进农业增产、农民增收和提高农业综合生产能力为目标，通过发挥政府宏观调控和市场配置资源的基础性作用，调动一切有效的创新资源，充分挖掘全社会的创新潜力，在理顺体制和完善机制的基础上，按照“科学布局、优化资源、完善机制、提升能力”[①] 的要求，稳步推进由国家农业知识创新平台、农业技术创新平台、农业科技成果转化平台为主导的网络体系建设，从而实现全社会农业科技资源高效配置和综合集成，不断提高我国农业科技创新的能力、效率及农业科技成果的转化速度，为农业现代化提供有力的科技支撑。

我国新型农业科技创新体系具体构建思路主要包括四个方面：

（一）建设国家农业科技创新体系

根据当前和未来我国农业发展的需要，按照提高科技创新能力和创新效率的要求，调整结构、集中力量逐步建立起包括国家农业科技创新中心、区域农业科技创新中心和农业科技实验站的农业科技分级研究与开发体系（见图5-1），对全国所有的农业科研力量进行集成整合。其中，国家农业科技创新中心是国家创新体系的核心龙头，它可以由国家农业科研机构和国家重点农业高等院校构成，主要负责全局性、基础性和方向性的农业基础研究、应用研究和应用开发研究。

① 纪绍勤：“我国农业科技创新体系研究”，中国农业科学院博士论文2005年，第127页。

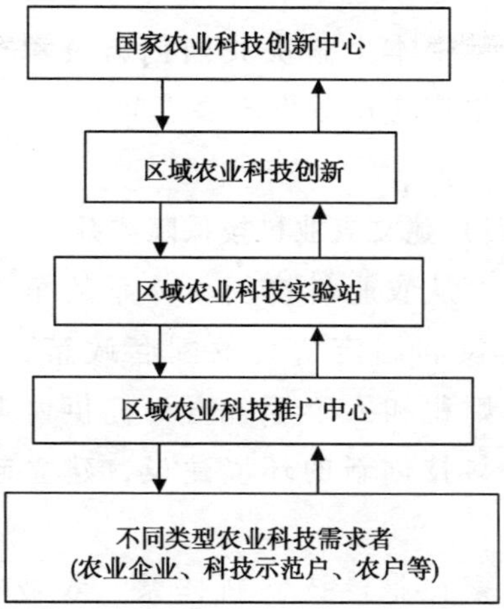

图5－1　新型国家农业科技创新体系示意图

（二）重构农业技术推广与服务体系

通过体制和模式创新、增加投入、加强农民科技培训、扶持农民专业合作组织等措施，不断加强基层农业技术推广机构和队伍建设，提高农民科技水平，从而建立起专业队伍和农民科技组织相结合的农业科技推广与服务体系，加速农业科技成果的转化应用。

（三）建立精干、高效的农业科技管理体系

以“全国成体系，地方有特色”的原则为指导，构建国家和地方两级有明确分工的科研体系格局，从而形成布局合理、层次分明、任务分流、协调高效的农业科研社会化网络结构；理顺农业科研体系中职责权力划分和管理层次划分的条块关系，改变多头领导和平行管理的局面，促进适应调整后的农业科研体系格局的新的利益协调机制的形成；以政策调整为主线，构建制度化、规范化的农业科研组织结构的管理制度。通过这些制度、管理和机制方面

的创新，逐步建立起跨部门、跨区域的新型农业科技管理体系，从根本上解决我国创新资源分散、重复，农业科技创新及推广应用效率不高等问题。

（四）建立农业科技保障体系

政府从农业科技创新体系的角度出发，通过加强法律法规建设和制定适宜的配套政策，从科技、经济、教育、金融、财税和人事等各方面提供协调一致的政策引导，加强农业科技创新的环境建设，建立起强有力的农业科技保障体系。

国家农业科技创新体系、农业技术推广与服务体系、农业科技管理体系和农业科技保障体系构成了我国新型农业科技创新体系的主体内容。由于受经济发展水平、市场发育程度以及农业科技创新体系时序变化特点等因素的制约，我国新型农业科技创新体系的建设应分重点、分主次，在不同发展阶段确定不同的建设目标。就现阶段的建设目标而言，应该是充分发挥政府的推动作用，大力进行制度建设，创新基础条件建设，促进农业技术创新体系建设，鼓励农业中介服务体系的发展，激活创新主体间加强合作，达到真正建立起适应市场经济和经济全球化的新型农业科技创新体系①。在形成阶段目标实现后，再有针对性地采取措施将我国农业科技创新体系向成长阶段和成熟阶段推进。

三、构筑中国特色农业科技创新体系的“一揽子”政策选择

（一）理顺体制，建立精干、高效的农业科技管理体系

在现行的宏观条件下，农业科技管理体制改革很可能是有

① 纪绍勤：“我国农业科技创新体系研究”，中国农业科学院博士论文2005年，第129页。

限的阶段性调整，宜暂时试行“全国统一规划，部门及地方分头实施”的原则，建立国家、部门、地方之间相互联系、科学高效、协调有序的科技管理体系，大幅度提高科技管理水平；国家级农业重大科技计划要坚持统一规划，分头实施，重大农业科技活动宜建立协商制度。待其他条件具备和成熟时再进一步全面深化改革，与国际接轨，在整体上将国家农业科技组织、管理体系理顺①。就目前来说，需要重点做好的工作主要有：

1. 明确宏观科技管理部门与农业部门的科技管理层次

国家宏观科技管理部门应主要研究和制定宏观科技发展战略，组织实施基础性、探索性、交叉性的科技计划，做好宏观指导和政策服务。农业科技部门则应根据产业发展实际，制定农业科技发展战略，组织和实施与农业发展密切相关的重大科研、推广等农业科技计划。国家应加大农业科技投入，促进科技与产业的紧密结合。

2. 建立国家农业科技发展重大问题协商机制

为了克服现有体制中存在的部门分割、资源分散、信息阻隔等弊端，应坚持农业科技管理统一规划、地方和部门共同实施的原则，由国务院牵头建立农业科技联席会议制度，由科技、农业、计划、财政、金融、林业、水利、环保、气象等多部门以及国家级农业科研机构和重点农业高校等多方参与，对农业科技发展政策和战略问题进行协商。也可参照“欧盟开放式协调方法”，基于制定基准、检测评价、推广成功经验等方面，主要内容包括制定政策指南、建立绩效评价基准与指标、目标分解与转移、定期监测与评价、经验交流与相互学习②。

① 戴小枫：“关于建立新型农业科技创新体系设想”，《中国科技论坛》，2000 年第 2 期，第 30—31 页。

② 纪绍勤：“我国农业科技创新体系研究”，中国农业科学院博士论文 2005 年，第 157 页。

3. 改革计划管理体制

一是对农业科技项目进行分类管理。对重点科研项目，应采取“公开招标、择优委托”的方法；对一般科技项目，则应采用指导性、协调性计划的方式，由国家、地方、企业共同支持；二是将项目管理由过程控制改为目标控制，注重专家目标与生产目标结合，把学术水平与农业科技成果产业化结合起来，作为应用研究和开发研究成果水平的评价标准。

4. 明确农业科技管理部门与科研院所职能

中央和省部级农业科技管理部门应在政府机关改革成果的有利条件下，尽快实现工作职能、工作方式和工作作风的彻底转变，主要负责制定规划和法规、研究市场需求、把握研究方向、保证财政支持、协调服务等宏观上的工作。要进一步简政放权，将对科研院所的直接控制转变为间接管理，使科研院所自主地向开放、联合、竞争的方向发展。逐步改变行政部门直接管理研究项目甚至支持研究项目的不正常状况，放手由科研单位直接管理研究项目，充分发挥科研单位在学术指导到技术管理方面的作用，减少中间环节，提高管理的科学性和工作效率。

5. 不断优化科研机构，调整科研方向

国家有关部门应当建立科学的评估体系，通过定期的科研能力评估，同时考虑地域性等因素，引导科研机构的合理布局，逐步形成一批能真正上水平的，以基础研究为主的农业科研机构。对这些应当稳定的农业科研机构，有关部门应当提供切实可行的保障政策，逐步打破被分割、大而全或小而全、自成体系和分散重复的原有格局，扩大社会分工和专业化协作，实现体系间的功能互补，发挥整体效应①。此外，政府还应建立国家农业科技创新体系三个层次的“管理委员会、学术委

① 赵华等：“国外农业科研管理改革及对我国的启示”，http：//www. biocas. org. 2005 －2 －3。

员会和监督委员会”，对农业科技创新进行统一协调管理。

（二）转换机制，建立开放、流动、竞争的农业科技管理运行机制

在理顺我国农业科技创新管理体制的同时，必须转换机制，建立起开放、流动、竞争、高效的农业科技创新运行机制，以保障我国新型农业科技创新体系有序、高效运转。

1. 建立农科教相结合的科技运行机制

坚持“政府统筹、目标管理、通力协作”的原则，根据地区经济发展程度，探索不同的农科教统筹模式，加速农业科技、经济一体化。逐步改变我国目前农业科研、教学、推广、生产严重脱节的现状，鼓励农业科研、教学和推广机构合并或联合运行，建立鼓励科技人才在不同机构兼职和流动的政策与运行机制。

2. 改革科技立项与委托制度，实行招投标制

科技项目立项要根据农业发展新阶段的要求，坚持“课题从生产中来，成果到生产中去”的基本原则；课题委托要坚持公开、公正、公平的原则，实行择优委托。

3. 改革完善农业科技经费管理制度，推行课题制，提高农业科技经费的投资收益

在农业科技总经费不断增加的基础上，取消事业费的拨款方式，将事业费划入三项费用，使离退休人员生活基本保障进入社会保障体系；对不同类型的科研课题，采取全额资助、“拨”改“贷”、经费回收、效益提成等不同方式进行资助，实行科研经费滚动使用，同时，对课题实行全额预算管理，细化预算编制，并实行课题预算评估评审制度，科研计划的归口管理部门会同财会部门对课题预算进行审核并批复，对弄虚作假、截留、挪用、挤占课题经费的行为，进行责任追究；建立计划管理与经费管理、课题立项与课题预算之间既分工协作又相互制约的监督管理体制，公开办事程序和审批程序，接受社

会监督；建立科技经费从申请、审核、拨付、执行、到验收全过程的监督体系，对科技经费的使用情况进行监督、检查，重大项目进行中期审计，所有完成项目进行决算审计，以保证科技经费使用的规范和有效。

4. 建立现代农业科技企业制度

除少数公益型、基础性工作的农业科技机构以外，多数农业科技机构原则上都要进行企业化管理，或转变为企业；在产权明晰、政企分开、科学管理的基础上，以独资、合资、集资等形式办研究所或民营科技企业；健全科技企业的财税、兼并及破产制度，以市场机制和政策法规引导科技开发步入规范化、法制化轨道①。

5. 深化农业科研机构管理机制改革

农业科研机构要根据机构的性质、规模和发展方向，建立起科研机构人员规模宏观调控制度；在坚持党管干部原则下，实行主管部门公开招聘、职工选举基础上的主管部门聘用、主管部门直接聘用和委任等多种形式的院（所）长任用制度，进一步完善院（所）长负责制，落实科研机构的自主权，逐步完善科研机构行政领导任用制度；应全面推行聘用制，建立解聘、辞聘制度，实行固定岗位和流动岗位相结合的用人方式，鼓励科研人员创办高新技术企业或在完成本职工作的前提下兼职从事研究开发和成果转化活动，建立起符合科研机构特点的充满生机活力的用人制度；建立科研机构未聘人员的分流安置制度，对实行聘用制以后的未聘人员，要坚持以单位内部消化为主，采取多种方式妥善安置，并积极探索各种有效的社会化安置方式；应根据按岗定酬、按任务定酬、按业绩定酬的精神，进一步搞活科研机构的分配，建立灵活起有效的符合科研单位特点的分配激励机制；此外，农业科研机构还应积极探

① 戴小枫：“关于建立新型农业科技创新体系设想”，《中国科技论坛》，2000 年第 2 期，第 32 页。

索实行理事会决策制，科学技术委员会咨询制和职工代表大会监督制度等。

6. 改革人事制度

全面推行聘任制，面向全社会公开招聘人员，根据实际需要自主决定招聘人员数量。对进入国家级农业科技研究基地的科技人员，按照劳动合同制，实行动态管理；其他一些科研单位和企业自主安排，国家只是按照技术职称标准，对科技人员进行技术资格确认，人员的聘用和管理则完全由科研单位或企业自主实施。

7. 改革农业科技奖励制度

科技奖励制度改革要以激励自主创新为主，通过取消应用性研究成果的鉴定制度，改革成果评审办法，研究制定新的奖励办法和标准，不断完善奖励制度极其评审体系。农业科技奖励制度改革要注重经济效益和最终市场导向，使取得重大经济效益的科技人员进入先富起来的行业，调动广大农业科技人员创新的积极性。

8. 改革农业科技分配制度

应打破现行工资分配制度，探索、完善科技生产要素参与分配的方法和途径，使科技人员收入与其工作绩效挂钩，逐步建立起按劳动分配和按要素分配相结合，按岗定酬、按绩取酬的分配制度，形成全社会尊重知识、尊重人才、知识创造财富的良好社会风尚，为农业科技创新活动创造良好的社会环境。为此，国家要尽快建立健全各种相关的配套法律与可操作的规章制度，通过法律、法规形式确立农业科技人员在经济生活、科技创新中的核心地位，实现技术产品、知识产权、个人智慧的资本化，建立和实施多劳多得的分配制度和多元化的分配方式，在岗位工资、效益工资的基础上，农业科技人员以资本、劳动、产权、技术、智慧等多种资产形态参加二次分配，充分调动科技人员的积极性和创造性，促进科技这一第一生产力的充分释放①。

（三）资源整合，建立国家及地方新型农业科技创新平台

我国新型国家农业科技创新体系的建立，应围绕农业增产、优质、高效、安全和可持续发展的目标，通过“共建、调整、协作、优化”，依托已有的机构，以国家级农业科研机构为主体组成国家农业科技创新中心，以九大农业综合区划内优势单位组建的区域农业科技创新中心，以区内50个左右国家级、300个左右省级农业科研实验站为基础，构建形成中央和地方政府两级管理、分工负责，以中央政府统筹为主，主攻方向明确，核心支撑突出、布局结构合理、区域分工明确、资源优势互补、具有较强国际竞争力、管理科学、运行高效、研究开发一体的国家新型农业科技创新体系②。

国家农业科技创新中心建设。以国家农业科研机构为主体，通过整合优化科技资源，加快科研基础设施建设和管理制度创新，建成国家农业科技创新中心（知识创新基地）。国家农业创新中心建设，应以作物科学、动物科学、农业微生物科学、农业资源与环境科学、食品科学与工程、农业质量标准与检测、农业信息学、农业工程学等现代农业科技体系的主导学科群建设为核心，以知识创新为主体，以原始创新为重点，主要负责战略性、全局性、关键性、基础性和方向性农业基础研究、应用研究、高新技术和重大关键技术的研究开发工作，并组织协调各分中心的工作。

区域性农业科研中心建设。以区域内具有明显优势的省级农业科研单位为主体，整合区域内国家、部门和地方农业科技力量及国家、部门重点实验室等农业科技资源，根据自然生

① 戴小枫：“关于建立新型农业科技创新体系设想”，《中国科技论坛》，2000年第2期，第32页。

② 中国农业科学院科技局：“加快建设新型国家农业科技创新”，《农业科研经济管理》，2004年第1期，第7页。

态、资源优势、经济区划以及当地农业、农村经济发展需要，通过配套基础设施建设和管理制度创新，在东北、黄淮海、长江中游、长江下游、华南、西南、黄土高原、内蒙古及长城沿线区、青藏高原以及西北绿洲等地建设10个国家农业科技创新区域中心。主要功能是紧紧围绕区域优势农产品尤其是粮食生产布局、农业生产与加工技术体系建设、农业综合开发与农业生态环境建设等重大问题，以技术创新为主体，重大关键技术系统集成为重点，负责区域内重大农业技术创新和农业知识创新工作①。

国家农业科研实验站建设。为了与国家农业科技创新中心建设和区域性农业科研中心建设相配套，国家应依据全国农业综合二级区划和优势农产品区域布局规划，选择有一定代表性的省、地区级农业科研机构，建设50个左右综合性、300个左右专业性的农业科研实验站，作为区域优势农产品生产的小区对比实验、技术开发、中试放大、引进示范与应用培训基地，上与国家和区域创新中心、下与基层农技推广体系衔接，重点开展对比研究、适应性试验、实用技术示范，主要负责区域内重大科技成果的熟化、组装、集成、配套与示范，直接服务当地农业生产和农村经济发展。

（四）挖掘潜力，保障农业科技创新环境

制定和完善农业科技政策与法规，增加农业科技投入，加强快农业科技人才队伍建设，形成强有力的农业科技保障体系。

1. 健全完善农业科技创新法律法规

农业科技创新体系的建设需要有良好的法治环境，为此，必须健全和完善促进农业科技创新的法律法规。具体措施有：

① 翟虎渠："加快农业科技创新、构建粮食安全与农民增收长效机制"，《科技日报》，2005年2月1日。

制定出专门的、具有完整体系的促进农业科技创新的法律，对社会创新活动进行全面规范；对相关农业科技方面的法律法规进行重新修订，修改不利于促进农业科技创新的条款，使其能满足新时期农业科技创新活动的需要；完善农业科技知识产权保护制度，健全科技创新法律体系。应出台激励和保护知识产权创新的政策，严厉打击农业知识产权侵权行为，加强对专利权、植物新品种权等产权的保护力度，扩大知识产权保护范围，以维护知识产权所有者的合法利益，增强科研院所等农业科技创新主体对农业技术创新的信心；建立健全农业技术市场体系与技术法规体系，以保证技术流通畅通，加快农业科技成果的推广应用；通过提高执法人员的知识水平、业务技能、执法素质，确保法律得到有效执行。

2. 建立市场化、多元化农业科技投入机制

建立起以政府为主体，市场化、多元化投入机制，增加农业科技创新投入。首先，政府应该把农业科技投入作为农业投入的优先和重点领域，增加农业科技投入总量，保证中央和地方每年财政对农业科技投入的增长速度要高于其财政收入的年增长速度。国家应设立农业科技创新专项资金，支持农业科技创新体系的建立，保证基础研究、高新技术研究、重大科学技术的联合攻关以及新技术推广的资金需要。同时，要提高国家重大科技项目中的农业科技项目比重，在重大农业建设项目中提取5%—10%的资金用于农业科技项目，建立起国家农业科技投入的稳定增长机制，到2010年实现政府对农业科技投入目前占农业GDP的比重提高到1%，逐步改变长期以来农业科技投入不足的状况。其次，通过制定合理政策，引导和鼓励企业特别是一些以农产品开发为主的新兴企业集团和社会组织投资于市场前景好、竞争力强、效益高的农业技术研究和开发领域，对开发出的具有显著社会效益、知识产权不易保护的农业科研成果，可采用政府后收购或补贴的办法；鼓励科研机构以自己的科研成果通过股份制或利用信贷资金等形式创办科技企

业，促进科技成果转化；建立农户科技投资的有效诱导与实施渠道，引导和培育农户作为投资主体的能力；允许和鼓励企业、个人等社会力量捐资成立农业科技基金会，专门支持农业科技研究、开发、推广和奖励农业科技人员。再次，积极用好世界银行等国际金融组织和外国政府贷款，争取国际科技合作与援助，吸引跨国企业投资我国农业科技创新，多渠道、多形式争取农业科技发展资金。最后，建立农业科技创新的风险基金和风险投资体制、融资制度和保险制度，探索建立农业技术推广与产业保险制度，以分散农业科研机构进行科研机构的投资风险，减轻农业科研单位的经济压力。

与此同时，政府还应不断调整农业科技投入的结构。逐步退出对竞争性比较强的农业产业领域或环节的投资，重点投资于公共科研机构和公益性强的农业科学基础研究、应用基础研究，以及高新技术、综合技术、关键技术的研究和开发等领域；努力平衡农业“产前”、“产中”、“产后”投入和农产品数量与质量投入，注重对农产品安全生产、保鲜、加工、储运等相关技术投入。此外，还应建立起社会化的绩效评价机制与监督机制，使财政支持的科研项目接受公正、透明的评价和社会公众监督。

3. 加快农业科技创新人才队伍建设

农业科技创新体系的构建离不开人才支持，农业科技创新人才队伍建设的成效直接关系到农业科技创新体系建设的成败。因此，必须加快实施人才培养科技行动，造就一支由学术带头人、农业科技推广人才、农业科技企业家、高素质农民和农业科技管理人才共同组成的农业科技队伍。我国加快农业科技创新人才建设可以从以下几个方面着手：

（1）创造条件，不断引进、培养农业科技高层次人才

国家可以设立农业科技创新人才基金，专门用于农科研机构高层次创新人才的引进和培养；通过制定农业高层次人才培养规划，重点培养一批农业创新人才、农业科技推广人才、经

营管理人才和科技管理人才；不断完善农业高层次人才的选拔培养机制，科学公正地选拔人才，加强知识与技能更新教育，加大农业科研和创业经费支持力度，鼓励高层次人才创新、创业，营造有利于人才成长的良好环境。

（2）加强农业教育

要围绕“通识教育—专业教育—创造教育”的新模式，建立起初等普通教育—中等职业教育—高等专业教育的农业教育新体系。要加大教育培训设施建设力度，逐步建立起适合我国国情的现代农业教育体系，培养具有创新意识和创新能力的学科带头人、科技型企业家、高级科技管理专家、技术专家①。具体有三种形式，一是通过农业高等院校农业重点实验室、重点学科建设，结合重大科技计划和人才培养计划，以任务带动人才培养，造就一批学术带头人和科研骨干；二是加强高等农业院校与产业部门的沟通，使学科建设与产业发展需要对接，以更好满足产业发展对人才的需要；三是加快高等农业教育改革，强化素质教育，提高毕业生的动手能力。

（3）加强农业科技教育培训力度，提高农民科技文化素质

一是大力发展农业专业教育和成人职业教育，结合农业广播学校、电视大学、函授、远程教育等多种农业教育形式，分层次、有重点地组织农民进行农业科技教育，提高农民掌握现代农业科技的能力，培养一支有文化、懂技术的农业技术员队伍；二是加强培训基础设施建设，不断更新和改善教学手段，在对农民科技需求进行调查了解的基础上，通过科技下乡、科技服务、科学普及、星火计划、丰收计划等，对农民进行有针对性的培训，加速农民知识化进程；三是实施科技入户工程，加大对农业科技示范户的培养力度，充分发挥其示范作用；四是大力扶持农业产业化“龙头”企业建设，通过“龙头”企

① 纪绍勤：“我国农业科技创新体系研究”，中国农业科学院博士论文2005年，第155页。

业对为其提供生产原料的农户提供实用的技术培训，提高农民整体科技素质。

第二节

加快农业科技推广体系改革的思路[①]

农业技术推广是农业科技成果转化为现实生产力的桥梁和纽带，它与农业科研、农业教育并称为农业发展的“三大支柱”。农业技术推广体系的建设必须适应社会主义市场经济体制的新要求，提高农业科技在农业生产中的应用水平，这是当前一个迫切需要解决的问题。

一、适应市场经济要求，建立多元化、多层次的农业技术推广体系

改革开放以来，我国农业技术推广体系不断发展，从单一的政府主导型的农业技术推广体系，发展成为以政府推广体系为主，农业科研教育部门、农业企业、农民专业合作组织共同参与的农业技术推广体系。公益性农业技术推广主要由政府组织和管理，通过农业推广部门与农业大学和科研院所的对接，把新品种、新技术和新产品直接推广到农户和农业企业，这是我国农业技术推广的主渠道。由科研院所或农业大学研究开发的农业技术或科研成果，可以通过技术市场，有偿转让给龙头企业，龙头企业通过建立基地，基地带农户的形式把农业生产技术或科研成果

① 本节内容选自农业部软科学课题《农业技术推广新机制、新办法研究》（课题编号：200523），课题主持人：蒋和平。

推广到农户中去。还可以通过科研院所和大学创办科技型龙头企业，通过科技成果产业化的方式与农民专业合作组织进行对接，把农业技术成果推广到农户中去。因此，为了适应市场经济要求，应建立多元化、多层次的农业技术推广体系，即政府（公益性）行政式农业技术推广体系、科研教育型农业技术推广体系、市场型“企业＋农户”型的农业技术推广体系、混合型农业技术推广体系（见图5－2所示）。在多层次、多元化农业技术推广体系的农业技术推广体系中，以政府主办的公益性农业技术推广体系为主体，其他类型为补充。在农业技术推广主渠道下，公益性农业技术推广发挥重要的作用，使其他类型的推广体系相互联接、相互协作和相互协调。

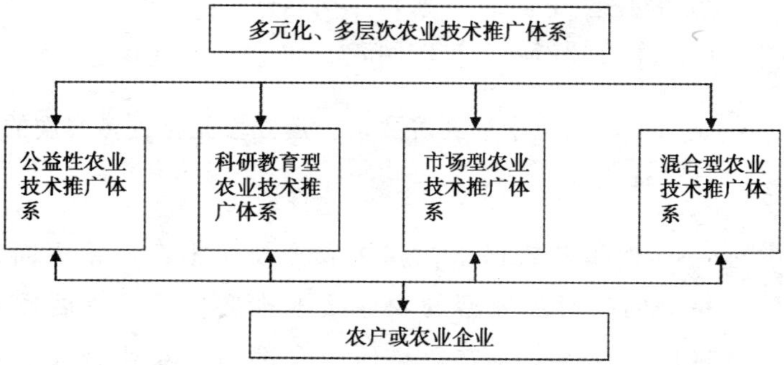

图5－2　多元化、多层次农业技术推广体系示意图

二、对现有的农业技术推广体系进行重新定位和分类，建立分工明确、竞争有序的农业技术推广体系

鉴于农业技术推广的公益性和特殊性，必须进行明确的、系统的、科学的分类，对于不同类型的农业技术推广，由不同的推广组织进行承担。对于基础性、公益性的农业技术服务，关系到国计民生的粮食作物技术推广，重大突破性的技术试验示范和公共性的农业信息服务，包括对动

植物检疫和疫情监控、病虫害和农情监测预报，关键性技术的引进示范推广，以及向农民提供大田作物技术咨询，都属于公益性技术推广内容，必须由政府主导的农业技术推广部门来承担。对于科技含量高、市场价值大的蔬菜、水果、园艺产品、畜牧和水产品与农产品加工品，完全可以由市场来配置农业技术推广资源，让龙头企业和科技企业出资购买农业技术成果，与农民进行对接，由企业聘请专家对农民进行技术培训，按照统一的技术规程，进行农业技术推广，生产高附加值的农产品，使企业和农户都获得较高的经济效益。

建立适应社会主义市场经济的新型农业技术推广体系，要按照“科学规划、分类指导、分层管理”的原则，引入市场竞争机制，对不同性质的农业技术推广机构要坚持“主次分清，分类指导”的方针，对现有的农业技术推广机构进行分类管理。对政府主导的农业技术推广机构，按照中央、省、市、县、乡五个层次，人员都由农业管理部门负责管理，并负担相应的经费支出，可在有条件的省市进行试点，实行省一级的公益性农业技术推广的统一管理。对于市场型的农业技术推广企业，应从宏观上加强引导和规范管理，制定优惠政府和相关的农业技术推广的管理规则，规范农业科技型企业的技术推广的行为，保护农民合理的利益。同时，创造各种有利的社会环境与配套政策，扶持农业科技企业的迅速发展壮大，使其成为农业技术推广体系的重要组成部分。逐步形成国家、地方、企业、民营多种类型并存和共同发展农业技术推广的局面，形成纵有层次分工、横有协调功能的、网络式的农业技术推广体系。

创新农业技术推广的运行机制，建立开放、流动、竞争、有序、高效的农业技术推广工作机制，对政府支持的各级农业推广机构，要采取增加投入、健全机构、优化队伍、转变机制、转变方式、转变作风、完善服务等多种途径，支持其从事农业技术示范推广与技术的二次创新工作。积极培训农业技术人员，引进和开发国外农业先进实用技术。加速农业科技、经济一体化，彻底改变科研、教学、推广、生产脱节的现状。鼓励农业科研、教学、推广机构合并或联合运行，或与农业技术推广企业进行合作，从事技术开发、技术咨询、技术服务和技术转让，使其成为推广体系的重要组成部分。积极发展各类专业技术协会和民营科技企业，并引导其逐步成为农业技术推广体系的主体。

三、确定省市、县各级农技推广重点与分工，明确政府的项目推广与市场推广的相互关系

农业技术推广是一个复杂的社会系统，需要各部门齐心协力，才能形成强大的合力，鉴于目前初步形成的多元化农业技术推广体系，必须由政府去协调和统筹管理，改变目前政出多门，联系松散，甚至脱节的现象。按照国家农业科技发展纲要提出的“实施农业区域发展科技行动，开发区域优势产业和发展特定农业”的要求，通过“并、转、建、撤”等不同方式，建立机构精干、布局合理、力量集中、方向明确、优势突出的农业技术推广体系，以保证省、市（地）、县三级农业技术推广机构协调运转。省级农业技术推广机构，主要从事公益性农业技术推广、高新技术引进、试验、示范及重大农业技术推广的任务，着重解决全省农业经济和农业生产中全局性、关键性、主导性和战略性的重大农业技术推广问题，农业技术推广应以科技产业化带动农业产业化为主要目标，技术推广成果通过市（地）农科所的延伸发展和县农业技术推广中心的推广，以达到“推广一项技术成果，开发一个科技产品、带动一个产业发展”的目的。市（地）级农业技术推广部门坚持服务于地方、集中优势、层次清晰、分工明确、因地制宜的原则，根据自然生态、资源优势、经济区划以及当地农

村经济和农业生产中具有区域特色和优势的重大农业技术推广问题。县级农业技术推广部门应立足于服务基层（乡镇），突出重点、抓出特色、形成产业的原则，加强先进适用技术引进、试验和示范工作，着手解决县乡农业经济和生产中的突出性、主导性和基层性的农业技术推广问题。包括种植、养殖高效利用技术，动植物病虫害及农情监测、预报、防治、农业科技人员和生产操作培训。农业技术推广和咨询服务信息、检验服务等。省市（地）的农业技术推广部门，要在市、县两级技术推广部门中，择优选择县乡农业技术推广机构和单位，在项目、资金上给予扶持，使其逐步成为具有地方特色和区域优势的区域性农业技术推广中心。

进一步明确政府的项目推广与市场推广的关系。为了促进农业技术推广，政府每年从高等院校和科研院所开发一批农业科技成果中，选择一批针对性强、辐射面广、带动力大，并能产生重大经济效益和社会效益的农业技术，以项目的形式进行安排。如由农业部和财政部组织实施的“丰收计划”和“跨越计划”，以及“国家重点技术推广计划”、“高新技术产业化项目”、“科技入户”示范工程、“测土配方施肥”技术的推广等，带动地方各级政府的农业技术推广事业的发展，有效地引导和推进我国农业领域科技成果转化与技术服务工作。同时，对一些高附加值的种养业技术推广项目，政府应逐步退出，让龙头企业和中介组织进入其领域，用市场机制来配置农业技术推广资源。凡是能进行市场推广的项目，政府不再拨款支持，让龙头企业和中介组织主动介入，参与市场推广。

四、创新基层农业技术推广的运行体系

（一）建立以聘用制为核心的人事管理机制

推行和规范公益型农业技术推广部门人员聘用制度。要研

究加快推行和逐步规范聘用制度的有关问题，各级农业技术推广部门除纳入公务员管理的以外，都要实行人员聘用制。要加强分类指导，结合事业单位的体制和机构改革，做好新进人员公开招聘和聘用合同的签订工作，除政策性安置人员外，都必须面向社会公开招聘。要按照人事部关于事业单位试行人员聘用制度有关问题的解释，在进一步调查研究的基础上，完善有关政策规定，规范操作程序，维护用人单位和受聘人员的合法权益。竞聘上岗，要做到公开公平公正，对落聘人员要做好思想工作，并妥善分流安置，可以采取“留”、“退”、“转”、“辞”等办法。对于一时难以转岗的人员，可以在一定的过渡期内（例如，5—8 年之内），按照一定的标准发放补贴（例如，原来工资待遇的 70%—80%）。这样，既有利于平稳地解决人员分流问题，又不增加财政负担。同不改革相比较，这样做，在短期内，财政负担不仅不会增加，还有所降低；从长期看，将对减少财政负担更为有利。不能简单地把他们推向社会，防止因工作不当而产生各种不稳定因素。

在县乡级农业技术推广部门，实行全员竞争上岗。农业主管部门要向全县发布了“招聘公益性农技员公告”，明确考试时间、面试时间，通过考试、考核、面试来决定录用公益性农技员。

（二）建立以承包制为核心的激励机制

从事农技推广服务事业的主体是人，而调动人的积极性，发挥人的聪明才智，在于激励机制。要鼓励各级农技人员以各种方式积极参与农业产业化经营，融入农村经济建设的主战场。农技人员可以到农业企业、产业协会、专业合作社兼职，可以受聘于种养专业大户（场），可以以技术、资金入股，可以承包经营实体，更可以自主创业，兴办科技型企业。要探索农业技术推广分配制度的改革，逐步实行按劳分配与按生产要素分配相结合，农技人员的报酬与推广业绩、经济效益相挂钩，支持龙头企业对招聘来的农业技术推广科技人员采取优惠政策，实现技术产品与知识产权的资本化。

（三）建设以项目带动为核心的技术推广机制

建立和完善项目带动为核心的农业技术推广机制。采取“带项目、带技术、带资金”的形式，把大量的农业生产人才安排到农业生产第一线。试行项目合作推广模式，即由政府发布技术开发推广项目的公开招标，可以由不同推广主体自由组合联合投标，也可以在政府选定中标单位后由项目执行主体自行选择合作伙伴。试行基地合作推广模式，即以建设现代农业园区、农业高新技术示范区、农业科技示范基地等为依托，整合农业行政部门、农业科研单位、农业院校及农业龙头企业、农村专业合作组织等技术推广力量，通过协议或合同明确各方权利义务，以“产、学、研”一体化、“引进、开发、推广”一体化的形式，通力搞好基地建设。

第三节 加快推进基层农技推广体系改革与建设[①]

一、湖南省基层农技推广体系改革与建设的主要模式及评价

（一）农技推广机构主导型模式

以地方政府为主导，市、县、乡（镇）三级农业技术推

① 本节内容选自农业部软科学课题《基层农技推广体系改革与建设问题研究》（课题编号：200913），课题主持人：曾福生。

广站组成的基层农技推广体系是基层农技推广的主体，也是农业科技成果转化和扩散的重要渠道，为农技推广，农户获得现代农业科学技术成果，农业增产和增效发挥了巨大作用。目前农业推广机构主导型模式主要体现为区域站、专业站和综合站三种模式。

1. 跨乡镇设置的区域站模式

改革与建设运行情况：2005 年，湖南省南县和醴陵市率先进行了基层农技推广体系建设跨乡镇设置的区域站模式的试点。县级实行行业内综合，将种植业的粮油站、经作站、植保站、土肥站、环境监测站、培训中心、农科所、农校整合，组建农业技术推广中心，将农机化的农机化技术推广站、农机培训学校等整合，组建农机技术推广中心，农业技术推广中心和农机技术推广中心分属农业局和农机局管理，均为财政全额拨款的事业单位，其人、财、物、事相对独立，业务上接受行业主管局的领导。县以下整合农技和农机设立区域站，每个区域站服务 2—4 个乡镇，种植业按照每千公顷配备 2 人和每 1 万户农户配备 5 人的标准核定公益性人员。农机化按照每 6000—7000 千瓦配备 1 人的标准配备核定人员编制。各个区域站属县农业技术推广中心的派出机构，经费全额纳入县财政预算。在人员分流上，采用提前退养、提供经营性工作岗位、辞职、辞退、自谋职业和清退等途径平稳实施。在经费保障上，上岗人员全部由县财政实行工资统发。提前退养的发给生活补助，直至领取退休金为止，具体标准是：原属财政全额拨款编制人员，每月按基本工资的 90% 发放，经费由县财政负担；原属财政差额拨款的人员，每月按基本工资的 90% 发放，经费由县乡财政各负担 50%。自愿不参与竞聘上岗和竞聘落岗的，再就业，每月发放一定的生活补助费，具体标准是：自愿不参与竞聘上岗，按基本工资的 80% 发放，竞聘落岗的，按基本工资的 70% 发放，原属财政全额拨款的人员，经费全部由县财政负担，原属财政差额拨款的人员，经费由县乡财政各负担50%。

2. 按乡设立的专业站模式

改革与建设运行情况：2004年，湖南省东安县和株洲县进行了基层农技推广体系建设按乡设立专业站模式的试点。县农业局分设行政、农技推广中心、农业执法大队及乡镇企业局四大块。行政股室有办公室、政工股、计财股、监察室、法规科教股，农技推广中心下辖粮油站、经作站、植保站、土肥站、信息站、蔬菜站、农产品质量检验检测站，农业执法大队下辖种子管理站、农药肥料管理站、农业环保站；乡镇则以行政区划为单位设立乡镇农技站，为财政全额拨款事业单位，隶属县农技推广中心管理。2004年，乡镇农技站公益性人员按照每万亩农作物播种面积配0.5人，每1万农户配3.5人的标准配备公益性农技人员岗位。各乡镇农技站设站长、副站长、粮油、经作、植保、土肥、农业信息、农业环境监测、农业科教、农业执法、蔬菜和能源专干等5—12个公益性推广工作岗位，其中大站一人一职，小站一人兼多职。分流人员仍由所在乡镇农技站统一管理，其干部、职工身份不变，工龄连续计算，参加正常职称评聘和正常工资晋级晋升。分流人员每两年通过“人员动态管理机制”实行竞争上岗。公益性人员经费全额纳入财政预算，实行工资统发，县财政解决养老、失业、医疗、生育保险和住房公积金，给予每个站工作经费基数2000元，此外人头经费每人每年1500元，解决每站上网经费800元，工作目标奖每人500元左右。分流人员也由县财政全额列入财政预算，解决养老、失业、医疗、生育保险和住房公积金，发给部分工资，不足部分从经营创收中解决，达到退休年龄时办理退休手续，按规定领取退休养老金。

3. 综合站模式

改革与建设运行情况：2005年，湖南省沅江市进行了基层农技推广体系建设综合站模式的试点。沅江是本省农村税费综合配套改革试点市，其改革已于2005年底基本完成。沅江市乡镇事业单位实行综合设置，设置人口和计划生育办公室与计划生育服务站（合署办公）、农业综合服务站、村镇建设站和文体站等 4 个以乡镇管理为主的事业机构，设置水利管理站、动物防疫站和林业管理站等 3 个市管为主的事业机构。农业综合服务站整合农技、农机、水产等机构，承担农技、农机、水产新技术试验示范、培训推广和病虫害预测预报及防治指导、乡镇企业服务等工作。农业综合服务站，为全额拨款事业单位，人、财、物、事属乡镇政府管理为主，本市农口各局负责技术指导。农业综合服务站按照乡镇的大小，分为一、二、三类乡镇，按照一类乡镇 14 人、二类乡镇 11 人、三类乡镇 8 人的标准核定编制。通过竞争分流，鼓励乡镇事业单位分流人员创办、领办民营企业，分流人员可以凭个人所长，依法组建专业化中介服务组织或经济实体。上岗人员全额纳入县级财政预算，实行工资统发，所在乡镇根据财力情况，按照每人 5000—8000 元/年的标准核定公益性人员的工作经费，养老保险和医疗保险的单位应缴部分纳入县级财政预算。竞岗落聘人员在未就业前每月发给一定的生活补助，主动不参与竞争上岗的，其生活补助按高于竞争落岗人员生活补助 10% 的标准发放，自愿与单位解除关系的可以给予适当的经济补偿。

优劣势分析：总体来看，农技推广机构主导型模式的主要优势在于：整合了基层农技资源，精炼了农技推广队伍，将农业技术推广的公益性职能与经营性职能作了有效的区分，明确了农技员的责任，经费流向清晰且有一定的保障，农技推广体系中：省—市—县—乡连接完整，对行政推广的农业技术，发动力度大，普及面广，推广速度快，效果明显。但存在的问题也是明显的，具体表现：一是没有反映农业技术需求主体农民的意愿，没有有效解决农户难以获得现代农业技术的需求，容易造成农业科技成果与农村一线农业生产、农民技术需求的脱节。特别是跨乡镇设置的区域站模式，农技员离农民和田间地头的距离越来越远，难以对农业生产实践进行有效指导。二是农技推广机构主导型模式还是没有发挥农技员农技推广与农民农技需求的积极性。实地工作的艰难和单位农技员负责面积的广阔，现实中难以有效的监督和测评农技推广成效，“搭便车”是农技推广中的一种常态，加之农技员收入相对偏低，农技员推广农业技术的积极性较低。对农户而言，当对公益性农业技术的长期期盼没有实现和自身素质等因素，其农业技术需求的积极性随着自身年龄的老化而逐渐减低，甚至消失。三是市场作用不大，长效机制不完善。农技推广机构在实践中与市场的其他主体（农业科研院所，农业科研企业）有一定的协作，但多为农技推广主体间的短期合作，形象工程较多，农民实惠较少，合作一旦完成，该种类型的农技推广即告结束，市场发挥作用的长效机制没有建立。

（二）政府科技项目带动型模式

改革开放以来，特别是20世纪90年代以来，湖南省作为农业大省，根据自己的农业发展需要，选定了一批重大适用的农业技术成果作为推广项目，通过各类农业科技推广计划及项目的实施，有效推广了一些先进、适用、成熟的农业新技术、新品种，实现了农业科研、教育与推广机构的有效对接。具体的模式主要有农业科技110服务模式、科技示范园区（基地）模式、科技特派员模式、科技入户模式、农业院校和农户连接的“双百工程”。总统来看，政府科技项目带动型模式能有效的连接农业技术推广各个主体的利益，在局部实现农业技术供给与农民需求的均衡，较好地弥补了农业技术推广部门留下的洼地，是农民较欢迎的农技推广模式。但也存在一些问题：一是没有形成系统而稳定的网络，多表现在一定的点上，无线也无面。结果是短期效益明显，打一枪（项目）换一个地方，绝大多数农户，特别是偏远地方的农户不知国家推广的新技术为何物。二是重展示、轻实效，重经营，轻公益。项目实施地区的经验难以对外扩散和模仿，对周边地区的带动和辐射能力较弱，实效性及实用性不够。三是经费投入缺乏长效保障，影响项目实施地工作的稳定和持续展开，加之农业技术推广主体及农民自身科技知识及能力的不足，项目设计的初衷难以全部实现。

（三）市场引导型模式

市场引导型模式作为湖南省农业技术推广体系的补充，是实现农业科技成果转化的辅助推广模式。农业科技企业既是农业技术推广的主体，也是农业技术推广的载体。目前该模式主要体现为两种形式：企业产业化（公司＋农户）服务模式，农业技术协会或农业合作经济组织服务模式。市场引导型模式的特点是分散生产、集中经营，把原来分散的小规模农户组织起来，成为企业的生产基地，通过订单形式，实现企业对农户的技术服务，包括新品种、生产资料和新农业技术的推广等，较为有效地解决了小农户与大市场的矛盾。但存在的问题也是明显的：一是农业科技企业与农户没有建立平等的对话机制，在农产品价格制定上，企业比农户拥有垄断性的话语权。因此，在利益分配上，企业承担了低风险，获得了高收益；农户承担了高风险（自然与市场双重风险），却获得了较低的收益。二是企业与农户的契约常常表现为软约束。当出现违约现象时，组织巨大的农户处置违约的交易成本高昂，使得契约对交易双方约束力有限，结果是违约现象在现实中经常出现。三是大部分农业科技企业规模较小，资金、技术力量薄弱，造成了农业先进技术难以在农业中进行有效推广。农业技术协会和专业合作经济组织也常常因为资金不足，结构的松散和本身缺乏技术等因素，没有在农业科技成果转化中发挥应有的作用。

二、基层农技推广体系改革与建设存在的问题

基层农业技术推广体系的建设的主体主要有中央、地方农业技术推广机构及其他推广单位（农业科研院所、农业科研

企业、农业合作经济组织等）和农民构成。我们的调查主要考察了基层农业技术推广机构的农业技术人员和农业技术的需求主体——农户，关键在于搞清楚农民到底需要哪些新技术、期望怎样的技术传播方式和采纳农业新技术时存在的主要问题；农业技术推广体系和农业技术人员目前的困境，改革的目标和方向；如何发挥这两级主体的积极性等问题。由此我们专门进行了实地调查，在数据描述统计分析的基础上，结合座谈的感性认识，认为基层农技推广体系存在如下的问题：

1. 思想观念滞后，管理体制创新不明显

目前我国农业整体已进入了买方市场阶段，在资源和市场的双重约束下，培育各级推广主体的风险意识，稳定增加农民收入是广大农村工作者，包括科技人员的中心任务。其中科技是农业内部增收，具有长效机制最关键的环节。但调查的现实情况是上至政府的一把手和主管农业、科技的领导，下至各推广站的普通员工并没有真正认识到农业的新情况，新问题，没有把农民看成农村市场经济的理性人，没有把创新推广体系拉入农村长期规划，部分管理体制还是50年前自上而下的政府传递模式，扩散的技术项目市场导向性较差，无法反映农民系统的技术需求，更使得多元化组织间难以形成和协调发展，造成恶性竞争和有限推广经费的浪费。

2. 农技推广体系改革进程缓慢

基层农技推广体系改革涉及面广、任务重，所以基层农技推广体系改革进程比较缓慢。一是人员编制难以确定。国发［2006］30号和湘政发［2007］15号文件中，对基层公益性农技推广人员编制测算标准没有作出规定，导致各地在贯彻实施过程中，无据可依。二是改革成本较大。据调查，全省种植业乡镇农技站在过去几年工作中，负债总额已达2.8亿多元，共拖欠养老保险金达1.2亿元，单解决“负债”和“养老”两个问题，就需要资金4亿多元，全省122个县市区，平均每个县都要拿出320多万元。此外，县级财政要全额保障基层农技推广人员的工资和基层农技推广机构的运转经费，所需改革成本巨大。若加上乡镇的“七站八所”的改革成本，县级财政支出压力非常大。三是富余人员分流难。乡镇农技站作为政策性安排就业人员的主要机构之一，富余人员多；且多数富余人员为编制内人员，分流成本高。

3. 政府农技推广部门的农技推广方式需改进

农技推广方式以农技人员下乡和示范田建设为主，辅以板报和行政命令的形式，但行政命令只占很小的一部分（得分为58.5），这与被调查农户采用新技术的主要来源渠道相吻合，调查发现，农业技术推广部门、电视和广播是农户采用新技术的主要来源渠道，其次为农民协会和邻居，书籍、传单等印刷品的发放并未成为农户采纳新技术的主要来源，其原因主要是农户知识程度的有限性（小学文化程度占27.27%）和宣传资料所载的技术与农户所需要的技术不相吻合。在调查的308户农户中，2008年平均耕种面积约为6.12亩，耕种规模较小，风险规避程度相对较高，由于新技术相对于传统熟悉的技术而言，效益的不确定性和风险程度较高，使得农户不敢贸然使用新技术，如果采用，则需要农技推广部门来弥补其技术知识方面的缺陷，或需要科技示范户的带头示范，来降低其心中的不确定性。因此通过农技人员下乡和示范田建设这一农技推广方式，既可解决农户在新技术知识方面的迷惑，又能将示范田建设的效果实实在在的呈现在农户面前，使得农户有了稳定的预期，提高了农户采纳新技术的概率。但调查还发现，越是在较偏远的地方，农民越是认为农业技术人员没有进行农业技术推广（得分为371.5）。

4. 动植物新品种和病虫害防治是当前农民最急需的农业技术

在被调查的308户农户中，目前其急需的五种技术依次为：新品种、病虫害防治、田间管理技术、育秧技术及移栽技术，调查表明，资金不足是制约农户采纳新技术的主要因素，远远高于其他制约因素的分值，且被调查农户的年收入主要集中在0—2万元之间，占调查总数的75.32%，但农民收入中多数部分不以现金形式存在，造成农民的实际可支配收入的相对不足和对风险的规避，从而直接导致农民对价格较高农业新技术成果的有效需求意愿不足。在实地调查和访谈中发现，农民对价廉物美，能够创造高收益的农业新技术是热切期盼的。这就要求我们的政府把握农业技术成果比一般工业技术更具有公共品性质的特点，采取有效的支持和补贴方式，实现理性农民的期盼。

5. 基层农业推广投入比例偏低，农业技术人员短缺

长期以来重研究轻推广，研究、开发、推广环节严重脱节，加之农业投入总量少，推广经营严重短缺，造成基层农业推广体系经常处于“有钱养兵，无钱打仗”的局面，远不能满足农民对科技成果的需求。调查表明：推广经费不足和人员配备不足是制约农技部门农技推广的两大主要因素，得分为637和333分。无事业经费、无推广经费或经费不足的乡镇占调查地区的90%以上。70%的乡镇近10年没有新进的农业大专院校的专业学生（调查表明71.58%的农业技术员从事推广的年限在10年以上），有新近人员的主要是无农技专业特长的转业军人。在政策层面和学术界，近年来都大力呼吁实施农业推广的公益性与经营性职能分离，加大农技推广经费投入，鼓励农业专业技术人员进入农技推广体系。但关键是目前调查地区的人头经费只有6000—8000元/年，每个乡镇基本配备的农技人员3—5人。作为理性人的农业技术人员根本没有从事公益性农业技术推广的积极性，即使具有很强的奉献精神，也难以在全乡镇进行有效的农业技术推广，特别是在山地和丘陵地区。

6. 基层农技推广的模式仍然较为单一

由于农村特殊性造成的农业技术公共产品强的特点，农业技术推广的主体当然是农业技术推广机构，但也要清晰的认识

到政府农技部门并不是农技推广的唯一主体。政府、企业、农业大户、合作组织、农民协会、高等院校、科研院所等均可成为农技推广的主体，以这些单个的农技推广主体进行排列组合可产生出多种农技推广模式，如政府机关 + 农技推广站 + 农户、高等院校（科研院所） + 农户、企业 + 农户、企业 + 农协 + 农户等。由于地域、自然条件等因素的影响，有效的农技推广模式不是单一的，这也为舒尔茨的有效区位理论所说明，这也表明基层农技改革模式不是单一的，不是简单地将某些职能进行合并，整合资源，发展区域站、综合站所能解决的，还需要一整套的配套措施。对已有农技推广成功模式进行考察不难发现，这些模式最终都是面向市场、农业产品销售相对有保障的农技推广模式，面向市场，农户采用新技术生产的产品销售有保证，进而收入有保证，农户愿采纳。

7. 改革后的培训和基础设施建设工作任务重

近 5 年来，调查地区基层农技推广系统内新进人员不足 5%，5 年内参加培训的占 58.1%，其中培训 3 个月以上的只占 12.4%。由于新进人员少，培训力度不够，造成当前农技推广队伍知识结构老化，专业结构单一，工作中缺少园艺、加工、经营等方面的人员，调查显示，从事畜牧、水产、农经管理、农机的农业技术人员的比例分别为 14.74%、8.95%、4.74% 和 13.68%，因而难以满足社会需要。调查了解，目前有办公用房的基层站仅占 23.7%，其他办公设备和工作仪器更少。因而，要确保农业推广公益性职能的履行，在培训和基础设施建设上任务较重。

三、基层农技推广体系改革与建设的对策建议

1. 加快推进农技推广机构主导型模式的组织制度改革与创新

按照《决定》规定，结合国务院两个《意见》要求，将农业技术的公益性职能和经营性职能相分离，对具有公共产品

特性的公益性农业技术，应由政府及相关涉农公益性部门承担推广任务。由于大多数农业技术成果具有较强的非排他性特点，加之农民的现金收入较低，使得农业技术成果的公共产品特点明显，农业技术推广的非营利性是推广体系中的主流。因此，目前农技推广机构主导型模式是基层农业技术推广体系中的第一模式选择，其改革与建设直接关系到这个农业技术推广体系改革与建设的成败。具体而言，在省级层次，将目前的省级农业技术推广总站改组为隶属农业厅的省级农业技术推广局，其主要职能是：协同国家农业技术推广部门制定地方农业技术推广事业的方针和政策和推广计划；指导县级农业技术推广机构的设立与运作，进行全省农业技术人员的培训、进修和咨询服务；实施地方农业技术推广项目的管理、监督和评估；促进农业技术研究、教育和推广三大部门间的沟通与信息交流；建立全省公共农业技术信息服务网络。在地市层次，为与我国“省管县”行政管理体制改革相适应及基层农技推广的实际情况，建议不设立农业技术推广机构。在县级层次，设立县级农业技术推广综合办公室，由原农业技术推广中心，畜牧水产局、林业局和农机局的农业技术推广部门组成，行政隶属县政府管理，业务隶属省级农业技术推广局指导。其主要职能是：制定本县的农业技术推广计划和选定重点农技推广项目；选聘基层农业技术人员并进行指导和培训；做好与农业技术供给机构的信息交流并引进适用于本地区的农业技术成果；做好本县农业技术推广的资金预算和分配；监督、评估乡—村级农业技术员的推广实效。在乡—村级层次，设立农业技术推广综合站，作为县级农业技术推广办的派出机构，行政与业务隶属县农技推广办。结合各地方实际，在人员较分散的山地、丘陵地区，建议以乡镇为单位设立农技推广综合站；在交通便利的平原、城郊地区，建议以跨乡镇设立区域性农业推广综合站；在村级配备农业技术员（可由村干部兼任）。其主要职能是：了解农民的农业技术需求意愿；组织实施本地区的农业技术推广项目和农业技术服务；向上级单位反馈已推广技术与农民意愿的对接情况和实际绩效。

2. 建立以政府财政投入为主体，其他投入形式为重要组成的多元化农业科技投入体系

根据西方财政理论，财政供给存在边际报酬递减规律，政府在提供公共产品配置社会资源方面也要遵循市场效益原则，提高资源效率。因此，在稳定增加公共财政投入的基础上，完善激励机制，广辟筹资渠道，形成多元化的农业科技服务投入体系。一是确立政府投入主体地位，加大财政支农总量，提高农业科技服务支出在支农资金的比重，特别是农业科技三项费用支出的绝对量和相对量的增加，是现代农业发展战略目标的关键环节；二是引导各种涉农银行、金融机构采取无息或低息的形式向基层推广主体融资，促进先进、成熟、实用的农业科技成果转化、推广；三是“按照谁投资、谁受益”的原则，制定相关优惠政策，吸收社会力量投资农业科技服务事业，拓宽农业科技服务投资体制和机制。

3. 创新基层农技推广体系的运行机制

农技推广运行机制是农技推广系统为实现工作目标而采取的运行管理方式。运行机制创新是增强农技推广活力的基本保证，是重塑农技推广队伍形象的重要手段，也是防止向旧体制回归的重要措施。应抓住机遇，积极推动运行机制创新，提高农技推广效率，恢复提升基层农业技术推广体系的公众形象和社会地位。一要建立科学的用人制度。要研究基层农技推广机构的组织结构和岗位设置方式，科学设岗、竞聘上岗、以岗定人，能进能出，逐步实现农技人员的资格准入。二要建立推广责任制度。根据政府推广目标和农民技术需求，明确推广机构和各类农技人员的责任，不仅将推广工作的内容落实到岗位责任中，还要将推广机构和农技人员的基本情况、联系方式等信息向社会公布，使职责的履行情况可以进行核查和监督。三要健全考核评价制度。这是运行机制的核心，因为考评的内容、

标准具有导向性。要明确服务内容，量化考核指标，实行工作日志，建立由服务对象、服务区域乡镇政府和主管部门三方参与的考评机制，并将考评结果与奖金分配、职务晋升、职称评聘、解聘续聘等挂钩。四要建立农民技术需求定期征询制度。要通过定期走访农户、问卷调查等方式，了解农民技术需求，以更准确地制定推广工作计划。五要建立区域内各方协作推广制度。这是发挥依托作用的重要内容。要动员协调农民合作经济组织、涉农企业、其他社会力量围绕政府的农村工作目标共同搞好服务。

4. 进行推广技术和方式的创新

第一，继续与有关部门配合，深入开展科技培训、推广、服务等工作，推进科技进村入户进程，逐步建立发散型、浸染型的科技推广体系，形成覆盖农村的科技推广网络，使科技知识惠及农村的各个角落，促进县区经济快速发展。

第二，积极探索多种形式的以农业科技企业为龙头，以优质品种推广和科学种植、养殖技术服务农户为纽带，产学研相结合的新模式，鼓励扶持新型农民专业合作组织建设，提高农民的组织化程度和科技应用水平。

第三，充分利用农广校、农函大、现代远程教育等部门培训资源和社会培训设施，调动农业科研、教学、推广机构和广大科技人员的积极性，建立科技专家服务团，开通“科技110”咨询热线，组织科技推广和普及志愿者队伍，广泛动员农业企业、技术服务组织等社会力量投身农业生产实践。

第四，发挥科技示范基地和示范户在科技培训、项目推广和技术应用等方面的辐射带动作用，使示范户逐步成为农村合作经济组织的带头人和骨干力量，并通过以户带户、以户带村、以村带乡，使农业新技术、新成果进入千家万户，形成“市场牵龙头、龙头带基地、基地带农户”的良性发展之路。

第五，深化农民科技经纪人示范工程。进一步发挥农民科技经纪人的作用，上联市场和企业，下联基地和农户，为农民致富提供传、帮、带作用。尽快完善省、市、县三级共享的农业科技专家、农业科技成果、农民科技经纪人、农业实用技术等数据库建设，搭建互动式农业科技信息

5. 完善培训体制，提升农业技术人员的能力

省级农业部门虽然每年也有组织继续教育培训，但受经费制约，参加人数有限。农业技术人员是技术转化的最后一个环节，是实施科技成果转化“最后一道坎”和技术推广“最后一公里”的执行者，其素质高低和推广能力大小直接关系到农业科技推广的效果。随着现代农业与农村经济的发展，现有农技推广人员的知识结构、管理手段已远远不能满足形势发展的需要，因此必须创造条件、强化培训，积极组织实施农技推广人才工作。建议完善培训体制，由此推动农业专业技术队伍整体素质不断提高。一是将继续教育经费列入各级财政预算，专项用于专业技术人员的继续教育，从资金上予以保证；二是实行轮训制。即如组织部门对领导干部、中青年干部实行轮训一样，每五年实现对专业技术人员进行一次轮训。轮训实行分级实施，即省培训到县，县培训到乡镇一级；三是有计划地选送业务骨干到农业院校进修，组织技术骨干到产业发达的地区学习、观摩；四是鼓励和支持专业技术人员参加函授学习或脱产进修，多层次、多渠道培养造就一批专业技术过硬、具有开阔的视野和现代思维意识的产业技术带头人。

6. 突破单一政府主导型农技推广模式，建立分工明确的多元化农业技术推广体系

通过创新体制和机制，建立起公益性职能和经营性职能相分离，公益性机构、涉农企业和中介组织相协调，无偿服务与有偿服务相结合的新型多元化的农业科技推广体系。具体而言，一是具有公共产品特性的纯公益性农业技术，应由政府及相关涉农公益性部门承担推广任务。如具有共性的关键技术的推广与示范，动物疫病的免疫预防和植物病虫害的预防控制，实施农产品生产的质量安全控制、农业公共信息服务，对农民

进行培训教育等。二是具有私人产品特性的经营性农业技术，依赖市场机制，向农户提供有偿科技服务。因此，应由中介组织或涉农企业以营利为目的而进入农技社会化服务领域。如种子、肥料、机械、农膜等农资的经营活动、疫病诊疗、牲畜阉割、畜牧生产资料经营等。三是具有准公共产品特性的准公益性农业技术，一般由公益性部门或中介组织推广应用。要积极发挥农业科技龙头企业在农业技术推广中的作用。对涉及农业企业、农业产业化过程中的各种龙头企业制定优惠政策，鼓励他们积极投身于那些能够物化的、知识产权能得到较好保护的经营性农业技术推广方面。积极发挥农业科技型龙头企业在农业推广中的作用，是新农村产业发展、农民增收的必然选择。

7. 支持农资企业或农资超市建设

调查中农资支出是农民从事农业生产的主要成本之一，其价格高昂直接阻碍了农民对相应新技术的采用。而农资企业或超市面向市场，可为农户提供信息、技术和资源支持，使得农户的技术采纳具有较强的针对性，一定程度上解决了面对各种新技术，农户不知道采用哪种新技术的难题。虽然农资企业及超市建设属于经营性农业技术范畴，但完善的体系与网络建设仍需要政府的引导、支持和监管。并通过农民协会和农业合作经济组织的健全和完善，增强农民的信息和谈判优势，有效解决单个农户相对于农业企业而言，在市场谈判中处于不利地位的问题。

第六章

加快发展农业服务业

现代农业服务业是指围绕现代农业建设所发展起来的服务产业，它涵盖了农业生产服务、消费服务和农村公共服务等领域，至少包含良种服务、农资服务、农技服务、农机服务、植保服务、农产品质量检验检测服务、农民培训和中介服务、农产品流通服务、农村金融服务、农业保险服务等内容。现代农业服务业的发展，不仅是农村分工分业不断深化的必然结果，而且是推动农业产业持续发展的必然要求。尤其是其中的农业生产性服务业，是现代农业产业体系的重要组成部分，能有效促进农业生产、加工、销售一体化，推动农业与其他产业的融合，对提高农业综合生产能力具有重要的推动作用。

第一节

建立健全农产品市场体系[①]

农产品市场体系是衔接农产品生产和消费的重要环节。目前，我国所有农产品都已经实现了市场定价、自由流通，农产品市场在调节农业资源和生产要素配置中的作用不断增强，农户的经营自主权得到充分体现，农产品的生产更加符合市场要求。加快建设一个流通设施完善、市场形式多样、组织主体发达、服务管理高效、调控手段完备的农产品市场体系，对于统筹城乡发展、建设现代农业、繁荣农村经济、增加农民收入具有十分重要的现实意义。

一、我国农产品市场发展的现状和主要问题

一般而言，农产品市场体系主要由四个子系统构成：市场流通基础设施，包括市场交通运输、仓储、加工和包装等；市场组织，指参与市场活动的主体特征和数量；市场形式，包括期货市场、批发市场、一体化经营市场，网络市场等；市场管理，是指市场运作方式、管理方式、管理的制度和政策。从这四个方面内容看，我国农产品的市场建设、流通组织、流通形式和服务管理已经有了很大的发展，打下较好的基础。建立了大宗谷物、油料和棉花等耐储藏农产品的拍卖交易市场，确立了批发市场和集贸市场的流通主渠道地位，农业一体化经销、连锁超市、物流配送和网络销售等新模式加快发展。逐步完善

① 本部分内容选自农业部软科学课题《我国农业发展支撑体系的目标模式研究》（课题编号：200506），课题主持人：郑新立。

了农产品市场的冷藏保鲜、仓储、包装、运输、金融、通讯等配套设施。各种市场经营主体平等竞争、共同发展，农产品流通的部门垄断和地区封锁逐步被打破，形成了多渠道、多元化的市场经营主体。初步形成了以各类批发市场为中心、城乡农贸市场为基础、直销配送和连锁超市为补充，产区、销区、集散地市场相结合的农产品市场体系。

但是必须看到，尽管我国已经建立了形态基本完整的农产品市场体系，但市场体系的功能和机制还不完善。仍然存在农产品市场体系还不健全，批发市场的档次不高、交易方式原始，农产品的质量卫生标准和市场内部的检验检测体系尚未建立，市场信息网络建设滞后，鲜活商品的储藏、加工和运输能力不足，经营主体比较分散，流通的组织化程度较低、市场法律法规不健全等突出问题。

（一）农产品市场层次结构不合理

从市场发展的一般规律看，市场成长大体要经历两个发展阶段：一是作为“场所”意义上的初级市场发展阶段，这个阶段的市场交易呈现小自发状态，管理不规范，无统一的管理组织和制度，是一种纯粹的场所名称；二是在初级市场发展基础上形成的“组织”意义上的批发市场，这是由经济组织之间交易和对交易进行规范管理、有序运行的成熟市场形态。目前，在发达的市场经济国家，农产品市场已演进为一种规范化的经济组织。其中对农产品集散市场有重大影响的批发市场，不仅组织化程度高，而且市场结构也按交易规模和辐射范围大小、规范化程度高低为分中央批发市场、区域批发市场和自由（初级）批发市场三个层次。在多层次的批发市场中，对市场影响大、起调控作用的是规范化、组织化程度很高的中央批发市场，商品价格的形成、利润的分割都是通过中央批发市场进行，只要加强对中央批发市场的交易管理，整个市场交易就会稳中有序，价格和利益分割也会比较合理。而从我国的实际情况看，目前虽已初步形成了农产品流通的三级市场体系，但这个体系不仅缺乏组织意义上的、高层次的批发市场和期货市场进行提纲挈领的调控，众多初级市场处于各自为战的区域市场割据状态，形不成有机有效的联系，致使整个市场运行无序，而且处在主体地位的初级市场还是场所意义上的市场，功能残缺不全。

（二）市场管理服务水平不高

农产品市场管理内容单一、手段落后，一般只停留于收费管理和摊位管理，大多数市场实行自由议价、对手成交、现金结算，市场内商流、物流和人流的方向、节奏缺乏统一协调与控制，处于自发、紊乱状态。管理体制不顺。农产品市场流通处于多头管理状态，与国际通行的由农业部门实行产加销一体化管理模式存在很大差距，政出多门，管理混乱，增加了政策协调的成本，降低了资金使用效率。管理制度建设滞后。在20多年的市场发展过程中，对市场建设与发展的有效性制度供给始终滞后或缺位，至今仍然没有作为市场基本法的《农产品市场法》。

（三）地区发展不平衡，基础设施薄弱，投入严重不足

农产品市场体系的建设发展东强西弱、销地市场发达产地市场较弱的特征相当显著，在全国年成交额亿元以上的大型农产品专业市场中，东部地区占70.2%，中、西部地区则分别只有17.1%和12.7%。农产品市场建设缺乏相对固定的投资渠道，国家支持力度小，致使有形市场建设落后，硬件设施较差。虽然目前我国各类农产品市场数量不少，但设施较为齐备完善的很少。绝大多数市场是简陋的建筑，大棚式市场、露天市场也不少，食品检测、保鲜设施更少。大多数市场只能提供交易场地等最简单的条件，作为现代农产品市场必要的信息服务、质量检测、交易结算、安全控制、冷藏保鲜、分选包装、物流运输等相关设施，在很多农产品市场还是空白。这不仅不利于批量农产品的交易，也为假冒伪劣农产品的产生提供了客观环境。

（四）农民进入市场的组织化程度很低

合约化程度低，意味着农民进入市场的盲目性较大。目前，农民在生产前与流通者签订购销合同的不多，多是先将产品生产出来，再寻找收购者，而且，农民的销售行为分散，有组织的行为很少。自20世纪80年代初国家放开部分农产品的价格和经营，允许农民个人或合伙进行长途贩运以来，农民进入流通领域的越来越多，已成为农产品远距离运销的重要力量，部分农民甚至把农产品运销到国外。但是，农民进入流通领域的组织化程度不高，除一些地方的专业协会外，农民进入流通领域基本上是散兵游勇、各自为战。从事运销业的农民与生产农产品的农民之间的关系是一种买断关系，这既不利于提高农民在市场中的讨价能力，又没有使生产环节的农民得到流通环节的利润。由于种种原因，供销合作社始终没有被真正改造为农民的合作组织，国有粮食企业的官商作风依然严重，农民不仅缺乏可依托的商业组织，自我服务组织的发育也因此在一定程度上受到阻碍。

（五）缺乏统一布局规划，规则不健全，功能不完善

从布局看，有的地方存在重复建设市场，出现“有场无市”、“空壳市场”等问题，这主要是不遵循商品流向的客观规律、盲目建设批发市场造成的。也有的地方存在市场数量不足、市场建设滞后，出现“有市无场”等问题。特别是产区专业批发市场较少。从规则看，农产品批发市场的内部管理制度、政府对农产品批发市场的监管制度都不健全。从功能看，目前农产品批发市场主要起集散中心的作用，其价格发现功能、信息引导功能尚未充分发挥出来。

（六）产地市场建设明显滞后

由于产地市场的基础条件、经济效益较差，其功能、作用又长期被忽视，与销地市场相比 已明显处于发展滞后状态，与农业生产发展的需要相比，更显得市场的支撑、引导作用严重不足。可以说，产地市场已成为当前农产品市场体系中最薄弱的环节。交易设施简陋、配套服务落后。这是目前我国农产品批发市场普遍存在的一大问题，产地市场更为突出。由于投资少、效益低，目前大多数产地市场仍是露天市场，有的甚至地面都没有全部硬化。市场配套设施更不完备，仓储、制冰等基本配套设施严重不足。

总的来看，上述几个方面的问题，既与我国农产品市场建设起步较晚有关，也与我国经济发展水平有关，但更重要的还在于市场投融资、市场管理、市场准入等制度建设滞后。在“十一五”乃至今后更长一个时期，解决这些问题，提升我国农产品市场建设、管理的水平，任务十分艰巨。迫切需要在农产品流通领域树立和落实科学发展观，建设大市场，发展大贸易，搞活大流通，尽快形成统一、开放、竞争、有序的农产品市场体系，为推进农业商品化、专业化、现代化创造良好的市场环境。

二、农产品市场体系目标模式和政策措施

借鉴农业发达国家的经验，结合我国的国情与发展特点，我国的农产品市场体系目标应该是：建设一个与国际接轨、统一开放、竞争有序，以农产品期货交易市场为先导，以批发市场为中心，以连锁超市、集贸市场、便民零售商店为基础的网络化农产品市场体系。在具体模式上应该有完善的流通基础设施，多样化的市场形式，富有活力的流通主体，高效便捷的管理服务，健全的法律法规，完备的调控手段。

当前和今后一个时期，要集中力量在农产品主产区、集中

消费地和传统集散地，以改扩建为主，新建为辅，打破地区和企业性质限制，加快农产品批发市场建设步伐；以加快农产品的储藏、加工、运输、配送等物流设施建设为重点，建立现代化的农产品物流服务体系；以完善交易方式、检验检测、信息服务为重点，提升批发市场的功能，提高批发市场服务管理水平；以发展连锁超市、直销配送等新型流通组织为方向，建立多层次、多业态、多种经营方式的农产品市场体系；以培育专业合作组织为突破口，壮大市场流通主体；以健全重要农产品储备制度为前提，完善农产品市场宏观调控手段；以改革现行农产品批发市场经营体制和管理体制为切入点，建立起在政府的政策引导和资金支持下主要依靠企业自主经营、自主投入、自我发展的机制。

（一）抓紧制定全国农产品市场体系的布局规划

根据农产品流通的特点，统一规划农产品流通设施，防止重复建设。国家负责规划具有全国性和区域性影响、辐射范围大的大型流通设施；省、自治区、直辖市和计划单列市负责规划辖区内具有地区性影响、具有较强辐射能力的中型流通设施；地市级负责规划辖区内的其他小型和专业性农产品流通设施。加强调查研究，全面普查和把握我国农产品市场流通体系的发展现状。根据普查和规划对现有市场进行登记确认和认证，明确要扶持改造升级的重点市场。要充分考虑到市场建设地区间发展不平衡的实际情况，估计到未来农产品生产基地发展及城市建设的需要，在规划中适当安排新建一些大型农产品批发市场。规划必须从保证流通顺畅，满足消费需求出发，统筹考虑农产品生产、流通、消费的格局和要求，发挥规划的引导作用。要根据各类市场的不同功能和特点，正确处理好批发市场与零售市场、综合市场与专业市场、产地市场与销地市场的关系，注意不同类型的市场在功能上的相互衔接和配合，平衡发展，充分发挥市场体系的群体效能。

（二）加快中央级批发市场的升级改造

经过多年的发展，我国的农产品批发市场在数量上已经达到相当的规模。今后的农产品批发市场建设，要着重对现有符合农业产业结构调整方向，能够满足农业区域化布局、专业化生产需要的市场进行改造和扩建，完善交易与管理设施，强化服务功能。改造的重点要集中以下几个方面：一是改造农产品批发市场基础设施。包括场地道路硬化、水电设施配套、交易厅棚搭建、储藏保鲜设施、垃圾集中处理设备等。二是建设批发市场信息系统。建立批发市场局域网络，对批发市场的商品流量流向、商品质量状况、交易过程、资金结算、商户动态、信息收集发布等实行电脑联网管理。进一步完善批发市场之间的信息网络建设，实现信息共享。三是完善批发市场质量安全检测功能，严把农产品市场准入关。要在各类批发市场特别是大型批发市场尽快建立农产品质量安全检测站（点），充实检测人员，配备检测设备，完善检测手段，提高检测能力和技术水平。要逐步建立和实施农产品市场准入制度，严把入市关口，通过推行严格的包装制度、产品标识制度、检测检验制度和产地追溯制度，保障入市农产品的质量安全，防止有害产品经过批发市场环节进入消费领域。要鼓励和支持无公害、绿色、有机食品的经营，使之在市场上有位置、有信誉、有品牌，实现优质优价。四是创新农产品批发交易方式和市场经营管理体制。积极推行农产品批发市场电子统一结算，加强对交易活动的规范化管理，维护交易安全。积极扩大农产品拍卖制度的试点，提高交易效率，提高批发市场建设与管理的现代化水平。深化市场经营管理体制改革，逐步建立健全归属清晰、权责明确、保护严格、流转顺畅的现代产权制度。

（三）扶持农产品新型流通业态发展

在继续搞好集贸市场和批发市场建设的同时，注重发挥期货市场的引导作用，鼓励发展现代物流、连锁经营、电子商务等新型业态和流通方式。充分运用财政和金融手段支持流通企业进行结构调整，重点支持现代流通方式的推广和运用。

开展农产品连锁经营试点。鼓励和引导农业产业化龙头企业、批发市场和大型农产品经销企业积极发展农产品连锁经营，建立新型、高效的农产品营销网络。各级政府要在财政补贴、土地使用等方面，鼓励连锁经营企业发展，尤其是到城市社区、农村建立营销网络。对增值税一般纳税人购进免税农产品按13%的扣除率计算进项税抵扣；对试点企业从农业生产单位购进农产品的，鼓励其取得农业生产单位开具的普通发票，作为进项税额抵扣凭证；对试点企业建设冷藏、低温仓储、运输为主的农产品冷链系统的，可以实行加速折旧。

发展农产品电子商务。加大利用信息技术改造流通业传统作业方式的力度，采用现代物流的管理模式，提高管理效率，降低成本。培育一批大型农业网站，建设网上交易平台，完善信息查询、信用保证、网上签约、纠纷仲裁、网络结算、送货验货等制度，规范网上交易行为，促进农产品电子商务健康、有序发展。

建设农产品现代物流配送中心。支持建立一批跨区域的大型农产品物流配送中心，提高农产品集中采购、统一配送的能力，为连锁经营发展提供有力支撑。企业利用原使用的国有划拨土地使用权引进资金和设备建设物流配送中心，可在依法办理经营性用地出让手续、按市场价格补缴土地使用权出让金后，将土地使用权作为法人资产出资。根据城市规划需要对旧仓库等设施进行拆迁易地改造且新建物流配送中心的，城市政府在拆迁或收回企业土地使用权和建筑物时，应依法进行合理补偿，并在城市物流规划用地上给予相应安排。对农产品仓储设施建设用地按仓储用地对待。

推进农贸市场改造升级。农贸市场实行退路进厅，取消马路市场，建设场所相对固定的大厅式交易市场，完善场地、道路、水电、垃圾处理等必要设施。有条件的地方要积极推行“农改超”（农贸市场改造成农产品超市），改善购物环境，建立现代化的农产品零售业态。

（四）培育农产品营销流通主体

市场的发展和流通效率的提高，离不开市场经营主体的发育。要引导、支持农民兴办各种类型的购销合作组织，引导、支持乡村集体经济组织、服务实体开展农产品的加工销售服务，引导、支持多种所有制形式的经营主体参与农产品流通。要将发展农产品产销组织与促进农业产业化经营结合起来，鼓励产业化龙头企业组织和带动农民开拓市场。鼓励发展各类农产品专业合作组织、购销大户和农民经纪人。要对农村经纪人的技能培训、经验交流和资质管理，将农村经纪人队伍纳入有序发展的轨道。积极推进农民专业合作组织的立法工作，尽快解决专业合作经济组织的法人地位问题。中央和地方要安排专门资金，支持农民专业合作组织开展信息、技术、培训、质量标准与认证、市场营销等服务。深化供销社改革，发挥带动农民进入市场的作用。

进一步放开搞活中小流通企业。有关部门要按照资金使用方向和程序，在安排中央外贸发展基金、中小企业发展专项资金、中小企业科技创新资金等方面支持中小流通企业发展。地方政府要采取切实有效的措施支持中小流通企业发展，在市场准入、信用担保、金融服务、物流服务、人才培训、信息服务等方面进行扶持。

加快培育大型流通企业集团。要按照市场经济规律和世贸组织规则，积极培育一批有著名品牌和自主知识产权、主业突出、核心竞争力强、具有国际竞争力的大型流通企业；鼓励具有竞争优势的流通企业通过参股、控股、承包、兼并、收购、托管和特许经营等方式，实现规模扩张，引导支持流通企业做强做大。有关部门和有关金融机构要扶持流通企业做强做大，在安排中央外贸发展基金和国债资金、设立财务公司、发行股票和债券、提供金融服务等方面予以支持。重点培育的大型流通企业可直接向商务部申请进出口配额、许可证、国有贸易经营权和相关资质等。地方各级政府要结合实际，采取具体措施，支持国家和地方重点培育大型流通企业的发展。

（五）搞好公共信息和营销促销服务

农业信息的公益性极其明显。有关供求、价格、技术等方面的农业信息，无论是在采集、分析和发布方面，都不是一个农业生产企业所能够承担的，也不是中小型农产品加工和流通企业所能够承担的。对于我国亿万小农来说，更不可能准确地自己收集和分析有关信息。从另一个角度看，如果某些企业能够做到收集和分析信息，也不会免费向社会提供，而可能是利用信息垄断，造成不公平竞争。及时、准确、全面地获得有关农业信息，也是政府管理部门进行科学管理决策所必需的。中央财政每年要拿出一定资金支持全国流通领域公共信息服务系统建设，从中央外贸发展基金中安排一定资金支持全国市场信息服务体系建设。地方各级财政要加大资金投入，支持当地商品信息服务系统的建设和运行维护。有关部门要抓紧制订农产品市场公共信息服务体系建设规划。重点建立农产品市场预警系统，建设数据处理、分析、会商、发布工作平台，对农产品的生产、需求、储备、价格、进出口贸易等进行动态监测预警。建立批发市场局域网络，对批发市场的商品流量流向、商品质量状况、交易过程、资金结算、商户动态、信息收集发布等实行电脑联网管理，实现信息共享。

按照 WTO 规则，加强农产品公共营销促销服务系统的基础设施和组织建设，加大政府对农产品营销促销活动的支持力度，为农产品生产经营者、加工贸易企业提供形式多样的公共营销促销服务。完善农产品出口服务体系，及时为出口企业提供国际农产品市场信息，对出口企业开展产品促销等活动给予必要的支持。有关部门要密切合作，加强对国际农产品市场和有关法律、政策、技术性贸易措施的跟踪和研究，及时通报国内外市场供需、政策法规和疫病疫情、检验检疫标准等动态。外贸发展基金要向促进农产品出口倾斜，主要用于支持企业研发新产品新技术、开拓国际市场、参与国际认证等，扶持出口生产基地。建立健全农产品营销促销公益广告制作、发布系统，加大对内对外宣传。建设完善农业和农产品展示、展销中心，通过举办和参与国内外农产品展销洽谈活动，树立我国农业企业和产品形象。在主要农产品进出口国设立农业情报搜集点和农产品贸易办事机构，全面了解对象国的农产品贸易政策、市场状况、消费特点、变化趋势及影响因素，为农业参与国际竞争提供必要的信息支持。

（六）完善农产品市场宏观调控机制

理顺政府管理体制。我国政府对农产品市场的管理体制不顺，农产品市场流通处于多头管理状态，与国际通行的由农业部门实行产加销一体化管理模式存在很大差距，“十一五”期间要着重理顺政府管理体制，克服政出多门，管理混乱现象，提高政府管理市场效率，为农产品市场体系的健康快速发展提供优良的制度和政策条件。对粮食、棉花和食糖等重要农产品建立与完善政府储备制度，通过适时的吞吐调节，稳定国内农产品市场。

继续积极稳妥地推进粮食流通体制改革。我国粮食流通体制市场化改革已经迈出了关键的一步，但仍然面临着一些新情况、新问题。主要表现在：粮食增产的基础还不很稳固，粮食主产区地方财政负担过重，种粮农民增收还受制于市场粮价的波动，促进粮食稳定增产和种粮农民持续增收的长效机制尚未建立；稳定粮食市场价格、保护种粮农民利益的制度和机制尚不健全，宏观调控机制有待进一步完善；国有粮食购销企业改革在地区间进展还不平衡，一些地方配套措施不到位，部门之间协调配合的机制还需进一步完善，企业的组织结构和运行机制还难以适应发挥市场主渠道的要求。必须采取积极稳妥的步骤和措施，继续推进改革，确保改革取得预期成效。

坚持市场化取向的改革方向，充分发挥市场机制在配置粮食资源中的基础性作用。遵循社会主义市场经济的基本要求，积极培育多种所有制的市场主体，规范各种市场主体的经营活动，加快建立全国统一、开放、竞争、有序的粮食市场体系；进一步完善粮食价格形成机制，在一般情况下粮食收购价格由市场供求形成，让市场根据供求关系传递价格信号，充分发挥价格机制对生产和需求的导向作用。在放开粮食收购市场的情况下，更要注重发挥粮食流通主渠道对生产的引导作用，完善粮食最低收购价格政策，逐步建立和完善稳定粮食市场价格、保护种粮农民利益的制度和机制；进一步完善粮食风险基金政策，逐步建立粮食主产区与主销区之间的利益协调机制，努力在产销区之间营造良好的合作环境，支持和鼓励产销区双方的企业以市场为导向，充分发挥各自优势，形成多元化的合作格局，真正使产区的粮食有稳定的销路，销区的粮源有可靠的保证。

依法加强粮食市场监管，维护粮食流通正常秩序。放开市场和加强监管，是粮食流通体制改革中相辅相成、不可或缺的两个方面，不能把两者割裂开来，甚至对立起来。当前，特别要依法加强对全社会粮食流通的监督检查。要完善粮食市场准入制度，做好粮食收购资格审核工作。凡是入市的市场主体，必须经粮食部门进行资格审查后，才能从事相关业务。根据管理全社会粮食流通、开展粮食行政执法和粮食流通统计工作的需要，各级粮食行政管理部门要抓紧落实行政执法、监督检查、统计、质检等职能的具体措施，切实加强粮食市场监管，确保粮食收购市场放而不乱、管而不死、活而有序。同时，抓好粮食市场体系的规划和建设，完善必备的流通交易设施，为粮食购销市场化改革和搞活粮食流通提供有效载体。

切实加强和改善粮食宏观调控。改革粮食流通体制，其主要目的是在国家宏观调控下充分发挥市场机制在粮食资源配置中的基础性作用，逐步建立适应社会主义市场经济发展要求和符合我国国情的粮食流通体制，确保国家粮食安全。要进一步健全宏观调控的制度和机制，进一步完善中央储备粮管理，逐步优化中央储备粮布局和品种结构。对承储中央储备粮的代储企业实行资格认证，未取得承储资格的企业不得存储中央储备粮，以确保中央储备粮数量真实、质量良好，在国家需要时调得动、用得上。各地要按照国家有关规定，切实落实地方储备粮的规模，进一步增强省级政府调控粮食市场的能力。要完善粮食应急预案，保证在发生突发事件情况下粮食的有效供应。要在立足国内粮食基本自给的基础上，充分利用“两个市场、两种资源”，灵活运用进出口手段调剂国内粮食余缺。要立足我国基本国情和粮情，研究我国粮食生产和供求变化的特点和规律，建立和完善吞吐灵活、运转高效的宏观调控机制，实现粮食供求总量和结构的基本平衡。

完善粮食最低收购价政策。建立社会化的粮食生产储备销售统计制度，国家定期发布粮食生产、消费、库存、价格等信息，定期编制我国粮食平衡表，及时引导市场预期。加强粮食供求形势的预警分析，合理制定大宗粮食品种的最低收购价和可能的收购预案，并在播种前公布，发挥其引导生产、稳定农民种粮收入预期的作用。

（七）完善农产品市场政策法规

加快制订我国农产品市场的法律法规。要从建立和完善统一开放、竞争有序的现代市场体系出发，按照依法行政和实现对农产品市场统一管理的要求，借鉴发达国家流通立法经验，结合我国丰富的流通实践，加快修订和研究制定规范商品流通活动、流通主体、市场行为、市场调控和管理等方面的法律法规和行政规章。加快国家信息共享和公开的法制化建设，使政府部门间的信息共享有章可循，信息公开有法可依。尽快研究建立以《农产品市场法》为核心的农产品流通法律法规。制定农产品分级分类标准，推行农产品包装标识制度，建立农产品质量安全市场准入和责任追溯制度。

加大知识产权保护力度，实施品牌战略。鼓励流通企业创立和维护商标信誉，培育企业品牌。加大对侵权行为的打击力度，重视和加强对知名流通企业、全国性和地方性商业老字号的“著名商标”和“驰名商标”的认定和保护工作。

打破地区封锁，加快建设全国统一大市场。切实清除制约全国统一市场形成、实行地区封锁的有关规定，取消各种不合法收费，推进全国高效率鲜活农产品流通“绿色通道”建设，并加大执法和舆论宣传力度。

（八）加大对农产品市场建设的扶持

农产品批发市场设施属于社会基础设施，既是农业基础设施的一部分，又是城镇基础设施的一部分。农产品批发市场建设投资大、风险高、回收期长，因此需要政府给予必要的扶持。世界上大多数国家和地区，都把农产品批发市场作为社会公益事业予以扶持。澳大利亚建设农产品批发市场，政府按比例投资，建成后交企业经营。美国采用由政府征地并提供长期低息贷款的方式与企业联合建设农产品市场。日本政府每年无偿投资150亿—170亿日元，由农林水产部门安排支持农产品批发市场建设，政府投资占中央级批发市场建设资金的40%左右。韩国政府一直非常重视农产品流通和市场建设，亚洲金融危机后，政府投资占市场建设总投入的比重，由原来的30%—50%提高到70%；汉城的可乐洞农产品批发市场，政府投资了5500万美元。比利时布鲁塞尔蔬菜批发市场，政府投资占50%。我国台湾地区台北市的果菜批发市场和花卉批发市场，在最初建设时都有当局大量的无偿投资支持，其果菜市场总资本中有45%属于政府“公股”；同时，台湾地区农政部门还对每个农产品产地集货场建设支持30%—50%不等的投资。发达国家和地区的经验表明，对大型农产品批发市场的建设，政府均以各种方式予以扶持，在形成服务能力、市场运营步入正轨后，政府再通过产权置换等方式退出市场，交给企业经营。

扩大农产品市场建设的投资来源，建立新的投资机制。各级计划、财政、金融、贸易部门安排的农业基本建设、商品粮棉基地、扶贫开发、综合开发、多种经营等支农专项投资、信贷资金、市政建设资金等，要重点向农产品市场建设倾斜。要制定优惠政策，鼓励各部门、单位、个人通过各种形式参与农产品市场建设，扩大利用外资渠道，积极吸引国外企业、外国政府贷款、国际组织资金以各种方式投向农产品市场体系建设，形成政府主导、扶持下的多渠道、多元化投资建设格局。各级政府要把产地批发市场建设作为农业基础设施建设的重要内容，列入财政预算，重点支持。中央政府用于扶持大型产地批发市场建设的资金，要争取逐年有所增加。凡符合国家规划的农产品批发市场，应享受国家农业产业化龙头企业的有关优惠政策。对批发市场基础设施建设贷款给予财政贴息。对农产品批发市场建设和运行在征地、用水、用电等方面的给予优惠政策。尽快开辟全国范围的农产品流通“绿色通道”，减轻农产品运输、销售环节的税费负担。

第二节

建立健全农业社会化服务体系[①]

从世界农业发展的实践看，健全完善的农业社会化服务

① 本节内容选自农业部软科学课题《我国农业发展支撑体系的目标模式研究》（课题编号：200506），课题主持人：郑新立。

对于促进农业生产的专业化和现代化、提高农业生产力水平发挥着重大的作用。在推进我国农业现代化过程中，必须把健全农业社会化服务体系作为一项重要任务。

一、我国农业社会化服务体系发展的基本状况

从20世纪50年代开始，我国就相继建立了农业、林业、水利、气象等科教与农业技术推广机构以及供销合作社、农村信用合作社等商业、金融组织。几十年来，这些机构为我国农业生产的发展做出了突出贡献，积累了丰富的经验，并形成了一个以国家各经济技术部门为主，延伸至乡村集体经济组织的服务网络，为执行国家各类计划提供了良好的服务。进入20世纪80年代以后，农村经济体制和基本经营制度发生了根本性变化，农产品和农业生产资料逐步走向市场化。农村经济中的重大变化，使原有的服务体系在职能和运行方式上已不能适应经济体制和经营方式变革后的要求。特别是在市场经济条件下，如何适应农业家庭经营的需要，为农户做好一家一户办不了、办不好、办起来不合算的事情，成为一个亟待解决的问题。

经过近20年的努力，目前我国农业社会化服务体系总体上形成了以国家农技推广机构与政府农业技术科研院所为主体，国家涉农经济部门和国有、民营的涉农企业、金融机构为依托，农民专业合作组织等农民自办服务组织为重要补充的多成分、多渠道、多形式、多层次、多功能农业社会化服务组织网络，服务内容也有了较大拓展。全国基本建成了中央、省、市、县、乡五级农技服务体系，包括种植业、畜牧兽医、农村经营管理、农机化管理、水产等五大技术推广服务系统。截至2003年年底，全国县乡两级共有推广机构15.1万个，农技推广人员100万人。农村供销合作社、信用社以及其他为农业服务的金融保险公司等涉农经济技术部门的服务功能逐步扩大。农业产业化经营和农民专业合作组织作为新型的农业社会化服

务的重要载体，正呈现出旺盛的生命力。到 2003 年，全国共有农业产业化组织 9 万多个，其中龙头企业 4 万多个；比较规范的农民专业合作经济组织已经超过 15 个。农民专业技术协会 9 万多个，拥有会员 659 万人。但也必须看到，在我国农业发展已经进入新的发展阶段的形势下，农业社会化服务体系建设中的一些突出问题更明显的暴露出来。

（一）服务体系不健全

发达国家的农业社会化服务体系网络遍及农业产前、产中和产后各个环节，凡是农民在农业生产过程中需要的服务，几乎都由各种综合服务组织、企业和个人提供。目前，我国农业社会化服务仍处在初级阶段，服务体系不健全，服务内容有缺损，组织体系存在断层，服务网络覆盖面小。主要表现在：乡村集体经济组织经济实力较小，加之合作属性不强，行政色彩浓厚，服务功能弱化，许多地方不能有效地承担起一家一户办不了、办不好或办起来不合算的事情；市场信息服务严重不足，适应农村市场经济发展要求的国家农业信息服务体系建设刚刚起步；农村市场体系建设，尤其是专业市场体系建设滞后，不能满足集散产品、形成信息、引导生产的需要；一些农业技术服务部门的基层机构受管理体制和运行机制等因素的制约在历次机构改革中被强制性撤销或“断奶”，难以有效开展农民需要的公益性服务；包括农民专业合作经济组织在内的各类经营性服务组织发展不快，规模较小，服务内容、方式和质量均不能满足农民的需要。

（二）服务功能不完善

计划经济时期形成的偏重生产服务的格局还没有从根本上扭转，特别是信息服务和产后服务，远远不能适应需要。流通渠道不畅、农产品买难卖难交替出现，价格波动较大；信息传递不畅、不快、不灵问题均比较突出；农产品加工、包装、储运规模小、水平低，不能满足市场和提高农业综合效益的需要；农用生产资料供给不稳定、货源忽多忽少、价格忽高忽低，等等。从总体上看，无论是服务内容、服务手段和服务方式都需要进一步丰富和改进。由于农业服务的供给与需求极不对称，使我国广大农民在市场经济条件下如何发展商品生产面临着诸多困难。随着农业和农村经济发展进入新阶段和我国加入 WTO，越来越暴露出我国农业社会化服务的整体功能不适应农业市场化和迎接国际化挑战的要求。

（三）管理体制和运行机制不合理

在管理体制上，部门分割、条块分割的问题仍然存在；部门垄断、各自为政、互相掣肘的状况仍未打破；不利于各类农业社会化资源优化组合的制度障碍仍未消除；国家对公益性服务的保障制度仍未确立等。

二、农业社会化服务体系建设的原则

农业社会化服务体系建设的根本任务，就是要适应农村市场经济的发展和增强农民收入的需要，适应农业发展新阶段和农产品国际市场竞争的需要，推进管理体制、运行机制的转轨和完善，建立农户生产与社会化服务之间的良性循环，促进农业和农村经济的持续稳定发展。农业社会化服务体系发展的目标是，努力建设一个适合生产力发展水平的多层次、多元化、高效率的农业社会化服务体系，向农民提供产前、产中和产后的全过程综合配套服务。根据我国国情，同时参照国外经验，推进农业社会化服务体系建设，应该遵循以下基本原则。

（一）多层次建设的原则

一方面在继续加强建设国家农业技术服务机构的同时，积极鼓励和完善民间农业技术服务机构，与中央、省、市、县、乡 5 级农业社会化服务机构建设相结合，形成纵横交叉的服务

系统；另一方面要加强农业科研教学单位、涉农企业、金融保险机构、民间服务团体的相关农业社会化服务系统的建设，使各方面的涉农服务组织真正形成完整的网络体系。

（二）综合建站与专业建站相结合的原则

在县、乡两级农业技术服务机构中，农技、植保、土肥、园艺、农机等从事种植业技术服务的可以建综合站，畜牧兽医、水产养殖、农村经营管理等服务机构因工作业务的特殊性，要分别单独建站。条件成熟的县，可以积极探索建立区域中心站。

（三）服务主导产业的原则

主导产业突出的地方，可以立足于当地农业优势产业和特色产业，建设以产业为依托、以市场为导向、以农民致富为目标，为地方农业结构调整和产业化经营服务的、功能较强的农业社会化服务体系。

（四）制度、机制创新的原则

按照农业和农村经济发展的要求，对现有基层农业技术服务组织资源进行整合，并引入竞争机制，健全管理制度，创新管理机制，充分利用现代化服务手段，使其在开展农业社会化服务中发挥更大、更好的作用。

三、农业社会化服务体系建设的目标模式

我国农业社会化服务体系经过改革开放 20 多年的发展，已经打破了计划经济时期实行的由国家事业单位、官办涉农部门统一服务模式，呈现出多元化的服务组织方式：有的以国家农技推广机构为主导，有的以科研教学单位为主导，有的以科协、妇联、共青团等社会团体为主导，有的以公司企业为主导，也有以农民专业合作经济组织为主导，还有多种组织协同

服务等。

遵循农业发展规律，适应市场经济体制要求，基于目前农业社会化服务体系的发展现状和趋势，我国农业社会化服务体系建设的目标模式，要适应农村市场经济的发展和增强农民收入的需要，适应农业发展新阶段和农产品国际市场竞争的需要，推进管理体制、运行机制的转轨和完善，建设一个适合生产力发展水平的多层次、多元化、高效率的农业社会化服务体系，向农民提供产前、产中和产后的全过程综合配套服务。总体上应形成以国家涉农部门机构、科研院所和大专院校为基础，以涉农工商企业和民间组织为主导，农民合作经济组织自我服务为补充的分工协作、整体配套，功能完备、有机结合的高效社会化服务体系。

模式1：以国家经济技术部门等为主体的农业公共服务模式

我国从20世纪70年代逐步建立起了中央、省（区、市）、地（市）、县（市、区）、乡（镇）、村多层次、多功能的农业技术推广体系。随着我国经济体制改革和市场化进程的加快，尽管国家农业技术推广机构为主导的服务体系受到了一定的冲击，加之自身内部机制的僵化，其服务功能与实力有所弱化，还存在许多突出问题，但它的主体地位依然稳固，农民对它的依赖性依然很强，在农业社会化服务体系中依然是主力军。而且国家也采取了一系列的政策措施进行改革和完善，并取得了较好的效果。同时，世界发达国家的农业服务体系中，国家农技推广机构的作用非常强，特别是在实施国家公共服务方面占有主导地位。因此，在我国未来农业社会化服务发展中，为弥补市场失灵，形成对农业支持与保护机制，必须加强农业社会化服务中的政府公共服务职能，而这一职能主要应由国家农技推广机构，联合科研院所和大专院校共同承担和履行，并将在我国农业社会化服务体系中起到的基础性支撑作用。

这种模式的运作机制是，由各级政府领导的种植业、畜牧兽医、水产、农机、经营管理的农业技术推广服务机构，自上而下，逐级开展服务工作。经费主要来源于各级财政的事业费拨款。服务方式多种多样，有按技术推广项目进行的，有实行技术承包责任制的，有技术、信息、经营服务相结合的，有通过技术示范的，还有技术咨询的。服务内容以产前、产中服务为主，包括农产品市场信息收集与发布、新技术和新品种研究与推广、优良种子种苗繁育与推广、农资储备与供应等服务，产中的病虫害测报与防治、生产技术指导、农产品采收等服务，产后的包装储运、加工与销售等服务较少。

从事农业科研与教学的院所，为了将自己的农业科研成果尽快转化成现实生产力，也往往通过国家农技推广机构进行技术合作、共建示范基地，甚至共同研究开发和推广农业技术，将农业科研成果和先进技术推广到农户，为农业服务。各级科学技术协会、妇联、共青团等社会团体，在从事与农业相关的技术服务活动时，也经常通过各级国家农技推广机构完成自己的科技普及和推广事业。

公共服务模式的优势在于有政府财政的支持，机构完整，自成系统，覆盖面大；技术、资金、设备及公共服务功能比较强，而且在农民群众中影响大，长期为农民所接受。不足之处是行政干预较多，机制比较僵化，服务内容有时与农民的需求有差距，加之产后服务跟不上，不能满足农民生产经营的多样化、全方位服务的愿望。今后在子模式建设上要科学规划，因地制宜，分类指导，分步骤、分阶段逐步推进；要立足改革，创新农业社会化服务体制，整合各种服务资源，通过改革促发展；要加强基层，服务基层，重点抓好服务能力、管理手段和思想作风建设，逐步形成一支业务精通、作风过硬、装备精良、机构设置合理、运转协调便捷，能承担多样化、多层次的农业公共服务。

模式2：以涉农企业为主体的农业市场化服务模式

涉农企业主要有两类：一类企业是农产品加工、储运、销售的农业产业化龙头企业。它们以农民生产的农产品为原料，农户是它们的第一车间，它们是农户的下游企业。它们为了获取更多的利润，需要从农户那里有保证地得到高等级的原料供应，就自觉地根据市场需求动态，进行新技术、新品种的研制或引进，组织农民按照他们的需要进行农产品的生产，由被动转为主动为农民开展产供销的产业化服务。另一类是农药、化肥、种子、饲料等农业生产资料的生产、经营企业。它们属于农户的上游企业，是为了推销自己的商品，赚取农民的钱，获取更多的利润，由被动转为主动为农民开展产前、产中环节的技术、信息、物资供应等多方面的服务。无论哪种涉农企业都是实行独立核算、自主经营、自负盈亏，以获取经济利益为目标。但是离开了农民，他们将无从获利。所以，涉农企业都自觉不自觉地为农业开展产前、产中、产后的全方位服务。

涉农企业的利益取向是这种模式得以运营的原动力。当企业利益与农户利益取向一致时，其运营机制就会得到完美的发挥。如果企业无利可图，企业不会赔钱为农民服务。因此，政府在资金、政策、信贷、税收等方面对企业给予一定的优惠扶持，国家科研教学单位、农技推广机构在技术上进行支持，就会促进涉农企业更好地担负起为农业从事社会化服务的担子。同时，涉农企业还可以通过或利用基层农技推广机构、各类合作经济组织、农业信用、保险机构对农户进行技术、信息、资金、保险以及加工销售等系列化、产业化服务。

这种模式的优点在于企业的市场开拓能力强，带动农民数量较多，企业与农户的利益关系比较紧密，对市场反应较快，导向性强，服务农民直接、实用、高效。不足的是企业与农户是两个利益单位，利益的刚性经常使它们之间出现摩擦和不和，利益联结机制在当前市场条件下较难调和，需要政府进行引导和协调。

模式3：以专业合作经济组织为主体的自助服务模式

由于农民专业合作经济组织是按照合作制的基本原则组建的，以农民为主体，可以吸收农业科研教学单位、农技推广机构、经济服务组织、涉农企业和农业科技人员、市场营销人才参加，具有很强的民办性、专业性、技术性、网络性和包容性。它一头连接市场，一头连接农户，从农民意愿出发，以服务农民成员为宗旨，能够积极主动寻求新技术、新品种，具有不断引进、开发新技术和快速有效推广扩散新技术的内在动力。这种模式的运行机制是以农民专业合作经济组织为中心，利用政府和社会各方面的力量和优势，直接或者通过基层农技推广机构、乡村集体经济组织以及其他能够利用的组织为农民服务。因此，政府涉农部门、社会团体、农技推广机构、农业科研院所、农业大中专院校以及涉农企业、金融保险机构等也都要通过农民专业合作经济组织这个中介和桥梁来完成各自的工作任务或事业目标。

这种目标模式的优势在于它是农民自己的组织，能够随时掌握农民的愿望和需求，及时按照市场的要求为农民进行技术、信息、生产、供销等农科教、贸工农、产供销的系列化、标准化、产业化服务，组织农民进行生产和经营活动。目前不足的是在我国农民专业合作经济组织发展还处在起步阶段，合作层次较低，规模和经济实力还较弱，服务农民还需要借助于政府的大力扶持和龙头企业以及社会各方面的积极参与。

以上三种目标模式，并非各自独立的自成体系，而是在服务农业的过程中相互交叉、相互依托、相互包容的有机体。只是在一些特定的条件和环境下，分别处于主体地位，显示出各自特有的服务模式。

四、推进我国农业社会化服务体系建设的政策建议

当前和今后一个时期，要着力围绕增强农村社区性集体经济组织服务功能、发展各类农民专业合作组织、促进农业产业化经营、加大国家对公益性技术推广的支持力度、健全农村金融体系等任务，加快构建新型农业社会化服务体系。

（一）增强农村集体经济组织服务功能

实行改革后，农村基层设立了农民的自治组织——村民委员会。村民委员会或由其所属的村民小组，是我国农村集体财产的所有者，也是在农村社区内部向农民提供各类服务的主要承担者。早在1991年11月，党的十三届八中全会通过的《中共中央关于进一步加强农业和农村工作的决定》就提出：“一家一户办不了、办不好、办起来不合算的事，乡村集体经济组织要根据群众要求努力去办。要做到集体财产有人管，各种利益关系有人协调，生产服务、集体资源开发、农业基本建设有人组织。”这是中央对农村集体经济组织的职能所提出的明确要求。10多年来，不少地方的农村集体经济组织，按照中央的要求和群众的愿望，一方面对本组织内承包农户的家庭经营提供着各种有效的经济和技术服务；另一方面也使集体经济组织自身的实力不断增长，受到了农民群众的欢迎。但也有一些农村集体经济组织财产管理混乱，农业基本建设和村里的社会事业无人组织，不仅不能向农户提供生产技术服务，反而以各种名目向农户收钱，加重农民负担，导致经济发展滞后，农民增收困难，干群关系紧张，影响农村稳定的因素增加。正是针对当前一些地方农村集体经济组织存在的这类问题，党的十六届三中全会明确要求：“农村集体经济组织要推进制度创新，增强服务功能。”推进农村集体经济组织的制度创新，一要加强民主制度建设。在集体经济组织内部要加强民主管理和民主监督，实行村务尤其是财务公开，以增强集体经济组织对农民

的凝聚力。二要转变思想观念。明确集体经济组织的主要功能就是为农户的生产生活提供各种服务，就是要把农民一家一户办不了、办不好、办起来不合算的事情努力办好。这样，才能真正发挥集体经济组织在整个农业社会化服务体系中的基础性作用。

（二）健全基层农业技术推广体系

县乡两级农业技术推广部门是我国农业技术推广体系的主体，直接为农民提供技术服务，对于加快农业科技成果转化、提高我国农业的整体素质至关重要。要适应建设现代农业的需要，根据农村税费改革和乡镇机构改革的总体要求，坚持强化公益性职能、放活经营性服务的方向，加大改革力度，进一步明确职能、理顺体制、优化布局、精简人员、激活机制，引导国家农业技术推广机构和其他所有制推广组织广泛参与、分工协作、优势互补、共同发展，加快建立功能完善、分工明确、布局合理、运转高效的基层农业技术推广体系。

1. 强化公益性职能

这是政府农业技术推广的主体任务，应大力加强。根据农业和农村经济发展对政府农业技术推广机构的客观要求，借鉴世界多数国家的成功经验，坚持不另起炉灶、不搞重复建设的原则，对我国农业技术推广体系进行“改造重组”，强化公益性职能，明确机构队伍，理顺管理体制，确保经费来源，保证职能发挥；分离经营性职能，组建服务实体，参与市场竞争。2010 年的中央一号文件比较全面地界定了公益性农技推广机构要承担的职能，包括关键技术的引进、试验、示范，动植物病虫害及灾情的监测、预报、防治和处置，农产品生产过程中的质量安全检测、监测和强制性检验，农业资源、农业生态环境和农业投入品使用监测，水资源管理和防汛抗旱，农业公共信息和培训教育服务等职能。要进一步采取措施，加强公益性职能的研究，做到界定清楚科学，功能明确完整。

2. 放活经营性服务

积极稳妥地将农业技术推广机构承担的一般性技术推广和经营性服务分离出去，按照市场化、企业化方式运作。我国目前的农技推广机构承担着行政委托执法、农技推广、中介服务和经营创收等任务。其中行政执法人员、中介服务和经营创收人员占到农技推广人员总数的一半左右。要进一步推进改革，将这些人员从农技推广机构中分离出去。承担行政委托执法和管理的人员应纳入公务员队伍；中介服务机构的资质由政府专门机关认证，社会化服务，政府给予适当财政补贴；经营创收面向市场。要采取办理退休、离岗退养、落岗待聘、离岗创业等多种方式妥善安置分流人员。从资金、土地、技术、税收等方面，制定优惠政策，引导和鼓励离岗农技人员创办经济实体，开展各种形式的农技服务，为他们开展经营性服务创造必要条件。

3. 合理设置机构

当前要集中人力、物力和财力，重点加强现有县级农业技术推广机构，使之成为向上连接各级科研推广机构，向下连接村干部、农户、农业产业化龙头企业和农民专业合作组织及协会的纽带和桥梁。县级各行业农业技术推广机构按照科学合理、力量集中的原则，实行综合设置。根据县域农业和农村经济实际，县级农业技术推广机构可以向乡镇派出农技人员，也可以跨乡镇设置区域站，将原乡镇农业技术推广机构逐步建成经营性服务组织。不实行县级推广机构派出或设置区域站的乡镇，要根据乡镇机构改革要求，因地制宜选择公益性农业技术推广机构的设置方式。综合考虑农业生产的资源情况、农畜产品的产量和农户的数量，合理确定基层农业技术推广机构的人员编制，充实一线工作力量。实行人员聘用制度，实现由固定用人向合同用人、由身份管理向岗位管理的转变。提高对农业技术推广人员的资格和业务素质的要求。严格控制农业技术推广机构中行政后勤人员的比例。完善考评机制，将农技人员的工作量和进村入户推广技术的实绩结合起来。改革分配机制，将农技人员的收入与岗位职责、工作业绩挂钩。

4. 理顺管理体制

从有利于基层农业技术推广机构发挥职能的需要出发，合理划分县级农业主管部门与乡镇政府的管理权限，做到条块结合、职责明确。县级派出到乡镇或按区域设置机构的人员和业务经费由县级主管部门统一管理，其人员的调配、考评和晋升，要充分听取所服务区域乡镇政府的意见。以乡镇政府管理为主的公益性推广机构，上级业务主管部门要加强指导、支持和服务。要采取有效措施，保证基层农业技术推广机构的人员经费、固定业务经费。各级财政对推广机构履行公益性职能所需经费要给予保证，其中基层推广机构所需经费要纳入财政预算。中央财政对重大农业技术项目推广和经济欠发达地区的推广工作应给予补助。

5. 培育多元化服务组织

积极支持农业大中专院校、农业产业化龙头企业、农民专业合作组织等参与农业技术推广服务。探索科技示范场、技物结合、连锁经营、技术承包、农技 110 等多种形式的推广模式。集中力量搞好技术培训、农资供应、生产指导、加工保鲜、运输营销等服务，促进农业区域化布局、专业化生产和产业化经营。建立健全农业技术推广法规，加强公益型农业技术推广的管理，规范各类服务组织的经营性行为。完善信用自律机制，建立农业技术推广服务信用制度。

6. 积极探索农业技术推广的新机制和新办法

借鉴国际经验，国家建立农业技术推广基金，引进竞争机制，对农技推广基金实行竞争管理，建立农技推广资金和项目招投标制度，鼓励所有农技推广组织、人员及有关企业参与申报。建议以法律的形式确定每年的农技推广投资总额及各级政府应承担的比例，并将这笔资金实行竞争性的基金管理。鼓励有条件的地方，实行省以下农业技术推广体系垂直管理试点。

（三）加快发展农民专业合作组织

加大对促进农民专业合作组织发展的支持力度。中央和地方要安排专门资金，支持农民专业合作组织开展信息、技术、培训、质量标准与认证、市场营销等服务。有关金融机构支持农民专业合作组织建设标准化生产基地、兴办仓储设施和加工企业、购置农产品运销设备，财政可适当给予贴息。对专业合作组织及其所办加工、流通实体适当减免有关税费。明确有关税费减免、绿色通道、农资供应、用地、用电、注册登记等方面的扶持措施。要注意发挥农民专业合作组织在新品种引进、新技术应用、产业结构调整等方面的载体和示范作用，形成全方位支持农民专业合作组织发展的良好环境和合力。积极鼓励和支持各类农民专业合作组织参与国家农业综合开发、农业产业化、农产品优势产业带建设和优质粮食产业工程、超级稻标准化示范区、农业科技入户工程等财政扶持项目建设，符合条件的农民专业合作组织可以按规定的程序申报，经评审合格的项目可优先纳入扶持范围统筹予以安排。

（四）积极发展农业产业化经营

龙头企业至少必须做三件事：一是建立自己的农产品生产基地，即组织千家万户的农民为企业生产特定等农产品；二是向农民提供市场信息、优良种苗、生产技术以及控制农产品质量等方面的服务；三是吸引和保持农户与其建立稳定的农产品产销关系，在收购合同中订立优惠条款。推行“企业加农户”的产业化经营方式。龙头企业和农户可以因地制宜地选择不同的利益联结方式。龙头企业可以采取订单农业、、股份制、股份合作制等形式，与农户结成利益共同体。鼓励企业建立风险金制度，允许企业提取的风险金在所得税税前列支。鼓励和引导农民、供销合作社、农技推广机构及其他社会化服务组织，创办或领办各类专业合作组织，开展专业化、系列化服务，提高农民参与农业产业化经营的能力。充分发挥各种行业协会、商会等中介组织的作用，建立有序的行业自律机制，维护行业内企业和农户的合法权益。鼓励各类农业产业化经营组织特别是实力较强的龙头企业跨行政区域建立大型农产品生产、加工和销售基地，逐步形成专业化、标准化和规模化的农业产业带和高效农业生产体系。农业产业化基地建设。国家用于农业的基本建设、综合开发、科技和扶贫等资金，都要与发展农业产业化结合起来，切实加强基地内农田水利、土地整治、流通设施、检验检测、通讯信息等基础设施建设。加大对龙头企业信贷支持力度，对重点龙头企业的季节性收购资金和贸易融资，在防范风险前提下简化手续，为企业提供授信、用信、担保、结算等方面的便利；继续落实好凡符合条件的大型粮棉油加工和营销企业所需收购资金，由农业发展银行保证资金供给的政策，积极探索解决畜牧、水产、蔬菜、水果等产品收购资金短缺的问题。针对产业化基地建设所需资金贷款难的问题，建议国家开发银行对龙头企业和基地建设提供中长期信贷支持；农村信用社和有条件的金融机构要增加对产业化基地内农户发展生产经营的小额贷款，根据农业生产经营周期，适当延长小额贷款期限。为鼓励龙头企业积极利用“两种资源”、开发“两个市场”，建议进出口银行建立和完善大宗农产品出口信贷服务机制，支持龙头企业拓展国际市场；探索和完善政府与银行联手扶持龙头企业发展的区域合作模式，促进有条件的地区加快发展农业产业化；加快建立农业政策性保险体系，鼓励各地以多种方式发展农业保险，引导龙头企业按照风险共担原则带动农户投保，逐步建立符合我国国情的低成本、高效率的农业保险制度。鼓励有条件的龙头企业组建自己的研发机构，加速成果转化，逐步发展成为有自主创新能力和国际竞争力的现代农业企业或高科技农业企业。中央和地方用于引进农业新品种、新技术、新生产资料的资金，要安排一定比例支持龙头企业。龙头企业研究开发新产品、新技术、新工艺以及与科研单位进行技术合作和向基地农户推广新技术所发生的各项费用，可按有关规定和程序抵扣当年部分应纳所得税额。龙头企业进行技术改造，购买国产设备的投资，可按规定享受抵免企业所得税的政策。对于龙头企业符合国家产业政策和有关规定引进的加工生产设备，可免征进口关税和进口环节增值税。鼓励龙头企业加速折旧，加大提取新产品开发费用，增强企业技术改造的能力。国家科技风险投资基金要把科技型农业产业化龙头企业作为一个支持重点。

（五）健全农村金融体系

加强农村信贷服务政策引导，保障“三农”信贷资金投入。金融机构要切实履行支持“三农”的职责，落实各项金融支农政策。监管部门应制定相应的管理办法，监督、检查和考核金融机构在农村地区满足信贷需求和金融服务的业绩，鼓励县域内各金融机构在保障资金安全的原则基础上，将一定比例的资金以贷款等方式投放运用于当地，满足当地的贷款需求。允许邮政储蓄资金以大额协议存款方式，按“自愿互利”的原则存放中资银行和农村信用社。实行差别税率政策，引导资金流向。进一步推进农村信用社改革试点工作，督促农村信用社强化为“三农”服务的宗旨，加大支农服务力度，提高支农服务水平。改进扶贫贴息贷款运作模式。注重运用市场办法解决贫困地区信贷支农问题，建立“补偿率招投标”和“直接补贴”的扶贫贴息贷款运作模式。一种办法是引入竞争机制，通过市场化方式，如补偿率招投标或询价等方式确定扶贫贷款的经办金融机构，将财政扶贫贴息资金的一部分用于建立扶贫贷款担保基金，给发放扶贫贷款的金融机构提供风险补偿；另一部分直接补贴给农户，进一步完善扶贫贷款的风险防范和奖惩机制。另一种办法是将中央财政扶贫贴息资金全部下放到县，直接补贴给发放扶贫贷款的金融机构或受贷农户。

（六）理顺行政管理体制

以建设农业社会化服务体系为契机，从转变政府职能出发，在农业社会化服务体系建设中，整合行政管理资源，深化管理体制改革，以发挥政府公共服务的职能，运用好政府维护市场经济秩序的功能和社会管理职能。针对农业行政执法中存在的机构职能交叉的体制障碍，要不失时机地抓好各方职能整合和机制建设工作。一是要加快市场监管和行政法规之间的协调，整合现有农资市场的行政监督体系，使农业、质监、工商及公安等执法机关对农资市场的监管和行政执法分工合理、形成合力。二是可以选择重点行业进行管理体制改革试点。如改革兽医行政管理体制，推动官方兽医制度试点等。三是选择重点职能进行行业管理体制改革。如对农产品质量安全管理，可以在一些集中产地，特别是农产品的出口基地和农产品批发市场，统一归口实行强制性质量安全检测，建立健全农产品质量安全全程追溯制度，并逐步过渡到制定法律法规，依法进行管理。针对县乡服务机构管理体制不顺，影响乡镇农业技术服务机构、人员、工作经费的落实，造成网破、线断、人散的问题，必须在县乡建立新的管理体制，由以块为主变为以条为主。即使条块结合、双层管理的，县对乡镇农业技术服务机构工作要有决定指挥权，实行业务工作以县为主，人员由县农业部门统一调配，办公用房、业务经费、财务管理以乡镇政府管理为主，乡镇在机构、人员、经费等重大事项变动时一定要经过县（区）农业主管部门同意，以确保基层农业实用技术服务工作的有效开展。